法華経へのいざない

誰もが等しく救われる釈[illegible]教え

北川前肇
Kitagawa Zencho

大法輪閣

はじめに

本書は、月刊誌『大法輪』の平成二十九年一月号より、令和二年七月号までの全四十三回にわたる「法華経へのいざない」の連載に、加筆訂正し、文章表現をととのえたものです。本書の構成は、全四十三章からなっています。それは一回ごとに一章を立て、法華経の教えを平易に解説することを目的としたことによるからです。

ご承知のように、鳩摩羅什三蔵訳として日本に伝承された『妙法蓮華経』（法華経）は、八巻二十八品（章）から成り立っています。そこで一回の解説を、法華経の一品に当てれば、形式的には二十八回で終わることになります。しかし、法華経の各品は、長い経文と、そうでない経文との差異があります。また、全二十八品は、釈迦牟尼仏（釈尊）が古代インドのマガダ国の王舎城（ラージャグリハ）の霊鷲山《りょうじゅせん》（ラージギール）を説法の場とされながら、その途中で、空中にそびえる多宝塔の中へ移られ、ふたたび霊鷲山へもどられて説法をつづけられるということで、終わりを迎えます。これを「二処三会《にしょさんね》」と称します。

この説法を、序品第一から、普賢菩薩勧発品第二十八まで、順次に拝読しながら、宗教的実感として、釈尊が私のためにその教えを説いてくださっているという受けとめ方をすると、各品を一回ごとに独立した内容として解説することは、不可能であることに気づいたのです。そこで、各品の前後の流れを注視し、各品の位置を考えながら、解釈することに心がけました。そのことから、おのずから記述内容に重複する箇所も多く見られることになります。また各章の立て方と、各品の解説箇所に多少のずれが生じる場面があります。しかし、『大法輪』の各号に連載した、当初の形式を大切にしたい、という思いから、一回ごとの章立てをそのまま用いました。

ふり返ってみますと、『大法輪』連載開始前、編集者の方からいくつかのタイトル（題名）が呈示されました。そして、最終的には「法華経へのいざない」というタイトルに落ち着いたのです。私は、その提案に対して絶句し、驚いてしまいました。なぜなら、私が少年期に仏門に入り、仏道に導いてくださった師範、佐野前光上人（一九〇〇〜八三）には、『宗教へのいざない』という名著があります。タイトルに、「宗教」と「法華経」の表記の違いはありますが、「へのいざない」という表記は、重なります。少年期につちかわれた師への畏敬の念は、今日もけっして消えるものではありません。

しかし、私は編集者にそのことを伝えることなく、「法華経へのいざない」というタイトルを受け入れました。その決断は、私自身が仏門に入って、最初に師範や兄弟子たちから、法華経の一字一字の読み方を指導してもらい、いまも忘れずにいますから、あらためて初心に立ち帰り、虚心に法華経に直参する立場から、執筆させていただきたい、と思ったことによるからです。

ところで、「いざない」の意味をたずねてみますと、『日本国語大辞典』（小学館）には、動詞である「いざなう〈誘〉」の連用形の名詞化で、さそうこと、すすめることの意、との解説があります。では、動詞としての「いざなう」の意味は、と問うてみますと、「いざなう」は、「いざ」という感動詞と、「なう」という接尾語からなり、その意味は、さそう、すすめる、またすすめて連れて行く、さそいともなう、というのです。

そのことから、「法華経へのいざないい」というタイトルは、けっして傍観者的立場ではなく、凡人ながらも、みずから法華経の教えに直参し、みずから理解したことばをもって、皆さま方にお伝えしなければならないと領解したのです。

ところで、連載の途中、「いざない」が、ともに目的地へ到達することの意味であれば、いったい「どこ」へ連れて行こうとするのですか、という宗教的場所、あるいは宗教的な空間について質問がありました。私は、当初、経文をとおして、「釈尊が説かれている法華経の教えの世界へ」ともに進みたい、という漠然としたものでした。が、この質問の内容を反芻《はんすう》し、反省的に捉えたとき、若き天台大師智顗（五三八〜九七）が師の慧思禅師（五一五〜七七）を訪問した折、師は「昔日霊山同聴法華」（『隋天台智者大師別伝』・『大正蔵経』第五十巻 一九一頁c）と語って、その宿縁によって、ふたたび出会えた、という場面が想起されたのです。当然この捉え方は、天台宗の教義として伝承され、伝教大師最澄（七六七〜八二二）。天台法華宗相承師血脈譜・『法華秀句』〈多宝分身付属勝九〉もその立場を継承されています。

さらに日蓮聖人（一二二二〜八二）は、大曼荼羅本尊に、天台大師、妙楽大師、伝教大師等の学匠たちを列示され、遺文の中で、これらの学匠たちが久遠の霊山浄土にましますこと、また、聖人ご自身も「霊山浄土」に参詣して、虚空会上の三仏（釈迦仏・多宝仏・十方分身諸仏）の御尊顔を拝したい（『観心本尊抄副状』・『昭和定本』七二一頁）、と明示されているのです。

そのことから、私はいまこそ、三仏のましますまします久遠の霊山浄土へ旅立ちたい、という思いを抱き、連載をつづけることにしたのです。

法華経へのいざない

——誰もが等しく救われる釈尊の教え——

目次

カバー使用画像……「法華経曼荼羅」
奈良国立博物館所蔵
（撮影　森村欣司）
装　幀……山本太郎

法華経へのいざない

第一章

法華経説法のはじまり
——序品《じょほん》第一

はじめに——無常の存在

私にとって、今日の一日一日の時間の流れが、まるで急流に身を置いているように感じられてなりません。ＳＦ作家の筒井康隆《つついやすたか》氏（一九三四〜）の『急流』（昭和六十〈一九八五〉年刊）という作品を目にしたのは、すでに三十年以前のことですが、それが今日のことのように思い出されます。また、以前に読んだ、作家の浅田次郎《あさだじろう》氏（一九五一〜）のエッセイには、同様のことが記されていました。

たしかに、時間の流れというのは、個々人の年代により、また置かれている環境によって受けとめ方に相違がみられることを、先人は指摘されています。

およそ八百年前の鴨長明《かものちょうめい》（一一五五〜一二一六）の『方丈記《ほうじょうき》』に、私たちの生存するありさまを水の泡にたとえていることは、あまりにも有名です。それは、『維摩経《ゆいまきょう》』の方便品《ほうべんぽん》に、私たちの生存が、いかにはかないものであるかを、十種の喩《たと》えによって説かれていることを基にしているのです。そのことは、仏教の教主釈尊《しゃくそん》が私たちの生存のあり方を「諸行無常《しょぎょうむじょう》」と説き明かされている真理に基づいているものと思われます。

たしかに、時間の流れの速さを痛感する私自身は、この世における生命の終焉《しゅうえん》を、これまでは漠然としたものとしか認識できませんでした。が、今日では、よりはっきりと自覚できるようになりました。それは、多くの先人たちとの死別・離別の体験によるものであり、さらに親しい後輩たちが、私たちの生存している世界から、あの世へと旅だっていったことに由来しているものと思われます。そして、さらに加えて、私自身の身心の「老い」という実感に基づいているものでもあるようです。

そのように、有限的な自己の存在を確認するとき、あらためて、『法華経』に説かれる三世《さんぜ》（現在・過去・未来）にわたる「久遠《くおん》の仏」の存在、あるいは三世を貫く永遠の真理である「妙法《みょうほう》」（深遠なる法）の教えに心を寄せ、その尊い存在を仰《あお》ぎつづけたい、という渇仰《かつごう》の念が去来していることもたしかなことです。

久遠の釈尊と久遠の妙法

さて、これから私たちは、中国の五胡十六国《ごこじゅうろっこく》の時代に、後秦《こうしん》の鳩摩羅什三蔵《くまらじゅうさんぞう》（三四四～四一三）によって漢語に翻訳された『妙法蓮華経《みょうほうれんげきょう》』（以下、『法華経』と略称。七巻または八巻）の教えに直参《じきさん》し、『法華経』に説かれる世界に飛翔したいと思うのです。

そこで、『法華経』に直参してまず驚くことは、教主釈尊が主人公であることは当然のこととして、いかに多くのみ仏たちが登場されているか、ということです。それと同時に、その三世十方のみ仏たちの中心に据えられているのが、永遠の真理としての「法華経」です。つまり、この『法華経』は、久遠の仏（釈尊）と久遠の真理（妙法）を軸として展開していることが知られるのです。

さて『法華経』全二十八品の前半に当たる「迹門《しゃくもん》」の十四品《しほん》（品は章の意）は、仏弟子たちの成仏に主眼が置かれていますから、歴史上の釈尊に師事した直接の弟子たち（声聞《しょうもん》）が、多く登場しています。『法華経』の冒頭に位置する序品《じょほん》第一には、その人数について、

「**大比丘衆《だいびくしゅ》万二千人と倶《とも》なりき**」（『真訓両読《しんくんりょうどく》妙法蓮華経　並《ならびに》開結《かいけつ》』〈以下、『開結』と略称〉五五頁）

とあって、すぐれた出家者たち一万二千人が釈尊のもとで教えを聴聞《ちょうもん》していることが説かれています。けれども、この声聞の弟子たちと比べて、『法華経』に登場されるみ仏たちの数は、比較にならないほど多いのです。そこには、過去世から現在世を超えて未来世にわたり、また、この娑婆世界《しゃばせかい》（私たちが生きている世界）だけでなく、一つの世界（一四天下《いっしてんげ》）を千倍した小千《しょうせん》世界、さらに千倍した中《ちゅう》千《せん》世界、そしてさらに千倍した三千大千《さんぜんだいせん》世界のみ仏の存在が説かれ、それは十方《じっぽう》世界にわたっていることが知られます。このように、無数のみ仏たちが『法華経』に登場されるのです。

此土の六瑞・他土の六瑞

たとえば、そのような視点から、『法華経』説法のはじまりである序品第一に注目してみましょう。このお経のはじまりには、あるとき釈迦牟尼仏《しゃかむにぶつ》（釈尊）は、インドのマガダ国の都である王舎城《おうしゃじょう》（ラージギル）の、東北の一隅に位置している霊鷲山《りょうじゅせん》（グリドラクータ）という山地に、弟子たちとともに在住されていました、という場面が描かれています。そして、この釈尊の説法の場に集《つど》う人々が記されています。これらのことを、『法華経』を詳細にわたって注釈されている天台大師智顗《てんだいだいしちぎ》（五三八～九七）は、「同聞衆《どうもんしゅ》」と指摘されています。

その同聞衆とは、声聞の仏弟子たちであり、菩薩方《ぼさつがた》であり、欲界《よっかい》や色界《しきかい》にまします天の神々たち、さらに龍王《りゅうおう》や阿修羅王《あしゅらおう》等の仏法を守護する八部衆《はちぶしゅ》です。そして、阿闍世王《あじゃせおう》等の人間界の王も、その説法の場に列座しているのです。

このように、釈尊を中心として、霊鷲山に集まっている人々の描写がなされているのが、序品の前半部分といたしますと、後半部分では、つぎのような不可思議な現象（瑞相《ずいそう》）が起こるのです。そして、これらの瑞相をめぐって、いったいどのような出来事の予兆であるのかと、弥勒《みろく》菩薩と文殊師利《もんじゅしり》菩薩の問答がくり広げられることになります。

まず、釈尊は「無量義《むりょうぎ》・教菩薩法《きょうぼさっぽう》・仏所護念《ぶっしょごねん》（無限の奥深い意義をもち、菩薩方を導かれる教えで、み仏たちが護持される尊い教え）」と名づけられた大乗《だいじょう》の教えを説かれますと、ただちに瞑想の世界に入られます（『開結』五九頁）。

すると、天上界より種々の花が降りそそぎ、大地が静かに揺れ動くなどの六種の不思議な現象が起こります。しかも、釈尊の眉間《みけん》にあります右巻きの白い毛（白毫相《びゃくごうそう》）から、光明《こうみょう》が放たれるのです。その大光明は、東方世界に放射されることで、一万八千もの世界が照らし出されます。そして、その光明は、下は無間地獄《むけんじごく》から、天上界は欲界・色界・無色界の三界《さんがい》の中の、色界の最高処《しょ》に当たる「阿《あ》迦尼吒天《かにだてん》」（有頂天《うちょうてん》）にまで至ったというのです（『開結』五九〜六〇頁）。

これらの瑞相は、娑婆世界の霊鷲山において起こったことから、「此土《しど》（私たちがいるこの世界）の六瑞《ろくずい》」と称されています。

つまり、釈尊の眉間白毫相から放射される大光明は、東方の一万八千の世界にとどいて、上は有頂天から、下は無間地獄まで照らすのです。しかし、それだけではありません。その大光明によって、他の世界の様子が、まるで映画館のスクリーンに映し出されるようにあらわれ、霊鷲山にいる人々は、他土《たど》（私たちがいるこの世界とは異なる世界）のありさまを如実に見るのです。

その映し出される姿とは、つぎの六種です。

①地獄界から天上界までの六道《ろくどう》の衆生《しゅじょう》を見ることができました。
②彼《か》の世界（他土）のそれぞれにましますみ仏たちを見ることができました。
③それらのみ仏たちが説かれる教えを、此土において聞くことができました。
④彼の世界の出家の男女、在家の男女が、み仏の教えにもとづいて修行をし、悟りを成就《じょうじゅ》することを見ることができました。

⑤菩薩方が種々の修行を実践されるのを見たのです。
⑥み仏たちが涅槃《ねはん》（ご入滅《にゅうめつ》）に入られるのを見、そののち、それらのみ仏たちの舎利《しゃり》（遺骨）を収める七宝の塔が建てられるのを見ました。

これらの、釈尊の眉間白毫相から放たれた東方世界への光明の中に、六種の不可思議な瑞相を見ることができたことをまとめて、「他土《たど》の六瑞」と称しています。

弥勒菩薩の疑念

これらの娑婆世界の此土の六瑞と、東方の一万八千の他土世界にわたる瑞相を、直接的に体験した弥勒菩薩は、どのようないわれのもとにこれらの瑞相が起こったのかと疑問を抱くことになります。しかし、弥勒菩薩は、これらの疑問を、瞑想（三昧《さんまい》）に入られている釈尊に問うことはできません。そこで弥勒菩薩は、いったい誰にこの疑問をたずねるべきかと種々に思いめぐらす中で、文殊師利菩薩こそは、すでに過去世において、数えることのできないほどのみ仏たちに親しくお仕《つか》えし、供養《くよう》を捧げてきていることに気づきます。それゆえに、過去世において、きっとこの不可思議な瑞相を見たことがあるに違いない、と判断するのです。

もちろん、この疑念は、弥勒菩薩だけでなく、この説法の会座《えざ》に列《つら》なっている出家の男女、在家の男女、そして天龍八部衆なども同様に抱いていたのです。

文殊師利菩薩

弥勒菩薩は文殊師利菩薩に、つぎのように質問いたします。

「いったい、どのようなわけで、み仏の神通力《じんづうりき》によってこのような瑞相が現れたのですか。そして、み仏が眉間白毫相から大光明を放たれて、東方の一万八千もの国土を照らされますと、いったい、どのようなわけで、それらの国土におけるおごそかなありさまを、すべて見ることができたというのでしょうか」（現代語訳『開結』六二頁）

この質問に対して、文殊師利菩薩は、弥勒菩薩やすぐれた菩薩方に対して、つぎのように答えられたのです。「いま瞑想に入られている釈尊は、すぐれた法の貝を吹き、すぐれた法の鼓《つづみ》を打ち、すぐれた教えの意味を述べようとされている」と。その由縁《ゆえん》は、「私（文殊師利菩薩）が、過去世に多くのみ仏たちのもとにお仕えしていたとき、このように不思議でめでたいしるしを見たのちに、すぐれた妙法の教えをお説きになられたからです」というのです。

つまり、文殊師利菩薩は、いま三昧に入られている釈迦牟尼仏が、これからすぐれた『法華経』の教えを説かれるということを、過去の経験知をもとに宣言しているのです。

そのことは、これから釈尊によって説かれる『法華経』の教えは、過去のみ仏たちの最も尊い真理であり、み仏たちはこの教えを説くことを本意とされ、また、その教えは連綿として継承されてきた一大真理であるということの表示にほかなりません。つまり妙法は、深遠なる真理であり、み仏たちによって受けつがれてきた、永遠にして真実の教えであることを意味しています。

ここに、無限のみ仏たちが、この妙法の真理をもって人々を導いて来られたことが明らかとなるのです。

そこで、そのことを明らかにするために、文殊師利菩薩は遥《はる》かな過去世、すなわちそれは心も言葉も尽くすことのできない、遥かな昔のこととして語られるのです。

その昔に、日月燈明仏《にちがつとうみょうぶつ》というみ仏があり、正法《しょうぼう》を説いて人々を教化《きょうけ》されてきたことが明らかにされます。そして、二万ものみ仏が誕生され、連綿として妙法を護持されてきました。それらのみ仏たちは、みな同一の名である日月燈明仏であったというのです。

最後の仏である日月燈明仏にいまだ出家される以前、八人の王子（八王子）があり、父の日月燈明仏のもとで

弥勒菩薩

出家し、仏道修行にいそしんだのです。そして、この最後の日月燈明仏も、「無量義・教菩薩法・仏所護念」と名づける大乗の教えを説かれたのち、瞑想に入られますと、いま、ここに起こっている此土の六瑞、他土の六瑞と同様に、瑞相を顕現《けんげん》されたのち、『法華経』をお説きになられたというのです。

そのとき、一人の菩薩があって、妙光《みょうこう》といい、日月燈明仏の入滅ののち、八王子を教化されました。それが、いまの文殊師利菩薩であります。また、八王子の第八番目の仏が燃燈仏《ねんとうぶつ》で、その弟子の一人が弥勒菩薩であったことが明らかにされます。

以上のことが語られたことから、霊鷲山の釈尊も、まもなく『法華経』を説かれるであろうという、その由来が開示されるのです。つまり、これらの瑞相は『法華経』説法のはじまりを意味していたのです。

このように、文殊師利菩薩が、二万もの日月燈明仏が『法華経』(妙法)を断絶することなく説きつづけられたことを明かされることによって、この『法華経』は、久遠のみ仏と久遠の妙法が明らかにされる「如来寿量品第十六」《にょらいじゅりょうほん》を核として、私たちが日常体験する有限的時間や有限的空間の観念を打破した、無限(悠久《ゆうきゅう》)の時間と無限の空間的世界とを志向していることが、あらためて知られるのです。

第二章　舎利弗尊者《しゃりほつそんじゃ》への呼びかけ
――方便品第二《ほうべんぽんだいに》

釈尊の呼びかけ

『法華経』のはじめにあたる序品《じょほん》において、「此土《しど》の六瑞《ろくずい》」「他土《たど》の六瑞」という不思議な現象がみられたことのいわれは、これから深い教えとしての『法華経』が説き明かされる「きざし」（予兆《よちょう》）であると、文殊師利菩薩《もんじゅしりぼさつ》が、弥勒《みろく》菩薩に対して答えました。

そのことは、私たち東洋人にとって、近い将来（未来において）尊い出来事が起こる場合には、かならず「予兆」がある、との共通認識が存していることを物語っていると思われます。つまり、ある出来事が起こる予兆として、かならずめでたいしるし、現象があるという捉《とら》え方です。

たとえば、釈尊がこの世に誕生されるにあたっても不思議な現象が見られ、また、賢人や聖人《せいじん》たちの誕生の場合でも、予兆が見られたという伝承や伝説も、軌《き》を一《いつ》にしているように思われます。これらの現象を、一般的には「瑞相《ずいそう》」と称しています。もちろん、後世にいたっては、めでたいしるしだけでなく、悪い予兆も「瑞相」と称していることが知られます（『方丈記《ほうじょうき》』）。

これらの瑞相がみられたのち、『法華経』では、第二章である方便品第二へと移ることになります。そのはじめに釈尊は、瞑想の世界（三昧《さんまい》）から静かに現実の説法の場、すなわち霊鷲山《りょうじゅせん》の現実世界へともどられることになります。そこで釈尊は、おごそかに起ちあがられて、聴聞者である弟子の舎利弗尊者へ呼びかけられるのです。そのことばは、つぎのとおりです。

「はるかな過去世から、この世に出現してこられたみ仏たちが成就《じょうじゅ》され、体得されている智慧《ちえ》の世界というのは、測り知ることのできないほど深く、また無限の広がりをもっているのです」

（現代語訳『開結』八六頁）

このように、仏弟子の中で、智慧第一と称されている舎利弗に対して、釈尊は、み仏たちが悟りを成就されるために欠かすことのできない智慧の世界は、「甚深《じんじん》」にして「無量《むりょう》」であると称讃されていることを知るのです。もちろん、このことばの根底には、いま説法されている釈尊ご自身の悟りの世界というのは、近くは過去七仏《かこしちぶつ》たちも同様に、深遠なる妙法《みょうほう》を体得され、それを継承されているという認識が存しているのです。そして、はるかな久遠《くおん》のみ仏たちも、今日まで絶えることのない妙法を体得し、合わせて深い智慧を具《そな》えられ、断つことのできない久遠の連続性を表明されていることが拝察できるのです。

また、釈尊は、み仏たちの具有《ぐゆう》されている最上の智慧を称讃されるいっぽう、仏弟子として日々修行に精励《せいれい》している舎利弗尊者が体得できる智慧には、限界性があることを宣言されるのです。

「其《ご》智《ち》慧《え》門《もん》難《なん》解《げ》難《なん》入《にゅう》（その智慧の門は、解《さと》り難《がた》く入り難し）」（『開結』八六頁）

〈そのみ仏たちの智慧の世界は、あなた方、声聞《しょうもん》や縁覚《えんがく》の人たちがさとることも、近づくことも、けっしてできないものなのです〉

舎利弗（チベットの仏画より）

このように、釈尊は、智慧第一と称される舎利弗に対して、み仏の到達されている境地をさとることも、近づいてその世界に入ることも不可能である、と告げられているのです。そして、み仏たちおよび釈尊は、この智慧を基として、さまざまないわれや、喩《たと》えやことばを尽くして、人々を教え導いてきた（教化《きょうけ》されてきた）というのです。

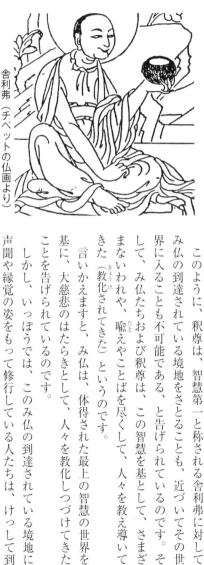

言いかえますと、み仏は、体得された最上の智慧の世界を基に、大慈悲のはたらきとして、人々を教化しつづけてきたことを告げられているのです。

しかし、いっぽうでは、このみ仏の到達されている境地に、声聞や縁覚の姿をもって修行している人たちは、けっして到達できないと宣言され、声聞乗《じょう》・縁覚乗（これらの人々を二乗《にじょう》の人と呼びます）の段階にある人たちの限界性を明確にされているのです。

　では、なぜ釈尊は、大切な仏弟子に対して、み仏たちのさとりの境地を称讃されるいっぽうで、二乗の人々には解《さと》り難《がた》く入り難しであると、きびしいことばを告げられているのかを、あらためて考えてみましょう。

大乗経典の立場——その特色

　日本に仏教が伝えられた初めのころについて、少し振り返ってみましょう。私たち日本人が、受け入れてきた仏教経典は、たとえば聖徳太子《しょうとくたいし》（五七四～六二二）が三種の経典を注釈されたと伝えられている『三経義疏《さんぎょうぎしょ》』を考えてみましても、すべて大乗《だいじょう》経典にほかなりません。男性のすぐれた大乗仏教の理解者で、インドの毘舎離国《びしゃりこく》の大富豪である維摩居士《ゆいまこじ》が主人公の『維摩経』も、女性の勝鬘夫《しょうまんぶ》人《にん》が主人公の『勝鬘経』も、そしていま私たちが拝読している『法華経』も、大乗経典に属しています。

　古代日本における鎮護《ちんご》国家の三部経と考えられている経典は、『法華経』と『仁王護国般若波羅蜜《にんのうごこくはんにゃはらみつ》経《きょう》』と『金光明最勝王経《こんこうみょうさいしょうおうきょう》』です。これらはみな大乗経典です。また、西方阿弥陀仏《さいほうあみだぶつ》が主人公となっている『大無量寿経』『観無量寿経』『阿弥陀経』の浄土三部経も、もちろん大乗経典にほかなりません。

このことを前提として、『法華経』方便品の冒頭の文を拝読してみますと、声聞や縁覚の二乗の人たちが到達する最終の目標点と、み仏たちの到達されている最上の智慧の世界とを比較するとき、そこに大いなる隔《へだ》たりが存することを知るのです。二乗の人々にとって、み仏の境地が「難解難入」であるという四文字が説かれていることは、み仏の体得された悟りの境地とその智慧のはたらきとにおいて、み仏と二乗とでは、いかにその到達点に違いがあるかということを物語っているのです。

すなわち、大乗経典というのは、人間として誕生されたゴータマ・ブッダの延長線上に、み仏の存在を描いているという側面よりも、むしろ、ブッダ（釈尊）の偉大なる八十歳の生涯、あるいは人々を導いてこられた足跡を前提として、その悟りが永遠性をもった真理（妙法）であるという連続性と、その教化の世界が、十方世界に広がりをもつという無限性を明らかにし、それを強調して説かれることに主眼が置かれているのです。ですから、菩薩以下の声聞や縁覚の人々も、ましてや天の神々たちも、当然のこととして、み仏の下位に置かれているのです。このように、大乗経典は、釈尊および三世十方《さんぜじっぽう》のみ仏の存在を明らかにしつつ、永遠性と絶対性とを具有されている仏陀の存在が、その中心となっていることを知るのです。

言いかえますと、大乗仏教の経典においては、偉大なみ仏が成就された広大な功徳《くどく》や誓願《せいがん》や大慈悲によって、み仏ご自身と、その弟子としての菩薩方や、天の神々たちが私たちを守護し、救済の力である廻向《えこう》や誓願力《せいがんりき》によって、凡夫である私たちを救うことを志向されていることを知るのです。つまり、み仏は、真実智と教化される智との二智を具《そな》えられた、私たちが仰ぐべき尊い存在なのです。

み仏に対する「信」の要請

そういたしますと、釈尊が、声聞の舎利弗が体得している智慧をもって、み仏の悟りの世界に入ることは「難解難入」であると拒絶されていることから、ましてや、私たち凡夫の才覚によっては、けっしてみ仏の世界には参入できないことになるかと思うのです。

では、いったいこの『法華経』において、み仏の悟りの世界に近づくために、私たちに求められている絶対の要件というのは何であるか、をたずねてみますと、自己の限界性を認識し、凡夫の才覚を否定するという、み仏に対する絶対の「信」であることに気づくのです。

そのことを『法華経』の譬喩品第三では、声聞の舎利弗に対して、

「以信得入《いしんとくにゅう》（信をもって入ることを得《う》）」（『開結』一六七頁）

と説かれ、二乗の人々がみ仏の教えを理解できる能力というのは、

「己《おの》れのもっている智慧によるものではない（非己智分《ひこちぶん》）」（現代語訳『開結』一六七頁）

と説示されているのです。

このように、方便品のはじめの文に注目することによって、法華経は、私たちに対して、自己の

智慧を基としてみ仏の教えを領解《りょうげ》することを求めているのではないこと、また、私たちがみ仏の教えに近づくための要件は、自己の凡夫性に気づき、釈尊の教えに随順《ずいじゅん》するという「信」であることを知るのです。ここに、智慧に代わるものとして、「信心」中心の仏教観が標示《ひょうじ》されていることが知られるのです。

み仏たち（五仏）のねがい

では、み仏たちが成就されている悟りの世界とはいったいどのような境地であるのか、ということですが、舎利弗に対して、その究極の智慧の世界は、容易に説くことはできないと告げられるのです。そのことを、つぎのように説かれています。

「仏の成就したまえる所は、第一希有《だいいちけう》、難解《なんげ》の法なり。唯《ただ》、仏と仏とのみ、乃《いま》し能《よ》く諸法の実相を究尽《くじん》したまえり」（『開結』八八頁）

〈み仏たちが体得されたのは、もっともすぐれた、まれにしか存在しない、理解しがたい真理で、それは、〝諸法実相《しょほうじっそう》〟というこの世に存在するものの、ありのままのすがたを、ただみ仏とみ仏とのみが、究め尽くすことのできる境地にほかなりません〉

つまり、み仏たちだけが到達された真理の世界というのは、「諸法実相」という四文字で表現され

るもので、方便品では、

「如是相《にょぜそう》・如是性《しょう》・如是体《たい》・如是力《りき》・如是作《さ》・如是因《いん》・如是縁《えん》・如是果《か》・如是報《ほう》・如是本末究《ほんまつく》竟等《きょうとう》」（『開結』八七～八頁）

によって示されているのです。すなわち「十如是《じゅうにょぜ》」です。

このみ仏の到達された悟りの境地について、天台大師智顗《てんだいだいしちぎ》の解釈によれば、私たちの存在のあり方を十界《じっかい》（地獄《じごく》界・餓鬼《がき》界・畜生《ちくしょう》界・修羅《しゅら》界・人間界・天上《てんじょう》界・声聞界・縁覚界・菩薩界・仏界）がお互いに具《そな》え合う（十界互具《じっかいごぐ》）とみることで、十×《かける》十で百界《ひゃっかい》を導き出し、この百界のそれぞれに十如是が具していることから百×《かける》十で千如是となり、この千如是が三世間《さんせけん》（衆生《しゅじょう》世間・五陰《ごおん》世間・国土《こくど》世間）にわたることを体得されることによって、千×《かける》三で三千となり、「一念三千《いちねんさんぜん》の法門」を確立されることになるのです。

つまり、み仏の悟りの究極の世界は、大乗仏教が説いている広大な円融の世界観、すなわち存在するものは、すべて有機的に関連するという縁起《えんぎ》（諸法実相）を大前提としていることがうかがえるのです。

そうであるならば、その真理とは、遥《はる》かな過去世のみ仏の智慧によって成就され、また、未来世にわたる不変の真理であることが知られるのです。

そして、その究極の真理を基として、み仏の大慈悲が私たち衆生に向けられるとき、大乗仏教の根底に存する、すべての人々に仏性がある、という絶対的肯定へと進められることになるのです。

もちろん、私たちの存在のあり方は、欲望に支配され、煩悩に束縛されています。また、声聞乗や縁覚乗の人々は、己れの煩悩《ぼんのう》を滅することに終始して、他者をかえりみること、つまり「化他行《けたぎょう》」が欠けています。

そこに、み仏たちが三世にわたって、この世（娑婆《しゃば》世界）に出現される一大目的が明かされることになります。それが、「一大事《いちだいじ》の因縁《いんねん》」と呼ばれるもので、

①十方の諸仏《しょぶつ》
②過去仏《かこぶつ》
③未来仏《みらいぶつ》
④現在仏《げんざいぶつ》
⑤釈迦仏《しゃかぶつ》

の五仏《ごぶつ》、つまりすべてのみ仏たちは、この深遠なる法（一仏乗《いちぶつじょう》）を説いて、「仏の知見《ちけん》」（絶対的さとりの境地）の世界に導き入れられることを明らかにされるのです。

もちろん、これらの五仏のねがいは、すべての人々を仏の智慧の世界（一仏乗）に到達させせようとのはたらきですが、これは、容易に領解できるものではありません。そのために、み仏は、まず第一の対告衆《たいごうしゅ》（説法の相手）として、舎利弗を選ばれていると思うのです。

第三章　三車火宅《さんしゃかたく》の喩《たと》え
――譬喩品《ひゆほん》第三

一仏乗の教えを聴聞する舎利弗

釈尊《しゃくそん》は、『法華経』方便品《ほうべんぽん》のはじめにおいて、仏弟子の中でも〝智慧《ちえ》第一〟と称される舎利弗《しゃりほつ》を説法の相手として、『法華経』の教え、すなわち深遠なる〝一仏乗《いちぶつじょう》〟の教えを説きはじめられました。

そこでは、み仏たちの修得された深遠なる智慧の境地というのは、声聞《しょうもん》や縁覚《えんがく》という求道《ぐどう》の過程にある人たちの、およそ測《はか》り知ることのできないものであり、その世界に参入することすらできない、と断言されています。ここに、釈尊をはじめとする三世《さんぜ》・十方《じっぽう》のみ仏たちの到達されている超越的な究極の境地が明かされているのです。

しかし、釈尊をはじめとする、すべてのみ仏たち（五仏《ごぶつ》＝①十方諸仏、②過去仏、③未来仏、④現在仏、⑤釈迦仏）の一大目的は、私たち生きとし生けるもののすべてに対し、深遠なる妙法を説いて、広大《こうだい》無辺《むへん》なる一仏乗の教えに導くことであると説かれています。

つまり、〝妙法蓮華経〟と名づけられているこの経典が主眼とする立場は、久遠《くおん》の真理（妙法）とは、み仏たちによって絶えることなく継承され、すべての人々を包摂《ほうせつ》する唯一の深遠なる一仏乗の教え、ということであると言えましょう。

そして、いま『法華経』を説法されている釈尊も、その妙法を伝承されているのでありますから、方便品の終わりの部分では、釈尊はみずからを「法王（真理を体得した王）」（『開結』一二一頁）と称されているのです。

しかも、釈尊はこの一乗の真理を基として、仏弟子たちを教導されるのでありますから、仏弟子たちは、声聞や縁覚という区別はなく、すべて仏の境地に到達できる仏の子として、全面的に肯定されてくるのです。すなわち、舎利弗は、もはや声聞という段階にあるのではなく、仏の教えによって仏の境地に到達できる仏の子、つまり〝菩薩《ぼさつ》〟であると見なされているのです（『開結』一二三頁）。

そして、方便品の末尾に注目してみますと、舎利弗に対して、つぎのように説かれています。


「あなたはすでに、世界の人々を導く仏たちが、それぞれにふさわしい教化《きょうけ》の手だてを設《もう》けて導かれてきたことを知っています。それゆえに、多くの疑問を抱くことはすでになく、心に大いなる喜びが生じているのですから、あなた自身、まさに仏になることができることを知りなさい」

（現代語訳『開結』一二四頁）

舎利弗の歓喜

釈尊の言葉を聴聞《ちょうもん》した舎利弗の歓喜《かんぎ》が、どのように深いものであったかがうかがえます。それは、譬喩品の冒頭の部分に、そのありさまが描かれていることからも知られるのです。

「釈尊のみ言葉を聞いた舎利弗は、おどりあがって喜び、すぐさま起《た》ちあがって合掌《がっしょう》し、釈尊のお顔を仰《あお》ぎ見て、つぎのように申し上げます。

いま、尊い師より説法のみ声を聞き、心のおどるような、いまだかつて存しない不思議な思いにいたりました。それというのも、私は、み仏が多くの菩薩方《がた》に成仏の予言を授けられ、菩薩方がみ仏の境地に到達されるのを見てきました。が、私たち声聞は、そのことにあずかることができませんでした。そして、私たちは、み仏たちの具えられている真理を体得する智慧を失っていることに、心を痛めて参りました」(現代語訳『開結』一二五頁)

このように、舎利弗は、釈尊から成仏の予言のことばを聞くことによって、全身をもってその歓喜を表現するとともに、これまでの修行の過程を悔《く》いるのです。

そして、舎利弗はつぎのように告白いたします。

「私はいま、み仏からこれまで聞いたことのない尊いみ教えを聴聞して、多くの疑いや後悔を断つことができ、身も心も安らかで、おだやかになることができました。そして、知ることができたのです。私たちは、真実に仏の子であり、仏の教えに随《したが》って誕生し、妙法の教えから生じ、み仏たちの成就《じょうじゅ》されている深遠なる真理の一分《いちぶん》を得たということを」（現代語訳『開結』一二六〜七頁）

以上のように、釈尊の教えを聴聞した舎利弗は、自己の理解したことを、歓喜のもとにみ仏にもうし上げているのです。

これを天台大師智顗《てんだいだいしちぎ》の解釈では、舎利弗の〝領解段《りょうげだん》〟と見なされています。そして、この舎利弗の領解のことばを聞かれた釈尊は、舎利弗の過去世のことをつぎのように語られています。

①釈尊は、昔、二万億ものみ仏のもとで、舎利弗を教化されてきたということ。
②舎利弗も、長い年月にわたって、釈尊の教えに従って修行してきたということ。
③そのような宿縁《しゅくえん》から、今日も、仏の弟子として修行を積んでいるということ。
④しかし、舎利弗は過去世からの宿縁を、今はすべて忘失してしまっているということ。
⑤このことから、昔の修行を思い出させるために、この大乗経典の妙法蓮華経の教えを、ふたたび説き明かされるということ。

舎利弗への成仏の予言（授記）――華光如来

このように、これらのことを舎利弗に告げられた釈尊は、ついに、舎利弗に対して「仏名《ぶつみょう》」およびそれに付随《ふずい》する国土や、時代や弟子たちのことを予言されることになります。それを「授記《じゅき》」と称しています。その箇所を、現代語訳でご紹介いたしましょう。

「舎利弗よ、あなたは未来の世に、量《はか》り知れず、限りなく、心もおよばない長い時間を過ぎ、千《せん》万億《まんのく》の無数のみ仏たちに供養をささげ、正しい教えを持《たも》ち、菩薩の実践する道を具《そな》えて、かならず、仏に成ることができるでしょう。その名を、華光如来《けこうにょらい》といい、応供《おうぐ》（供養を受けるにふさわしい人）、正遍知《しょうへんち》（正しくあまねき智慧を有する人）、明行足《みょうぎょうそく》（智慧と実践とが完全にそなわった人）、善逝《ぜんぜい》（よき悟りに到達した人）、世間解《せけんげ》（世界のすべてに通じている人）、無上士《むじょうじ》（最上の人）、調御《じょうご》丈夫《じょうぶ》（私たちの調教師）、天人師《てんにんし》（天の神々と人々との師）、仏《ぶつ》（覚者）、世尊《せそん》（世にも尊い人）といい、その国土を離垢《りく》（塵《ちり》のない清浄な国）と名づけましょう」（現代語訳『開結』一三二頁）

このように、釈尊は、方便品からの対告衆《たいごうしゅ》（説法の対象）であった舎利弗に対して、華光如来（紅い蓮華の光明を有するみ仏）という仏名を授けられ、その如来を称賛される十号《じゅうごう》（み仏の十種の称号）を与えられ、また華光如来が活動される世界を、「離垢国《りくこく》」と名づけられています。

以上、譬喩品のはじめの部分に注目してみますと、方便品からの対告衆でありました舎利弗に対して、成仏の予言を授けられていること（授記）が知られるのです。この喜びは、舎利弗本人だけではなく、この情景を目のあたりにした、説法の会座《えざ》に列《つら》なっているすべての生きとし生けるもの——出家の男女と在家の男女の四衆《ししゅ》、そして天龍八部衆《てんりゅうはちぶしゅ》などの神々——も、大いなる歓喜に満たされることになるのです。そのことは、声聞や縁覚だけでなく、すべての生きとし生けるものの成仏が保証されていることを意味するのです。

天台大師の解釈に従いますと、方便品の冒頭から譬喩品の前半にあたる、このすべての生きとし生けるものの歓喜までを、「法説周《ほっせつしゅう》」と名づけられています。そして、この法説周を、①如来正説《しょうせつ》段、②舎利弗領解段、③如来述成《じゅつじょう》段、④如来授記段の四つの段落に分けられて、最後の列座の人々の歓喜を、⑤四衆領解段と見なされています。

ところで、仏弟子の中でも、すぐれた智慧の持ち主である舎利弗（上根《じょうこん》の弟子）は、自己が仏名を与えられることのみで、はたして満足したのでしょうか。否《いな》、そうではなく、自己の歓喜を他の仏弟子たちにも体験してもらうべく、釈尊に対して、さらなる説法を要請することになります。

そして、そのために釈尊が説法として用いられる喩《たと》え話（譬喩）が、「三車火宅《さんしゃかたく》の喩え」もしくは「三車大車《だいしゃ》の喩え」、「火宅の喩え」と呼ばれているものです。

舎利弗の要請

舎利弗は、さらなる説法をお願いすべく、釈尊につぎのようにもうしのべました。

「尊い師よ、私はすでに疑いも、後悔もありません。み仏の前において、未来世に無上の正しい悟りを得るであろうという予言を受けました。この説法の座には、多くの千二百人もの修行者たちがありますが、その昔、み仏は教化の場でつねに導いてくださいました。そこで、仏の仰《おお》せには、私の説く教えは、生《しょう》・老《ろう》・病《びょう》・死《し》から離れさせ、悟りを究めるものである、ということでした。いま、ここに在る学《がく》（修行の過程が残っているもの）、無学《むがく》（修行を尽くしたもの）の修行者たちは、それぞれの執着や独自の考え方を離れて、それぞれに涅槃《ねはん》（さとり）に到達したと思いいたっています。

しかし、いますべての弟子たちが仏の子であり、菩薩であり、一仏乗の教えによって成仏できるとお説きになられたことは、未曾有《みぞう》の教えですから、みなが疑惑に支配されています。どうか尊い師よ、四衆（比丘《びく》・比丘尼《びくに》・優婆塞《うばそく》・優婆夷《うばい》）のためにその理由をお説きくださり、私たちの抱いている疑いと後悔とをお除きください」（現代語訳『開結』一三九〜四〇頁）

舎利弗の要請に対して、釈尊は、つぎのように告げられます。

「私は、さきに（方便品において）多くのみ仏たちが種々のいわれや、喩え、ことばをもって、たくみなる導きの手だてを用いて尊い教えを説かれたのは、この上ない正しい悟りのためであると告げました。しかも、その多くの説法は、すべて菩薩たちを導くための手だてであったのです。

では、舎利弗よ、いままた、喩えをもって、さらに妙法（一仏乗）の意義を明らかにしましょう。智慧ある人たちは、かならずこの喩えによって、私の教えをさとることができるでしょう」

（現代語訳『開結』一四〇頁）

三車火宅の喩え

ある国の、ある村の、ある聚落《しゅうらく》の、あるところに、一人の長者《ちょうじゃ》（＝釈尊をあらわす）がありました。長者は老いて、衰えながらも、所有する財産や富は無量です。多くの田畑や邸宅があり、多くの召し使いがいます。その邸宅は広大で、門は一つだけでした。

その邸宅には、百人、二百人、あるいは五百人もの人たちが生活しています。みごとな建物は、いまでは朽《く》ち果て、壁はくずれ落ち、柱も腐り、梁《はり》や棟《むね》は傾き、危険な状態にありました。

あるとき、突然にまわりから、同時に火が燃えあがり、その屋敷を炎が包み込みました。長者の子どもたち（＝すべての生きとし生けるものをあらわす）は、十人、二十人、さらには三十人までもこの邸宅にありました。

長者は、この大火が四方から起こるのを見て、非常に驚き恐れて、このように思いました。「私（長者）は、燃えさかる邸宅の門から無事に出ることはできるが、子どもたちは火宅の内にあって、嬉々《きき》として遊びに夢中になっている。火事のことも知らず、まして恐れることもなく、外に出ようとする意志ももっていない」

そこで、父である長者は、種々の方策をもって子どもたちを救出することを考え、早くこの屋敷から出るように、と子どもたちに告げたのです。

けれども、子どもたちは、父の言葉に耳を貸すことはありません。つまり「火」とは何か、「家」とは何か、「焼かれてしまう」とはどういうことかさえ認識できていません。それゆえに、子どもたちは屋敷内を走りまわり、たわむれて、ただ父を見つめるばかりでした。

そのとき、父は思ったのです。ともかく、この家は焼かれている。子どもたちは、ここから出なければ焼け死んでしまう。そこで、手だてを設けて災難から脱出させよう、と。父は、日ごろから、子どもたちが好むものが何であるかを知っていました。それは、心を奪う珍しいおもちゃや遊具などです。そこで、つぎのように告げました。「おまえたちが、いつも欲しいと言っている羊の引く車（羊《よう》車《しゃ》）、鹿の引く車（鹿車《ろくしゃ》）、牛の引く車（牛車《ごしゃ》）が、門の外に用意してあるから、ただちに外に出なさい」と。それを聞いた子どもたちは、争いながら火宅から飛び出しました。このありさまを見た父の長者は、子どもたちの無事に安堵したのです。

そして、長者が子どもたちに与えたのは、羊車（＝声聞乗《じょう》をあらわす）、鹿車（＝縁覚乗をあらわす）、牛車（＝菩薩乗をあらわす）ではなく、「大白牛車《だいびゃくごしゃ》（＝一仏乗をあらわす）」であったのです。

第四章　四人の仏弟子の告白
――信解品《しんげほん》第四

喩えの意味するもの

『法華経』の譬喩品《ひゆほん》の後半部分は、み仏たちおよび釈尊《しゃくそん》の一大目的が、凡夫《ぼんぶ》である私たちを、み仏の究極の悟りの世界、すなわち深遠なる妙法《みょうほう》（一仏乗《いちぶつじょう》）の世界に導くことにあるということを示すために、「三車火宅《さんしゃかたく》の喩《たと》え」をもって、その真意を説き明かされました。

つまり、み仏たちは、種々のいわれや、喩えや、ことばによって、私たちを一仏乗の世界へと導かれるのですが、私たちが宗教的にあまりにも愚者であることから、日常の社会生活の場面を借りて、その宗教的世界を説かれることになるのです。

その譬喩の内容をあらためて確認いたしますと、大長者《だいちょうじゃ》である父とは、釈尊にほかなりません。そして、長者の所有している大邸宅とは、私たちが生存している世界（欲界《よっかい》・色界《しきかい》・無色界《むしきかい》の三界《さんがい》）を意味しています。その大邸宅が火炎に包まれているということは、私たちの生存しているこの三界が、四苦《しく》・八苦《はっく》をはじめとするさまざまな苦悩に満ちていることに喩えられているのです。その火宅の中で遊びたわむれている子どもたちとは、私たち衆生《しゅじょう》（三界の中で迷い苦しんでいる生きもの、凡夫）にほかなりません。

み仏である釈尊は、すでにそれらの苦悩から解放され、真理を悟られていますから、私たちが苦悩や迷妄《めいもう》に束縛《そくばく》されながらも、少しの危機感さえも抱いていないありさまを覚知《かくち》され、その状況からの救済を願われたのです。

火宅の中の衆生を救う方法としては、父は大人としての力量・技量をもっていますから、物理的な力によって子どもたちを火宅の外に運びだすという手だてがあります。しかし、この方法を、父は思いとどまったのです。なぜなら、彼らに自覚をうながし、火宅から脱出する方策を思案されたからです。

そこで、選ばれた方法が、日頃、子どもたちが欲しいとねだっていた遊具を門の外に準備し、これを選ばせるという方法でありました。父は、子どもたちが欲しいと願っている車が、門の外にあることを告げたのです。すなわち、羊の引く車（声聞《しょうもん》乗の喩え）、鹿の引く車（縁覚《えんがく》乗の喩え）、牛の引く車（菩薩《ぼさつ》乗の喩え）の三車が、門の外の露地《ろじ》に準備されていることを知らせるのです。その言葉を耳にした子どもたちは、脇目もふらず、門外へと走り出ました。しかし、そこで父が準備していた車とは、それらの三車よりも立派な、大きな白い牛の引く、七宝で飾られた「大白牛車《だいびゃくごしゃ》」（一仏乗の喩え）であったのです。そしてついに、この最上の大白牛車が子どもたちに平等に与えられることになったのです。

この喩えから知られることは、釈尊と私たち凡夫との宗教的関係性は「父と子」であり、また釈尊の救済方法は、私たちの宗教的能力（機根《きこん》）に応じてほどこされ、強制的に束縛するのではなく、私たちの心に訴え、みずからの内的誘引《ひ》を惹き起こす方法であったことです。ここに、み仏の尊い手だて（方便波羅蜜《ほうべんはらみつ》）がほどこされているのです。このように、三車火宅の喩えが説かれたのち、釈尊は弟子の舎利弗《しゃりほつ》に対して、つぎのように問われました。

「舎利弗よ、あなたはどのように考えますか。この長者が子どもたちに、羊車・鹿車・牛車の三車ではなく、素晴らしい七宝で飾られた大きな車を与えたことは、いつわりではなかったでしょうか」（現代語訳『開結』一四六頁）

この問いに対して、舎利弗は、つぎのように告げたのです。

「いいえ、尊い師よ。この長者が、子どもたちを火災からのがれさせ、その身命を保護しただけでも尊いことです。そして、大きな白牛が引く車を与えられたことは、いつわりではありません。なぜなら、子どもたちの身命が安全であればこそ、玩具《がんぐ》を得ることができるのです。まして、父の尊い手だてによって、火宅から救い出されたのですから」（現代語訳『開結』一四六〜七頁）

このように、舎利弗は、釈尊の救いの手だてのあり方を称讃しているのです。

釈尊は三徳具備の仏

ところで、譬喩品の後半において、この喩えが説かれたのち、四字一句からなる詩頌《しじゅ》（偈文《げもん》。ここでは、四字一句×《かける》四行を一偈として数える）が、一六六偈半にわたって説かれることになるのです。その長い詩頌の中に、注目すべき経文が見られます。それは、これらの譬喩からも明らかなように、長者と子どもたちの関係性、つまり釈尊と私たち衆生との関係性は、けっして分断することのできない堅固《けんご》なものであることを強調している文です。

その文を、釈尊の「三徳偈《さんとくげ》」と称します。いま、その文を列示してみましょう。

①「今此《いまこ》の三界《さんがい》は、皆是《みなこ》れ我《わ》が有《う》なり」（主徳《しゅとく》）
②「其《そ》の中《なか》の衆生《しゅじょう》は悉《ことごと》く是《こ》れ吾《わ》が子《こ》なり」（親徳《しんとく》）
③「而《しか》も今《いま》、此《こ》の処《ところ》は、諸《もろもろ》の患難《げんなん》多《おお》し。唯我《ただわ》れ一人《いちにん》のみ、能《よ》く救護《くご》を為《な》す」（師徳《しとく》）

（『開結』一六三頁）

すなわち、釈尊は、

①いま私たちが居住している三界（欲界・色界・無色界）という世界は、私（釈尊）の所有であり、

②その中に生存しているすべての衆生は私（釈尊）の子どもであり、
③しかも、いまの三界は、さまざまなわずらいや、災難に満ちあふれているけれども、ただ私（釈尊）一人だけが、それらの人々を救い保護することができる。

と宣言されているのです。この文を、日蓮聖人《にちれんしょうにん》（一二二二〜八二）が受けとめられるとき、如来寿《にょらいじゅ》量品《りょうほん》第十六で説き明かされる久遠《くおん》のみ仏（久遠本仏《ほんぶつ》）が具備される「主《しゅ》・師《し》・親《しん》の三徳」である、と解釈されているのです（『八宗違目鈔』・『昭和定本《ていほん》日蓮聖人遺文《いぶん》』〈以下『昭和定本』と略称〉五二五〜六頁）。この文は、釈尊の衆生に対する超越的な三つの救いの面からその働きを示され、①主徳、②親徳、③師徳の順序で説かれていますが、古来より、「主・師・親三徳の釈尊」と称し、私たちとの必然的連関性が説かれている文として拝読されているのです。

以信得入の文

さらに、長い詩頌の中で、もう一ヶ所だけ大切な文に注目いたしますと、釈尊が舎利弗および声聞の弟子に対して、仏道修行の場において必要不可欠な態度を求められていることを知るのです。

「あなた（汝《なんじ》）舎利弗においてさえ、この法華経にあっては、信《しん》をもって入ることができた（以《い》信得入《しんとくにゅう》）のです。ましてや、ほかの声聞たちにおいては、なおさらのことです。そのほかの声聞たちも、み仏のことばを信ずることから、この法華経にしたがうことができるのです。けっして、自己の有している智慧によるものではないのです」（現代語訳『開結』一六八頁）

このように、釈尊の教えを聴聞《ちょうもん》し、『法華経』（一仏乗）の教えに参入するために必要なのは、「信仰心」であることが力説されていることを知るのです。

そして、譬喩品の末尾の部分で、釈尊は舎利弗に対して積極的に『法華経』を弘《ひろ》めるように勧奨《かんしょう》されて、つぎの信解品《しんげほん》へと移ることになります。

四大声聞の告白

信解品第四は、四人のすぐれた仏弟子が、釈尊に対して告白することからはじまります。その四人の仏弟子とは、経文の冒頭に、慧命須菩提《えみょうしゅぼだい》、摩訶迦旃延《まかかせんねん》、摩訶迦葉《まかかしょう》、摩訶目犍連《まかもっけんれん》の名が記されています。

これらの四人は、釈尊の十大弟子の中に数えられる人たちです。須菩提は「解空《げくう》（すべての存在するものが空であると悟ること）第一」、迦旃延は「論議《ろんぎ》（仏法の内容を論議すること）第一」、迦葉は「頭《ず》陀《だ》（衣・食・住への貪《むさぼ》りを離れた行を実践すること）第一」、目犍連は「神通《じんずう》（不思議な力を有すること）第一」と称される人たちです。しかも、それぞれの名に、「慧命」（すぐれた行者という意味）とか「摩訶」（すぐれた、偉大なという意味）という尊称が冠せられていることから、これらの四人を「四大声《しだいしょう》聞《もん》」と称しています。

そして、天台大師《てんだいだいし》智顗《ちぎ》の解釈では、舎利弗を「上根《じょうこん》の弟子」と見なすのに対し、この四人を「中根《ちゅうこん》の弟子」と規定されているのです。

この四人の弟子たちは、方便品そして譬喩品と、これまでにない尊い教えを聴聞し、さらに舎利弗に対して、華光如来《けこうにょらい》という仏名《ぶつみょう》が授けられたことに、みずから尊い心を起こし、歓びの心を表現すると同時に、会座《えざ》から起《た》って尊いみ仏の顔を仰《あお》ぎみて、つぎのように告白するのです。

摩訶迦葉（チベットの仏画より）

「私たちは、僧団の上位にあるのですが、みな年をとり、老衰してしまいました。自分たちは声聞としてのさとり（阿羅漢果《あらかんが》）を得ているのですから、これ以上の修行は必要ないと思って、無上の正しいさとりを進んで求めることはいたしませんでした。

尊い師がさとりを開かれ、法を説かれてから今日にいたるまで、長い時間を経ました。その間、私どもはその説法の会座にありましたが、身体は疲労のために懈怠心《けたいしん》が起こり、ただ声聞の修行である瞑想のみに思いをいたし、大乗《だいじょう》の菩薩方《がた》が体験される、自在な神通力によって仏国土を清め、人々を導かれることに対しては、心から熱望いたしませんでした。それというのも、私たちは、阿羅漢果に到達することで、苦しみのある三界から逃れ出て、涅《ね》槃《はん》のさとりを得させていただいたからです。いまはすでに年をとり、老い衰えて、み仏が菩薩方に教えられた無上の正しいさとりに対して、わずかでも、これを喜び、願うという心を起こしませんでした。

ところが、私たちは、いまみ仏の前で、声聞である舎利弗が無上の正しいさとりを得るであろうという予言を授けられたことを聞いて、心に歓喜が満ちあふれ、これまでにない思いを抱きました。

私たちは、思いもよりませんでした。いま、この『法華経』の会座において、ただちに尊い教えを聞くことができるとは。また、私たちは深くその幸いを喜んでいます。本当に、大きなめぐみを得られたことに対して。それはあたかも、無量《むりょう》の珍宝《ちんぽう》が求めなくてもおのずから得られたようなものです」（現代語訳『開結』一七六～七頁）

以上のように、四人の仏弟子は、みずから声聞の修行にとどまって、一仏乗を求めなかったことを悔《く》い、さらに釈尊が、声聞の舎利弗に対して、成仏の予言を授けられたことに、深い喜びの感情を告白しているのです。そして、四大声聞は、譬喩品で示された「三車火宅の喩え」を聴聞し、み仏の本意がどこに存しているのかを知ることによって、声聞の位に甘んじることなく、さらなる仏道へと向かう心を起こすことになります。

信解品の意味

ところで、この章が信解品と名づけられているのは、み仏の教えを信じて理解することであると同時にその教えを信じ、理解することで、向上しようとする意欲を意味していることが知られるのです（中村元著『佛教語大辞典』七七六頁）。

たしかに、天台大師の「釈信解品《しゃくしんげほん》」によれば、「信解」とは、四大声聞が、阿羅漢果の境地に疑惑を感じてこれを破棄し、大乗の一仏乗の教えを信じることが「信」の意味であり、さらに無上のさとりへと進むことを決意していることが「解」の意味であると解釈されています（『大正蔵経』第三十四巻七九頁c）。

ところで、四大声聞の告白の一節に、釈尊から最上の教えを聴聞した喜びを、あたかも無量の珍しい宝珠が、みずから求めなくても自然に与えられたようなものです、と語っていることをすでに記しました。その経文は、「無量珍宝　不求自得（無量の珍宝、求めざるに自ら得たり）」（『開結』一七七頁）というものです。そして、この無量の宝珠が与えられた喜びを得るまでの道のりを語ることによって、彼らが釈尊の導きの真意を、どのように領解《りょうげ》（会得《えとく》すること）しているかを明らかにするのです。

すなわち「三車火宅の喩え」を間近で聴聞した四大声聞が、釈尊が説かれる一仏乗の意味をどのように理解しているのかを語ることになります。

四大声聞は釈尊に、つぎのように告げているのです。

「尊い師よ、私たちが今ねがうところは、譬喩を説くことで、私たちの領解している意義を明らかにしたいと思います」(現代語訳『開結』一七八頁)

つまり、この四大声聞は、譬喩を用いて、自分たちの体得した世界を語ることになります。それが、信解品に示される「長者窮子《ちょうじゃぐうじ》の喩え」であります。

第五章　釈尊の平等なる大慈悲《だいじひ》
——薬草喩品《やくそうゆほん》第五

長者窮子の喩え

信解品《しんげほん》の冒頭において、釈尊のすぐれた弟子である四人の声聞《しょうもん》（慧命須菩提《えみょうしゅぼだい》、摩訶迦旃延《まかかせんねん》、摩訶迦葉《まかかしょう》、摩訶目犍連《まかもっけんれん》）が、すでに自己の身心が老衰し、懈怠心《けたいしん》に支配されていることで、阿羅漢果《あらかんが》という一つの到達した境地に満足していたことを告白し、菩薩道《ぼさつどう》を求めることはなかったことを懺悔《さんげ》（その罪を悔いること）しています。

しかし、すでに法華経説法の場において、舎利弗尊者《しゃりほつそんじゃ》には華光如来《けこうにょらい》という仏名《ぶつみょう》が与えられ、すべての仏弟子たちは一仏乗《いちぶつじょう》（深遠なる妙法《みょうほう》）に参入する菩薩（仏の子）であると説き明かされることによって、あたかも無量の宝珠《ほうじゅ》が求めなくてもおのずから与えられるようであり、それを無上の悦《よろこ》びとしてみ仏に感謝しています。そして、その悦びの境地を「長者窮子《ちょうじゃぐうじ》の喩《たと》え」によって述べることになります。

この喩えは、譬喩品《ひゆほん》において示された「三車火宅《さんしゃかたく》の喩え」が「仏と仏の子」という関係性を基軸としていることと同様に、長者である父と、その父のもとを去って困窮《こんきゅう》している子ども、という関係性に基づく喩えであることに注目が必要でありましょう。

この「長者窮子の喩え」は、詳細な描写がなされていることから、長い経文となっています。ここでは、簡潔に記しておきましょう。

「尊い師よ、私たちはただいま会得《えとく》（領解《りょうげ》）した教えの内容を、喩えをもって明らかにしたいと思います。

たとえば、このような人があったとしましょう。幼い頃、父を捨てて逃げ去り、長い期間にわたり他国にあって、十年、二十年、五十年が経《た》ちました。その子は、年とともに困窮の度が増し、衣服や食べ物を乞い求め、次第に多くの土地を経て、たまたま自分の生まれたもとの国へと向かったのです。

残された父は、子どもを捜《さが》し求めましたが、見つけることができず、途中のある街にとどまったのです。その地で、父は多くの財を得て、多くの倉庫には財宝が満ちあふれ、またその邸宅には多くの使用人もいて、無数の家畜が飼われていました。さらに、その父は商才にたけ、他国にまで金銭の利息が得られるほど手広く商いをおこない、取り引きの商人も大勢いました。

そのとき、困窮した子は、父の居住している街へとやって来ました。父は、子と離別して五十余年にもなるのですが、子どものことを思いつづけ、しかも一度もそのことを他者へ話すことはありませんでした。

　父は、みずから老いを迎えたことで、これらの財宝が散逸《さんいつ》することなく、もしも財宝を付与する子にめぐまれたならば、何の憂いもないだろうにと考えていました。

　そのようなとき、困窮した子は、父のみごとな邸宅の門前にさしかかりました。その門のそばに立って邸宅の主人の様子をうかがうと、みごとな椅子にすわり、その身は宝玉で飾られ、多くの地位ある人々に囲まれていました。そのありさまを見た貧しい子どもは、我が身に不慮の出来事が襲ってくると思い、その場からただちに走り去りました。

　そのとき、大富豪の父は、その貧しい子が自分の子であることを認識したのです。父は、内心、大いなる喜びを感じ、財宝を与える人物があらわれたことで、苦悩が消えたのです。

　父は、そばにいた召使いに、その子を連れて帰るように命じ、貧しい子を捕らえました。すると、貧しい子は驚き、何故、私を拘束《こうそく》するのかと叫びました。しかし、召使いはその子を無理に捕え、邸宅へと連れてきました。ついに、その子は恐怖のあまり、失神し倒れてしまいました。

　遠くからこの様子をうかがっていた父は、その子を解放するように命じたのです。父は、この子どもにとって、自分はおそれの対象であることを知ったのです。しかし、その子が自分の子であることを、他者には告げませんでした。解放された子は、貧しい村へと出向き、衣食を求めつづけました。

　長者である父は、その子を自分のもとへ誘い引き寄せる手だてとして、やつれた姿形の二人の召使いに、汚物を処理する仕事があることを告げさせて、その子を邸宅の仕事につかせたのです。

ある日、父は窓の外に、疲れやつれ果《は》て、糞《ふん》や塵《ちり》や土に汚れている我が子を見て、悲しみました。そこで父は、飾りのある豪華な衣服を脱ぎ去り、粗末な衣服を身に着け、土で身体を汚し、除糞《じょふん》の道具を持ち、おどおどしたさまを演じながら、仕事をしている人たちの中に入っていったのです。

やがて、その子に近づいた父はつぎのようにいったのです。『いつまでも、ここで働きなさい。身の廻《まわ》りのことでは、何も心配はいらない。私は、おまえの父のようなものだ。おまえは働き者で、悪い者には見えない。いまからは、実の子のようにしよう』と。そして、ただちに『息子』（我が子）と名づけました。

たしかに、貧しい子はこの処置に喜んだのですが、それでも自分は身分の低い者と思い込んでいました。長者は、それから、さらに二十年間、その子を汚物の清掃に当たらせました。

やがて、長者は老衰のために病気にかかり、死期が遠くないことを知り、その子に語りました。『倉庫には財宝があふれている。その出納《すいとう》等の管理のすべてを、おまえに任せよう。十分に気をくばり、財産を失うことのないように』と。

その子は、長者の命令を受け、多くの財宝と、それらを収める倉庫の中の物品について、十分に知り尽くしました。けれども、その住まいは邸宅の中ではなく、貧しい村の中でした。しかも、この邸宅で、一度の食事さえも摂《と》ろうとしませんでした。なぜなら、自分は卑《いや》しい身分の人間であるという思いを捨てることができなかったからです。

しかし、次第に父と子とは心が通じ合うようになり、貧しい子は、これまでの考えは愚かなことである、という思いに到るのです。その心の変化を知った父は、わが生命が終わろうとするにあたり、その子に命じて、親族、国王、大臣、富豪たちを集めさせました。そこで、父は集まった人々に告げたのです。

『みなさん、ここにいるのは私の実子です。昔、ある街にあったとき、私を捨て、苦労して五十余年が経ちました。私は、もとの街から彼を捜して、ここへやってきました。ところが、突然、予期せずにこの子とめぐり会いました。この者は、本当に私の子です。私は、本当にその父です。いま、私の所有するすべての財宝は、この子のものです。この財宝の出納については、すべてこの子が掌握《しょうあく》しています』と」（大意『開結』一七八〜八八頁）

このように、長者はすべての財物を、困窮する子に譲渡したのです。そして、譲与された子の喜びを、四大声聞は釈尊に対して、つぎのように語っています。

「尊い師よ、このとき困窮せる子は、父のこのことばを聞いたことで大いに喜び、これまでにない歓喜に満たされて、つぎのように思いました。私は、もとから長者が所有する財宝を願い求めることはなかったのに、いま、この宝蔵《ほうぞう》が、自然に私のところにもたらされたようなものです」

（現代語訳『開結』一八八頁）

喩えの意味について

以上、四大声聞が釈尊に対して語った「長者窮子の喩え」の内容をたどって参りました。そこで、この喩えの意味をたずねてみますと、大富豪である長者とは、釈尊にほかなりません。窮子とは、釈尊のみ弟子であると同時に、私たち凡夫《ぼんぶ》のすべてを意味しています。しかも、それは釈尊の実子でありますから、私たちはまさに「仏の子」にほかならないといえましょう。み仏の窮子に対する導きは、大慈悲によって、終始変わることなく注がれていることを知るのです。

しかし、窮子は、自己が仏の子であることを忘れ、尊い一仏乗の教えから遠く離れて、方便《ほうべん》の教えに執《と》らわれて、その尊厳性を喪失していたのです。けれども、父の教導《きょうどう》のもと、ついに長者の財宝が自然に与えられるということは、釈尊の最上の教えである一仏乗（妙法）が私たちに譲与されることを意味しています。

ところで、私たちが、この「長者窮子の喩え」からうかがえることは、つぎのことです。

① 長者と窮子とは、本来、父と子という親子の関係にあって、決して分断できないということ。

② 長者は窮子を、最終目的の到達点（財宝の譲与）まで終始一貫して、手だてを設《もう》けて導かれているということ。つまり、仏弟子は外見上、声聞でありながら、真実は菩薩（仏の子）としての尊厳性を有していると開示されていること。

このように、四大声聞が語る譬喩には、法華経のもつ人間観や、釈尊の広大無辺《こうだいむへん》の平等なる大慈悲が示されていることを知るのです。

この長者窮子の説示に注目された天台大師《てんだいだいし》は、『法華玄義《ほっけげんぎ》』巻第一上に、法華経のすぐれた法門として「三種教相《さんしゅきょうそう》」を立てられますが、その第一に、み仏は人々の宗教的能力を十分に調《ととの》えられて宝珠を与えられる（根性《こんじょう》の融不融《ゆうふゆう》の相《そう》）と指摘されています（『大正蔵経』第三十三巻 六八三頁b）。つまり、これに基づく「五時八教判《ごじはっきょうはん》」の五時判も、この導きの過程によっていることが明らかです。

ところで、信解品において、長文の譬喩が説かれたのち、一句四字からなる詩頌《しじゅ》が八十七偈《げ》が示されることで終わりを迎えます。法華経二十八章（品《ほん》）を全八巻に分巻するとき、第一巻には序品《じょほん》と方便品《ほうべんぽん》、第二巻には譬喩品と信解品とが収められています。

薬草喩品における証明

薬草喩品第五に移ると、その冒頭では、四大声聞の領解のことばを聞かれた釈尊が、その理解の内容に誤りがないことを告げられることになります。

「そのときに、尊い師は、摩訶迦葉と多くのすぐれた長老の弟子たちに告げられました。よきことです、よきことです。迦葉よ。あなたたちは、よく如来の真実の教導による功徳（めぐみ）について説き明かしました。たしかに、あなた方の言うとおりです。

しかし、如来たち（み仏たち）は、はかり知れないほどの無限の功徳をおもちなのです。それゆえに、あなたたちが無限の時間をかけて、その功徳について語り尽くそうとしても、けっしてそれを説き尽くすことはできないのです」（現代語訳『開結』二〇三頁）

このように、信解品において明らかにした大弟子たちの歓喜と領解とについて、釈尊はその領解が間違いないことを証明されています。けれども、いっぽうでは、み仏たちが修得されている広大無辺なる真実の智慧《ちえ》の世界（真実智《しんじっち》）と、それに基づく大慈大悲の教化の手だて（方便智《ほうべんち》）については、いかにすぐれた声聞たちであっても語り尽くすことは不可能である、と断言されているのです。このことからも、方便品以来示されているように、み仏たちの真実智と、それに基づく方便智とは、み仏たちだけが具有されている最上の世界であることが明らかです。

そして、この薬草喩品では、み仏の具有されている真実の智慧による人々への働きかけが、いかに広大無辺にして平等なるものであるかが、「三草二木《さんそうにもく》の喩え」によって説かれることになります。すなわち、釈尊の平等なる大慈大悲が、自然界の慈雨《じう》として喩えられているのです。しかし、その譬喩が説かれる前に、釈尊は弟子の迦葉尊者に対して、つぎのように告げられています。

「迦葉よ、まさに知るべきです。如来は、あらゆる教えの王であり、その説かれた教えはすべて真実なのです。そのすべての教えというのは、真実智を基として、人々を教化するための手だてなのです。それゆえに、み仏の示された教えというのは、その真実智のもとへ導くためのものなのです。如来は、あらゆる教えが帰着《きちゃく》するところを観知《かんち》され、また、あらゆる人々の心のはたらきを知り尽くされ、それらに十分に対応されるのです。また、如来は、多くの教えを究《きわ》め尽くして明らかにされ、人々に対して、すべての智慧を示して導かれるのです」

（現代語訳『開結』二〇三～四頁）

この文から明らかなように、釈尊が迦葉尊者に語られる如来の働きというのは、真実智による導きによって、一切の人々をこの真実智へ導くための手だてである、ということです。このことからも、み仏は、私たちに平等なる大慈大悲を注がれることが知られるのです。

そこで、この大地に生育する草木に、慈悲の雨が平等に降りそそがれる「三草二木の喩え」については、次章に述べることにいたしましょう。

第六章　四大声聞《しだいしょうもん》に対する成仏の予言
――授記品《じゅきほん》第六

三草二木の喩え

譬喩品《ひゆほん》の喩《たと》えにおいて、釈尊《しゃくそん》という偉大な存在は「大長者《だいちょうじゃ》」として描かれ、信解品《しんげほん》においても「長者」に喩えられています。それに対して、私たち一切の人々は、その長者の「子ども」として位置づけられていることを学びました。それは、『法華経』という経典が、仏と仏の子という関係性を基軸とする教えであり、しかも、その宗教的時間は、有限的な関係にとどまるのではなく、久遠《くおん》という永遠なる関係性で捉《とら》えられていることを知るのです。言い換えますと、釈尊の真実の智慧に基づく大慈悲の教化は、けっして有限的なものではなく、三世にわたる無限の宗教的時間においてなされているることを知るのです。

このように、信解品までは、釈尊の大慈悲《だいじひ》を三世《さんぜ》（現在・過去・未来）にわたる時間の流れにおいて示されているのに対して、薬草喩品《やくそうゆほん》では、三千大千世界《さんぜんだいせんせかい》という空間的な面から、宗教的な広がりによって、釈尊の絶対平等の大慈悲が実現されることが説き明かされているのです。

ところで、三千大千世界というのは、私たちが生存している全宇宙に相当するもので、広大な仏教の世界観を示すことばにほかなりません。『倶舎論《くしゃろん》』という書物には、これらの世界の最小単位である一世界は、須弥山《しゅみせん》を中心として四大州《しだいしゅう》や大海や山々を含んだ広大な空間と、太陽と月、そして三界《さんがい》の中の欲界《よっかい》と色界《しきかい》の一部を上限とする天上界とを合わせたものを指し、これを「一四天下《いっしてんげ》」と称するのです。この一世界（一四天下）の千倍を小千世界、その千倍を中千世界、さらに、その千倍したものを大千世界というのです。ですから、大千世界というのは、一世界の十億倍ということで、これを三千大千世界と称しています。また、この世界が、一人のみ仏の教化のおよぶ範囲であるとされるのです（田村芳朗・藤井教公著『法華経　上』〈佛典講座7〉三三六頁参照）。

では、薬草喩品の「三草二木《さんそうにもく》の喩え」に注目いたしましょう。ここでは、まず釈尊が四大声聞の一人の摩訶迦葉《まかかしょう》に語りかけられています。

「迦葉よ、たとえば、三千大千世界の山や川、渓谷《けいこく》や地上には、草や木、草むらや林が生い茂《お》り、さまざまな薬草が幾種類もあって、その名前や形というのは異なっています。その大地の上の空に、幾重もの厚い雲がみちわたり、三千大千世界をくまなくおおい尽くし、同時に雨が降りそそぐのです。その雨は、広く、草木や叢林《そうりん》、あるいは種々の薬草に対して降りそそぎ、小さな薬草の根、茎、葉、中くらいの薬草の根、茎、葉、さらには大きな薬草の根、茎、葉などを潤《うるお》すのです（ここに、薬草の小・中・大の三種が示されています）。

さらにまた、種々の樹木の中でも、大樹や小樹の二木があって、それぞれの樹木も上・中・下の性質に応じて、平等に降りそそぐ雨を受けるのです。すなわち、同じ雲から降りそそぐ雨であっても、大地に生《は》える草木の性質に応じて、それを受け、成長し、花を咲かせ、実を結ぶのです。

このように、同じ大地の上に成育し、同じ雨の潤いであっても、草木のそれぞれの性質によって、形やはたらきには差異があるのです」（大意『開結』二〇四〜五頁）

喩えの意味するもの

以上のように、三千大千世界に生育する草木が、平等に降りそそぐ雨によって、その潤いを受けて、それぞれの性質のもとに存在していることが説かれるのです。

天台大師智顗《てんだいだいしちぎ》は、『法華文句《ほっけもんぐ》』巻第七上の「釈《しゃく》薬草喩品」（『大正蔵経』第三十四巻 九〇頁b以下）には、三草二木の喩えを、経典に基づいて次のように解釈されています。

①土地の喩え――三千大千世界の山川や渓谷など。

②卉木《きもく》の喩え――卉とは草のこと、木は樹の総称で、大地に生える草木、薬草など。

③密雲《みつうん》の喩え――空に厚い雲がかさなり、三千大千世界をおおう。

④注雨《ちゅうう》の喩え――雨が同時に等しく降りそそぐ。

⑤受潤《じゅにん》の喩え――大地の草木が洽《うるお》いを受ける。
⑥増長《ぞうちょう》の喩え――草木がその性質に従って潤いを受けて成長する。

このように、天台大師は経典に示された喩えを開示《かいじ》されているのですが、この喩えを、み仏とその導きとに重ね合わせて解釈されるのです。

すなわち、次のとおりです。

①土地の喩えというのは、この三千大千世界には、数えきれない生命をもった衆生《しゅじょう》たちがあって、み仏の処《ところ》へとおもむいて、その教えを聴聞《ちょうもん》するということ。
②卉木の喩えというのは、草木が何種類もあるように、私たち衆生もそれぞれ性質が違うということ。
③密雲の喩えというのは、み仏がこの世に出現されて、大音声《だいおんじょう》をもって、広く教えを説かれるということ。
④注雨の喩えというのは、み仏が四つの誓願《せいがん》を立てて、私たち衆生を導かれるということ。その四つの誓願とは、経文によれば、つぎのように示されています。

「①未《いま》だ度《ど》せざる者は度せしめ、②未だ解《げ》せざる者は解せしめ、③未だ安《あん》せざる者は安せしめ、④未だ涅槃《ねはん》せざる者は涅槃を得せしむ」（『開結』二〇五頁）

〈①まだ悟りの世界へ渡っていない者を渡らせ、②まだ解脱《げだつ》していない者を解脱させ、③まだ心の安らかでない者を安らかにさせ、④まだ涅槃に到っていない者には涅槃を得さしめる〉

⑤受潤の喩えというのは、私たち衆生が、み仏から計《はか》り知れない種々の教えを聴聞し、歓喜《かんぎ》し、すぐれた利益《りやく》を受けるということ。

⑥増長の喩えというのは、み仏の教えを受けた人々が、この世においては心が安らかとなり、さらに死後においては、苦しみのない、よき世界に生まれるということ（経典には「現世安《げんぜあん》穏《のん》 後生善処《ごしょうぜんしょ》」と説かれています）。そして、次第に仏道に入ることができるということ。

このように、天台大師は三草二木の喩えを、仏の導きと、それを受ける衆生とに当てて解釈されているのです。そして経文には、

「一地《いちじ》の所生《しょしょう》、一雨《いちう》の所潤《しょにん》」（『開結』二〇四頁）

〈同一の大地に生育し、同一の雨が潤す〉

と説かれているのです。このことは、経典に、

「み仏の説法は、一つの姿に対して、一つの味わいをもつのです。その姿は、煩悩《ぼんのう》からのさとり

（解脱）というありさま、業《ごう》という拘束から離れるというありさま、そして苦悩からの安らかさというありさまであります。そして、究極としては、すべてを知り尽くされる仏の智慧《ちえ》（一切種《いっさいしゅ》智《ち》）に至るものです」（現代語訳『開結』二〇七頁）

と説き明かされています。

薬草への注目

以上、法華七喩《ほっけしちゆ》の一つである「三草二木の喩え」に注目すると、自然界の慈雨と、その慈雨によってはぐくまれている草木が、譬喩として用いられていることが確認できました。そして、自然界の草木でも「薬草」に着目される理由は、薬草の効用というのは、私たちが生命を保つうえで、健康を維持し、また五臓《ごぞう》（心臓・肝臓・肺臓・脾臓・腎臓）の活動を保養し、生命活動を支えるうえで、大きな働きをもつと考えられているからです。しかも、その薬草は、み仏の慈雨《じう》を得てこそ、薬草として成長するというのです。

なお、天台大師は、み仏の教化によって成長する三草というのは、①人界の人々・天人など（小草）、②声聞・縁覚《えんがく》の二乗の人々（中草）、③六度（六波羅蜜《ろくはらみつ》）を修行する菩薩《ぼさつ》で、なかでも三蔵教《さんぞうきょう》の菩薩（上草）、④通教《つうぎょう》の菩薩（小樹）、⑤別教《べっきょう》の菩薩（大樹）に配釈されています（『大正蔵経』第三十四巻九六頁b）。

四大声聞に対する成仏の予言

さて、薬草喩品の長行《じょうごう》が説き終えられると、四句一偈《しくいちげ》からなる詩頌《しじゅ》が五十四偈説かれます。そして、ただちに授記品第六へと移り、四大声聞への授記がなされるのです。その順序は、①摩訶迦葉、②慧《え》命須菩提《みょうしゅぼだい》、③摩訶迦旃延《まかかせんねん》、④摩訶目犍連《まかもっけんれん》です。

ところで「授記」というのは、原則として、み仏が仏道修行者に対して、未来世に最高のさとりを得るであろうことを予言されること、あるいは、成仏の保証を与えられることをいいます。「授」とは、授けるという意味ですから、その主体はみ仏です。弟子の立場からは、成仏の予言を「受ける」ということで「受記」となります。「授記」という漢語は、鳩摩羅什《くまらじゅう》によってはじめて訳されたもので、それ以前においては「記別《きべつ》」「授決《じゅけつ》」と訳されています（中村元著『佛教語大辞典』六四一頁参照）。

なお、『法華経』では、譬喩品の後半において、舎利弗《しゃりほつ》に「華光如来《けこうにょらい》」という①仏名《ぶつみょう》が与えられますが、それと合わせて、②仏になるまでの修行のあり方、③仏の国土の名、④時、⑤劫《こう》（時代）の名、⑥眷属《けんぞく》（弟子たち）、⑥正法《しょうぼう》が存続する期間などが示されています。

では、そのようなことに注目して、順次、授記のありさまをたどって参りましょう。

① 摩訶迦葉への授記

釈尊は、説法を聴聞している人々に対して、つぎのように告げられました。

「私の弟子である摩訶迦葉は、未来世において、かならずや三百万億のみ仏たちにまみえ、種々に供養《くよう》をささげて、そのみ仏の偉大な教えを人々に伝えることができるでしょう。そして、煩悩を断《た》った最高の身体で、仏となることができるでしょう」（現代語訳『開結』二一六頁）

すなわち、釈尊は、摩訶迦葉がこれから修行を積む道を明らかにされるのです。そして、その結果「光明《こうみょう》如来」という仏となることと、その仏に具《そな》わる仏名としての十号を示されるのです。その光明如来の国土は、「光徳国《こうとくこく》」で、時代は「大荘厳劫《だいしょうごんこう》」というのです。このみ仏の寿命は、十二小劫で、正法と像法《ぞうぼう》とが世に存する期間は、正法が二十小劫、像法が二十小劫です。さらに、その国の荘厳された清浄《しょうじょう》なありさまは、おごそかに飾られ、瓦《かわら》や小石や、いばらや汚物もなく、大地は平らかで、その大地は瑠璃《るり》（紺《こん》色のラピス・ラズリー）であるというのです。

このように、摩訶迦葉に対して、釈尊は「光の輝きをもった仏」（光明如来）という仏名（得果《とっか》）を与えられ、それに到る修行（行因《ぎょういん》）、さらにみ仏の国と時代、仏寿、正法と像法の存する期間、国土の浄《きよ》らかなさまが描かれていることを知るのです。

②　慧命須菩提への授記

つぎに、すぐれた修行者である須菩提に対しては、未来世において三百万億ナユタのみ仏たちにまみえ、種々の菩薩道を修行した結果として、「名相如来《みょうそう》」という仏名が与えられ、国は宝生国《ほうしょうこく》、時代は有宝劫《うほうこう》ということが示されるのです。さらに、摩訶迦葉と同じように、弟子や仏寿等が明かされています。

③ 摩訶迦旃延への授記

ついで第三番目には、論議第一の摩訶迦旃延に対して、八千億のみ仏たちに供養をささげ、種々の菩薩行を修し、ついに、「閻浮那提金光如来《えんぶなだいこんこう》」という仏名、さらに国土の清浄なること、また仏寿等が同時に授けられることが示されます。この仏名の意味するところは、閻浮那提という河から採《と》れる黄金を閻浮檀金《えんぶだんごん》、あるいは閻浮那提金《こん》といって、金のうちでも最上質のものとされたのです。つまり、この黄金の輝きをもった仏という意味です（『法華経　上』〈佛典講座7〉三七二頁参照）。

④ 摩訶目犍連への授記

四大声聞の最後に記別を受けるのは、通称目連尊者《もくれんそんじゃ》と呼ばれ、神通第一と称される仏弟子です。その仏名は、「多摩羅跋栴檀香如来《たまらばつせんだんこう》」というのです。摩訶迦旃延が、七宝《しっぽう》の一つである黄金に由来していたのに対して、ここでは、植物の香木にもとづいた仏名であります。すなわち、「タマーラ樹の葉と栴檀の香りを有するみ仏」（『法華経　上』〈佛典講座7〉三七七頁参照）というのです。

以上、四大声聞における授記のありさまについてたずねて参りました。このように、上根《じょうこん》の仏弟子である舎利弗への授記は、譬喩品の前半で終止符が打たれ、譬喩品の後半、そして信解品、薬草喩品と説かれることでなされてきた中根《ちゅうこん》の四大声聞への授記が、授記品において結ばれることになります。つまり、中根の弟子への一貫した教化である「譬喩説周《せつしゅう》」に終止符が打たれるのです。

そして、釈尊からいまだ授記されていない多くの仏弟子たちに対して、釈尊は一仏乗《いちぶつじょう》へと導くために、化城喩品《けじょうゆほん》を説かれることになります。この説法を「因縁周《いんねんしゅう》」と呼ぶのですが、それは次章にたずねることにいたしましょう。

第七章　釈尊《しゃくそん》の久遠《くおん》のみちびき

――化城喩品《けじょうゆほん》第七

多くの仏弟子たち

序品《じょほん》において、釈尊に師事し、直接に教えを受ける仏弟子（声聞《しょうもん》）たちは、一万二千人であり、もはや何も学ぶことを必要としない「無学《むがく》」の境地を獲得した人たち（またはその境地を目指している人たち）として登場しています。なかでも、それらを代表する人物として、舎利弗《しゃりほつ》や摩訶迦葉《まかかしょう》や摩訶目犍連《まかもっけんれん》等の二十一名の弟子が阿羅漢《あらかん》として列示されています。さらに、修行過程にある弟子として、有学《うがく》の人たち、またその修行を成就した無学の弟子たちが二千人あり、加えて、女性の出家者である摩訶波闍波提比丘尼《まかはじゃはだいびくに》は、六千人の尼僧のなかまと一緒であります。そして、羅睺羅《らごら》（釈尊の実子）の母に当たる耶輸陀羅《やしゅだら》比丘尼もまた、そのお供と一緒であったのです。

ところで、声聞や縁覚《えんがく》という修行者たちは、ややもすれば自己の修行のみに執着し、化他行《けたぎょう》が欠如しているために、これまでの経典では「成仏できない人々」と批難を受けてきました。しかし、この法華経においては、釈尊の証得《しょうとく》された久遠の真理（妙法《みょうほう》）と久遠のいのちを基《もと》として、それらの仏弟子を仏の子、すなわち菩薩《ぼさつ》であると覚醒させることによって成仏の保証＝授記《じゅき》を明らかにされているのです。

これらは、すでに述べましたように、方便品《ほうべんぽん》から授記品《じゅきほん》までであります。その釈尊の導きは、天台《てんだい》大師《だいし》の解釈によれば、上根《じょうこん》の舎利弗に対する導きが「法説周《ほっせっしゅう》」であり、ついで中根《ちゅうこん》の四大声聞への導きが「譬喩説周《ひゆせっしゅう》」と呼ばれるものであったのです。

けれども、これら五人に対し、成仏の保証を説く予言がなされたとしても、すでに確認しましたように、釈尊には多くの比丘、比丘尼の弟子たちが存在しているのです。

では、この五人に成仏を保証したとして、残りの仏弟子たちは、釈尊の救いから排除されてしまうのでしょうか。あるいは、上根の舎利弗や中根の摩訶目犍連等の授記はなされても、それ以下は同じであるから、授記については省略されてしまうというのでしょうか。

このような関心から、つぎの化城喩品第七を拝読いたしますと、釈尊は、遥かな過去世に目を転ぜられて大通智勝《だいつうちしょう》如来《にょらい》というみ仏のことを語られ、その仏が出家される以前の、十六人の王子たちの物語が始まるのです。

因縁周について

ところで、天台大師の解釈では、釈尊による三度目の手だてを「因縁周《いんねんしゅう》」あるいは「因縁説周」と名づけられています。すでに、方便品の法説周において、み仏たちが、この世に出現される宗教的必然性、すなわち、その目的が「一大事因縁《いちだいじいんねん》」と称されていました。そういたしますと、この化城喩品が、因縁周の正説段《しょうせつだん》と見なされていることから、遥か過去世の大通智勝仏によって、悟られている妙法《みょうほう》の教えが、十六王子＝十六の菩薩へと伝承され、そして現在、娑婆世界《しゃばせかい》（私たちが住んでいるこの世界）の教主となられている釈迦牟尼仏（釈尊）へと連綿《れんめん》として受け継がれ、同時に、その妙法の教えと、娑婆世界に生命を享《う》けた人々とのあいだに、過去世においてすでに必然的に深いかかわりが存していることとの表明がなされている点に、注目が必要です。

すなわち、この化城喩品は、すでに成仏の証明がなされている上根・中根の五人の仏弟子はもちろんのこと、すべての弟子たちは、遥かな過去世から、大通智勝仏の時代を経て、さらに娑婆世界の教主である釈迦如来という系譜の中において生存し、必然的に法華経との結縁《けちえん》がなされてきたことを明らかにしていると言えましょう。

たしかに、今日《こんにち》の私たちから見れば、釈尊のはからいが、第一法説周、第二譬喩説周、第三因縁周と三度にわたってなされていることは、仏弟子はもちろんのこと、すべての人々を悟りの世界に導くことにあります。ですから、三度ではなく、一度の説法でもよいのではないか、という解釈もありましょう。けれども、法華経が久遠の法（妙法の絶対性）と、その久遠の法を悟られた釈尊の無限の生命活動（み仏の永遠の教化）を法と仏の両面から説き明かそうとするところに、この経典の特質が存しますから、ここに、この三度にわたる衆生教化《しゅじょうきょうけ》のあり方が説かれることによって、法華経がみ仏と私たち（衆生）とのあいだにある必然的関係性を明らかにする内容となっていることをあらためて知るのです。

大通智勝仏のこと

では、第三の因縁周にあたる化城喩品の教えをたずねてみたいと思うのです。しかし、この章は、大変長い経文《きょうもん》となっていますので、簡潔に紹介させて頂きます。

まず冒頭には、「釈尊は多くの比丘（男性の出家者）たちに告げられました」（現代語訳『開結』二三〇頁）とあります。この比丘とは、のちに授記され仏名《ぶつみょう》が授けられる五百人の弟子や、有学無学の多くの弟子たちを指しています。そして、その内容は、遥かな過去世に大通智勝如来という仏があったというのです。しかも、そのみ仏が入滅《にゅうめつ》されてから今日まで、どれほどの時間が超過しているかと言えば、「甚大久遠《じんだいくおん》（甚《はなは》だ大《おお》いに久遠なり）」（現代語訳『開結』二三〇頁）というのです。つまり、いま霊《りょう》鷲山《じゅせん》で説法されている釈尊は、遥かな久遠の昔のことを説くことによって、多くの仏弟子たちに対して、妙法の久遠性と聴衆との関係性を説き示そうとされているのです。ついで、その「久遠」とはどれほどの時間を指しているのかを、「三千塵点劫《さんぜんじんでんごう》」という譬喩によって示されることになります。

「譬《たと》えてみますと、三千大千世界《さんぜんだいせん》（第六章に述べましたように、一つの世界を十億倍した大宇宙の広がりを指しています）のあらゆる物質をすりつぶして墨となし、東方に向かって千の国土を過ぎたところで、一つの点をつけるとしましょう。その一点は、微塵《みじん》のようなものです。

ついで、千の国を過ぎて、また一点をつけるとして、このように繰り返して、ついに墨を尽くしたとき、はたしてどれほどの国土がそこにあるのか、知ることができるでしょうか」

（現代語訳『開結』二三〇～一頁）

この質問に対して、当然、弟子たちは、その数を知ることが不可能であると答えるのです。そして釈尊は、さらなる譬えをもって、遥かな過去世からの時間を示されるのです。

「この人が過ぎた国土、すなわち一点を置いた国と置かなかった国とを、あらためてすりつぶして塵《ちり》となし、その一塵を一劫《こう》という長さと仮定して、大通智勝仏が入滅されてからの時間（劫《こっ》数《しゅ》）は、それらの塵が尽きる時間（劫）を指し、さらに無量倍して、無辺の阿《あ》僧《そう》祇《ぎ》のさらに百千万億劫の時間が過ぎているのです」（現代語訳『開結』二三一頁）

このように、大通智勝仏の入滅を遥かな過去世のこととして譬《たと》えられているのですが、この譬えは、「三千塵点劫の譬喩」と称されるものです。

しかし、そのように遥かな過去世のことであっても、み仏の具《ぐ》有《ゆう》されている知《ち》見《けん》力《りき》（智慧のはたらき）によって「彼《か》の久遠を見ること、猶《な》お今日《こんにち》の如し」（『開結』二三一頁）と断言されています。つまり、如来の智慧のはたらきによって、まさに今日のこととして語られているというのです。

ところで、この大通智勝仏というみ仏の名は、「偉大な神通力《じんづうりき》と智慧とによって勝れた仏」を意味し、法華経にだけ登場される仏にほかなりません（『法華経 上』〈佛典講座7〉三八五頁参照）。

「大通智勝仏の寿命は大変長いのですが、その仏が出家をされて、さとりの座に坐《すわ》られても、み仏たちが悟られた真理（法）が現れることなく、十小劫という時間を経過したのち、ついに悟りを完成されました。

この大通智勝仏には、いまだ出家されていないとき、十六人のみ子がありました。その子たちは、父の仏が悟りを成就《じょうじゅ》されたことを聞いて、み仏のもとへとでかけ、母たちも、さらに祖父の転輪聖王《てんりんじょうおう》も、多くの大臣も、ともにみ仏のもとへ行って供養をささげ、無上の法を説いてくださるように要請するのです。

この大通智勝仏が、無上の正しい悟りを成就されたとき、十方の世界のそれぞれに存する五百万億のみ仏たちの世界が六種に震動し、大光明《だいこうみょう》によって明るくなったのです。すなわち、すべての国土はもちろんのこと、欲界《よっかい》の神々の宮殿、無色界《むしきかい》の梵天王《ぼんてんのう》たちの宮殿まで震動し、また大光明に包まれたのです。

そこで、東方の五百万億の国土の梵天王たちは、宮殿とともに、そのめでたい様相《ようそう》（瑞相《ずいそう》）のもとを西方にたずねてみますと、そこには、大通智勝仏のもとで、天龍八部衆《てんりゅうはちぶしゅ》はじめ十六人の王子たちが、み仏に説法を請《こ》うありさまが見えたのです。

東方の梵天王たちは、大通智勝仏に対して供養《くよう》をささげ、自分たちの宮殿をその仏に献上して、説法を要請したのです」（大意『開結』二三三～四一頁）

このように、東方世界の梵天王が説法を請う場面につづいて、東南方、南方、西南方、そしてすべての十方《じっぽう》世界の国土の梵天王たちによる説法の要請が示されるのです。

経文には、繰り返し「梵天勧請《ぼんてんかんじょう》」のことが記されていますが、ことに、上方の梵天王がみ仏に要請する偈頌に注目してみましょう。そこには、み仏に対する説法の要請と同時に、広くその功徳を回向するという文が見られるのです。

「我等《われら》が諸《もろもろ》の宮殿《くうでん》　光《ひかり》を蒙《こうむ》るが故《ゆえ》に厳飾《ごんじき》せり　今以《いまもっ》て世尊《せそん》に奉《たてまつ》る　唯哀《ただあわ》れみを垂《た》れて納受《のうじゅ》したまえ　願《ねが》わくは此《こ》の功徳《くどく》を以《もっ》て　普《あまね》く一切《いっさい》に及《およ》ぼし　我等《われら》と衆生《しゅじょう》と　皆共《みなとも》に仏道《ぶつどう》を成《じょう》ぜん」

（『開結』二五四頁）

〈私たちの宮殿は、光を受けておごそかに飾られました。その宮殿をいま、世尊に献上いたします。どうぞあわれみを垂れて、お納めください。願わくは、この功徳が、ひろくすべてにゆきわたり、私どもとすべての人々とが、ともに仏道を成就することができますように〉

大通智勝仏の説法

以上のように、十六人の王子、あるいは十方世界の梵天王たちによる説法の要請が詳述されますと、ついにみ仏は、四諦《したい》法・十二因縁《じゅうにいんねん》法について説かれるのです。

ついで、十六人の王子たちはみな出家して、沙弥《しゃみ》（正式な比丘になる前の見習い修行者）となり、仏道を求めることとなります。そして、十六人の沙弥たちは、無上の正しい悟りを説くようにと、み仏に懇請《こんせい》するのです。すると、大通智勝仏は、二万劫という長い時間を経たのち、八千劫もの間、大乗経典の法華経を説かれることになります。もちろん、十六人の菩薩である沙弥は、み仏の教えをすべて信じ受け入れたのです。

み仏は、法華経を説き終えられますと、静かな部屋に入り、八万四千劫という長きにわたり禅定《ぜんじょう》に入られました。

十六人の菩薩沙弥のこと

そのとき、十六人の悟りを求める菩薩沙弥は、かわるがわる四衆《ししゅ》（比丘・比丘尼・優婆塞《うばそく》・優婆夷《うばい》）に対して、父である大通智勝仏から授かった法華経をふたたび説くのです。これを、十六王子の「法華覆講《ほっけふこう》」と呼ぶのです。

大通智勝仏は八万四千劫ののち、禅定から出られて、つぎのように人々に告げられることになります。

「この十六人の菩薩の沙弥たちは、まことに尊い存在です。その能力はすぐれ、智慧は明らかです。彼らは、すでに無量の百千万億という多くのみ仏たちに供養をささげ、清浄《しょうじょう》な修行を重ね、仏の智慧を受けたのち、人々にそのことを開示して、人々を導いてきたのです。あなたがたは、この菩薩たちに親近《しんごん》し、供養をささげなさい」（現代語訳『開結』二六〇頁）

このように、十六人の王子たちの本生《ほんじょう》は、大通智勝仏の王子というのではなく、過去世において、仏道を修め、人々を導いてきた尊い存在であることが明かされているのです。ついで、釈尊は、多くの比丘たちに告げられたのです。

「是《こ》の十六の菩薩は、常に楽《ねが》って是の妙法蓮華経を説く」（『開結』二六〇〜一頁）

すなわち、この十六人の菩薩たちは、つねに喜んで法華経を説かれるというのです。そして、これらの菩薩たちによって導かれた多くの人々は、生まれかわるたびに、この菩薩とともにあり、さらに四百万億の多数のみ仏たちに出会い、それはいまもつづいているというのです。

この十六人の菩薩沙弥は、無上の悟りを成就され、それぞれの世界で説法されています。そして、十六番目の菩薩は、いまの釈迦牟尼仏であり、まさにこの娑婆国土（私たちの住む娑婆世界）において、無上の正しい悟りを成就された、というのです。

このように、釈迦牟尼仏は、過去世においても、中間《ちゅうげん》にても、そして現在にいたっても、つねに法華経を説きつづけ、その説法を聞く人たちも昔から今日、さらに未来世にいたるまで、つねに法華経の導きを受けることが明かされているのです。

このような、三世《さんぜ》を貫く法華経による導きは、さらに「化城宝処《けじょうほうしょ》の喩《たと》え」をもって明らかにされるのです。そのことは、次章にたずねたいと思います。

第八章　千二百人の仏弟子に対する成仏の予言
――五百弟子受記品《ごひゃくでしじゅきほん》第八

化城宝処の喩え

鳩摩羅什三蔵《くまらじゅうさんぞう》によって漢訳された法華経の第七章は、「化城喩品《けじょうゆほん》」と名づけられています。その由来は、この章の後半部分に、「化城の喩《たと》え」あるいは「化城宝処《ほうしょ》の喩え」が説かれていることによるものと考えられます。しかし、第七章において化城喩品の教えをたどって参りましたように、釈尊《しゃくそん》は、この章のはじめにおいて、遥かな久遠《くおん》の昔、すなわち「三千塵点劫《さんぜんじんでんごう》」の譬喩《ひゆ》によって示される過去世から、弟子たちが法華経の教え、および釈尊との深い宗教的関係性をもっていること、つまりは宿世《しゅくせ》からの因縁《いんねん》を明かすことを目的として説かれていることが知られます。

竺法護《じくほうご》の漢訳した『正法華経《しょうほけきょう》』（西暦二八六年訳）においては、この品は「往古品《おうこほん》」と訳され、またサンスクリット本の口語訳『正しい教えの白蓮《びゃくれん》』では、「前世の因縁」（坂本幸男・岩本裕訳注『法華経中』〈岩波文庫〉一一頁）と訳されています。

　これらのことから、『正法華経』およびサンスクリット本は、法華経の化城喩品の前半に説かれる過去世からの結縁《けちえん》、あるいは前世からの因縁を標題とし、『妙法蓮華経』では後半部分に示される「化城宝処の喩え」によって、この品の題名としていることが理解できます。

　では、化城喩品の後半部分に説かれる「化城宝処の喩え」の内容を見ておくことにいたしましょう。


「たとえば、珍しい財宝が秘蔵されている目的地があり、そこに到るまでの距離が五百由旬《ゆじゅん》という遥かかなたで、しかも、道はけわしくて困難な悪道であって、久しく人跡《じんせき》がとだえ、おそろしい場所であったとしましょう。そして、多くの人々の集まりの一団があって、この険道を通って、珍しい宝物のある場所に至ろうとしました。そのとき、一人の導師（指導者）がありました。

　このリーダーは、智慧があり、先を見通す才能と決断力とによって、この難所を通過し、宝処に向かったのです。けれども、彼に率いられている人々は、途中ですっかり疲れ果てて、進むことがいやになってしまいました。そして、リーダーに対して、私たちはすっかり困憊《こんぱい》し、そのうえおそろしくてたまりません。この先の道は、まだまだ遠いことですから、いまは引き返したい、と伝えたのです。

　この指導者は考えました。なぜ、人々は珍しい宝物を得ないで、もとの処《ところ》へ帰ろうとするのだろうか。そこで、目的地の宝処に到達する手だてとして、神通力《じんづうりき》によって、途中の三百由旬を過ぎたところに、一つの大きな街（城市《じょうし》）を作り出して、人々に伝えました。

みなさん、引き返してはなりません。この城市に入れば、快適で安らかとなるでしょう。もしも、前進して、目的地の宝処に至ることができれば、そのとき帰ることもできるのです。この言葉を聞いた人々は、喜びの声をあげ、いまやっと悪路から抜け出して、安らかになることができた、と言うのです。

やがて指導者は、これらの人々が、休息し、疲労もとれたことを知って、巧みな手だてによって造った幻の城市を消滅させ、さあ、宝の場所はすぐ近くにあります。さっきの大きな城市は、私が神通力によって仮りに造ったのです、と告げて、目的地の宝処に向かうことになるのです」

（大意『開結』二六四〜七頁）

このように、宝処に到ることを目的として、一つの集団が険路を進むという場面と、リーダーが方便力《ほうべんりき》をもって城市を造るという事柄に託《たく》し、仏の終始一貫している導きが譬《たと》えられるのです。そして、この「化城宝処の喩え」に対して、釈尊は、つぎのことを明らかにされるのです。

①大導師（指導者）とは、み仏を指しています。このリーダーは、人々を導くために、大いなる智慧と、ねばり強い忍耐力と、未来を見通す力とを具《そな》えられているというのです（今日、私たちの組織や集団に求められている指導者は、智慧と忍耐力と予見力が必要でしょう）。

②仏道を成就《じょうじゅ》するまでの道のりは、はるかに遠いものですから、ただちに如来の真実である一《いち》仏乗《ぶつじょう》の教えを示されることはありません。もしも、弟子たちにそれを説けば、かえっておそ

れを抱いて退いてしまうからです。そこで、み仏は声聞《しょうもん》や縁覚《えんがく》の人たちに、方便力によってそれぞれの教えを説かれるのです。それが「化城」にほかなりません。

③しかし、この境地は、本当の悟りの世界ではありませんので、あくまでも方便の教えであることを明かされ、真の一仏乗が説かれることによって、宝処に到ることになるのです。

釈尊には始・中・終の導きがあるということ

以上、化城喩品の教えをたずねてまいりました。天台大師《てんだいだいし》は、この化城喩品の教えを基として、法華経の教えのすぐれている点が、ここにあることを指摘されています。すなわち、釈尊の人々に対する導きは、始めがあり、中間があり、そして、仏道を成就する終わりまで、一貫して導きがなされているということです。つまり、法華経と他の経典との違いを、「化道《けどう》（導）の始終《しじゅう》不始終《ふしじゅう》の相《そう》」（『法《ほっ》華玄義《けげんぎ》』巻第一上）と称されています。言い換えますと、釈尊の法華経による導きは、仏道が成就するまでの過程において、まず仏種《ぶっしゅ》が人々に下種結縁《げしゅけちえん》（始め）されるというのです。そして、その仏種が成長する導きが調熟益《じょうじゅくやく》（中間）であり、ついに悟りに到達するという解脱益《げだつやく》（終わり）までの一貫性があるというのです。このことを下種益・調熟益・解脱益の三益《さんやく》というのです。しかし、他経には、このようなみ仏の終始一貫した導きは明かされていない、と指摘されているのです。

五百弟子受記品の教え

これらのことから、化城喩品において、久遠の法である法華経および釈尊と仏弟子たちとの関係は、三千塵点劫という遥かな過去世からのつながりをもち、それのみならず、未来世までもその関係性を有していることが確認できました。

ついで、法華経は五百弟子受記品《ごひゃくでしじゅきほん》第八（以下、五百弟子品と略称）、さらに、授学無学人記品《じゅがくむがくにんきほん》第九（以下、人記品と略称）へ移ることとなります。

まず、五百弟子品のはじめに登場するのは、釈尊の十大弟子の中でも、説法第一と称されている富《ふ》楼那弥多羅尼子《るなみたらにし》（以下、富楼那尊者《そんじゃ》と称します）です。彼は、方便品《ほうべんぽん》から化城喩品までのみ仏の尊い説法と、すぐれた弟子が成仏の予言（授記《じゅき》）を授けられたということと、そして、前世からの深いえにしや、み仏たちの働きが自由自在であることを聞いて、いまだかつてない思いと、無上の歓喜《かんぎ》に満たされるのです。そこで、ただちに釈尊の前に到って、尊いお顔を仰ぎ見て、少しも目をはなさなかったのです。

釈尊は、富楼那尊者の思いが、どのようなものであるのかを察知され、つぎのように会座《えざ》にある人たちに告げられました。

①富楼那尊者は説法者中の第一人者であって、私（釈尊）を助けて法を説いてきたということ。

②富楼那尊者は、私の教法を護《まも》り持《たも》っているだけでなく、過去世の九十億という仏たちのもとで

修行し、仏を助けて法を説き、そのときも説法第一の弟子であったということ。

③　富楼那尊者は、過去七仏《かこしちぶつ》のもとでも説法第一の者であり、さらに未来世においても、尊い教えを護り、人々を導いて正しいさとりへ向かわせるということ。

このように、釈尊が富楼那尊者の徳を讃えられますと、ついで、彼に成仏の予言を授けられることになります。それは、「法明如来《ほうみょうにょらい》」（法の輝きをもったみ仏）という仏名《ぶつみょう》です。その法明如来の国土（浄土）は、金銀等の七宝《しっぽう》よりなり、七宝づくりのみごとな楼閣《ろうかく》が建ちならび、人間と天の神々とがお互いに交わるという情景がくりひろげられるのです。そして、人々は偉大な神通力を得て、「身出《しんすい》光明《こうみょう》飛行自在《ひぎょうじざい》（身より光明を出《い》だし、飛行自在ならん）」（『開結』二八一頁）というのであります。

千二百人の阿羅漢への授記

ところで、すでに述べましたように、釈尊は、方便品以下、法説周《ほっせつしゅう》（正説《しょうせつ》・領解《りょうげ》・述成《じゅつじょう》・授記）の形式を取られて、舎利弗《しゃりほつ》に華光《けこう》如来という仏名を与えられました。また、譬喩品の後半以降の譬喩説《ひゆせつ》周《しゅう》（正説・領解・述成・授記）においても同様に、四つの形式を取られているのです。けれども、化城喩品以下の因縁説周《いんねんせっしゅう》では、正説段の化城喩品以下、五百弟子品第八、人記品第九では、ただちに仏弟子に対する授記がなされていることから、領解段と述成段とが省略されているように見られます。

そのような関心から、天台大師の解釈をたずねてみますと、たしかに化城喩品以下の因縁説周においては、①正説段ののちに、②領解段と、③述成段という形式はなく、ただちに④授記段へと展開していると認識されています。そして、②と③は、すべて④の授記の中に包含されているという解釈です。つまり釈尊は、②弟子の領解と、③釈尊の述成とが成就しているという立場から、富楼那尊者等への授記をなされているというのです。そのことは、釈尊の「授記」には、領解と述成の二つの意味が兼備しているという解釈にほかなりません（取意『大正蔵経』第三十四巻 九八頁b）。

この富楼那尊者への授記がなされたのち、仏弟子の千二百人の阿羅漢《あらかん》たちは、つぎのような思いをいだくことになります。

「私たちは歓喜し、いまだかつてないような境地を得ています。もしも、世尊がすでに大弟子たちに授記されたように、私たちにも成仏の予言を授けてくださるならば、これ以上の喜びはないのです」（大意『開結』二八六頁）

釈尊は、阿羅漢たちの思いを察せられて、摩訶迦葉《まかかしょう》につぎのように告げられました。

「この千二百人の阿羅漢たちに、私はいま、眼の前において、つぎつぎに無上の正しい悟りの予言を授与しましょう。ここにいる人々の中の、私の偉大な弟子である憍陳如比丘《きょうじんにょびく》は、かならず六万二千億のみ仏を供養し、そうしてのちに仏となることができましょう。その仏名は、普明《ふみょう》如来といいます」（現代語訳『開結』二八六〜七頁）

　このように、千二百人の弟子たちへの授記がなされているのですが、その代表として、釈尊がさとりを開かれ、はじめてサールナート（鹿野苑《ろくやおん》）で説法されたの五比丘の一人である憍陳如比丘（阿《あ》若《にゃ》憍陳如とも）に対しては、「普明如来」という仏名を授けられるのです。すなわち、普《あまね》く光の輝きをもったみ仏という意味の仏名です。

　さらに、つづけて釈尊は、五百人の阿羅漢たちに授記されます。優楼頻螺迦葉《うるびんらかしょう》、伽耶迦葉《がやかしょう》、那提迦葉《なだいかしょう》の三兄弟は、もとは仏教以外の教えを奉じていたのですが、釈尊に帰依《きえ》した人たちで、三迦葉《さんかしょう》と呼ばれる弟子です。さらに、天眼《てんげん》第一と称される阿㝹楼駄《あぬるだ》や劫賓那《こうひんな》、天文暦数《てんもんれきすう》に通じた無病第一の薄拘羅《はくら》等の仏弟子たちです。そして、この五百人の弟子たちも、憍陳如比丘と同一の、普明如来という仏名を授けられています。

　ここで注目すべきことは、「周陀《しゅうだ》」という弟子の名が見られることです。この人物は、「周陀半託迦《しゅうだはんたか》」の略称で、周利槃特《しゅりはんどく》（須梨槃特《しゅりはんどく》）ともよばれる方です（『法華経　上』〈佛典講座7〉四八九頁参照）。舎利弗が、釈尊の弟子中、最もすぐれた智慧第一の人物であるとすれば、周陀は、智慧においては最も愚鈍な仏弟子として伝承されています。けれども、この五百弟子品においては、「普明如来」の仏名が与えられていることを知るのです。

　日蓮聖人の解釈では、「鈍根《どんこん》第一の須梨槃特は智慧もなく、悟りもなし。只《ただ》一念の信ありて普明如来と成り給《たも》ふ」（『法華題目鈔《ほっけだいもくしょう》』・『昭和定本』三九二頁）と記されています。

　たしかに、方便品の冒頭において、智慧第一の舎利弗に対しても、み仏たちの智慧の世界に参入することは不可能である、と断言されているのですから、法華経の教えの世界に私たちが参入できるのは、ただ「信心」であると受け止めるべきでしょう。

ところで、仏弟子たちは千二百人の阿羅漢があると説かれながらも、この章では、とくに五百人の弟子に対する成仏の予言が記され、残りの仏弟子たちが登場しません。しかし、釈尊は迦葉尊者に対して、

「あなたは、五百人の弟子に仏名が与えられたことを知ったのです。そのほかの多くの声聞たちもかならず、このようになるでしょう。いま、この集まりの場にいない弟子たちに対して、あなたはこのことを説いてやりなさい」(現代語訳『開結』二八九頁)

と、述べられていることから、そのありさまが知られます。

なお、み仏から成仏の予言を受けた五百人の阿羅漢は、その喜びを「衣裏繋珠《えりけいじゅ》の喩え」をもって告白いたします。そのことは、次章にたずねてみたいと思います。

第九章　阿《あ》難《なん》尊《そん》者《じゃ》・羅《ら》睺《ご》羅《ら》尊《そん》者《じゃ》等《とう》への授記
――授《じゅ》学《がく》無《む》学《がく》人《にん》記《き》品《ほん》第九

五百人の弟子の喜び――衣裏繫珠の喩え

法華経においては、釈尊《しゃくそん》のもとで教えを受け、阿羅漢《あらかん》（聖者）となっている弟子たちのことを、千二百人の阿羅漢と記されています（方便品《ほうべんぼん》『開結』九一頁・一二二頁、譬喩品《ひゆほん》『開結』一三九頁）。したがって、五百弟子品《ごひゃくでしほん》も同様に、み仏から成仏の予言が授けられる弟子について、「千二百の阿羅漢」（『開結』二八六頁）と表記されているのです。そして、これらの弟子の中で、み仏の前において授記される仏弟子のことを、「五百の阿羅漢」と述べられています。

ところで、この五百人の仏弟子に注目いたしますと、『望月《もちづき》佛教大辞典』（第二巻　一二七五頁）の解説には、『増一阿含経《ぞういちあごんぎょう》』巻第四十二（『大正蔵経』第二巻　七七八頁b）、『十誦律《じゅうじゅりつ》』巻第四十八（『大正蔵経』第三十三巻　三四七頁c）、『仏説興起行経序《ぶっせつこうきぎょうきょうじょ》』（『大正蔵経』第四巻　一六三頁c）に、仏弟子としてすぐれた修行者たち五百人がある、と記載されていることが紹介されています。これらが、「五百羅漢」の根拠となったものと思われます。法華経もこの伝統を継承していることが知られます。

さて、千二百人の阿羅漢たちは、同一の仏名《ぶつみょう》として、「普明如来《ふみょうにょらい》」という名号《みょうごう》を受けました。もちろん、未来成仏の予言を受けた弟子たちの喜びは特別なものでありました。ことに、その中の五百人の阿羅漢たちは、無上の喜びを身と心で表現すると同時に、自分たちがこれまで大乗《だいじょう》の菩薩《ぼさつ》としての道を歩むことなく、声聞《しょうもん》の目的地である阿羅漢果の境地に到達することで満足してきた過ちを悔いるのです。しかし、いま未来成仏の予言を受けることで、自分たちの無智《むち》に気づき、みずから菩薩としての道を歩むことを告白いたします。それは、五百人の弟子たちのさとり（領解《りょうげ》）であると理解できます。そして、その領解を、身近な「衣裏繋珠《えりけいじゅ》の喩《たと》え」によって表現することになります。

では、法華七喩《ほっけしちゆ》の中の第五番目に当たるこの喩えをたずねてみましょう。

「ある男性が、親友の家を訪問し、御馳走《ごちそう》になり、酒に酔いすっかり眠り込んでしまいました。その親友は、公用のために外出しなければなりません。そこで親友は、男性が貧しい生活から脱け出るために、彼の着ている衣服の裏側に、値段のつけられないほど高価な宝の珠（無価《むげ》の宝《ほう》珠《じゅ》）を縫いつけて外出しました。

家に残された男性は、酔い臥《ふ》してしまい、そのことにまったく気づくことはありません。そして目が醒めると、親友の家を後にして他国へと行きました。彼は衣食を求め、生活は大変困窮し、少しでも得るものがあればそれで満足していたのです。やがて、親友は貧しい姿をした彼と出会うことになります。そして、こう告げたのです。

『やあ、君。どうして衣食を得るために、そのようになってしまったんだい。私は以前、君が安楽に暮らせるように、そして君のあらゆる願望が叶えられるようにと思って、値段のつけられない高価な宝珠を衣服の裏に繫《か》けていたんだよ。いまもその宝珠は、その衣服の裏にあるはずだよ。それを知らずに、憂《うれ》い悩み、自活を求めているけれども、とても愚かなことだと思うよ。すぐに、この宝珠をもって生活に必要なものに換えれば、いつも君の思いどおりになり、貧しい生活から脱け出せるだろう』」（大意『開結』二八九～二九一頁）

以上が五百人の阿羅漢たちが告白した「衣裏繫珠の喩え」の内容です。これは仏の導きと、自分たちの境遇とを重ね合わせて、つぎのように示すのです。

①み仏は、菩薩であられたときに私たちを導いてくださり、仏の智慧を求める心を起こしてくださいました。しかし、そのことを私たちは、すっかり忘れてしまっていました。それは、貧しい男性が酒に酔って臥せているとき、親友は無価の宝珠を衣裏に繫けて出かけたことと重なります。

②み仏は、声聞の弟子である私たちを目覚めさせようとして、あなたたちの到達している阿羅漢果という境地は本当の悟りではないと叱責され、菩薩として、仏の智慧を求める心を呼びさましてくださいました。それは、親友が、貧しい男性の衣服の裏に宝珠があることを気づ

かせ、安楽な生活に向かわせることにほかなりません。

このように、仏弟子たちは、自分たちが真の仏子であることに目覚めることによって、つぎのように語るのです。

「世尊よ、私たちはいま覚知いたしました。自分たちは本当は菩薩であり、そのことによって、無上の正しいさとりに至るという予言を授けられたのである、ということを。そこで、私たちは大いなる喜びを感じ、いまだかつてない心を得ているのです」（大意『開結』二九二頁）

以上、五百人の阿羅漢たちは、「衣裏繫珠の喩え」を語ることによって自分たちの過ちを悔い、合わせて授記の喜びを語っているのです。そして、五百弟子品は五十句の詩頌《しじゅ》が語られたのち、つぎの章へと移ることになります。

人記品について

五百弟子品ののち、長い品名《ほんめい》である授学無学人記品第九《じゅがくむがくにんきほん》（以下、人記品と略称）へと移ります。それは、法華経のはじめの序品《じょほん》において、「学無学の二千人あり」（『開結』五六頁）とありますから、仏弟子の中でも、修行の過程を残している有学《うがく》の弟子たちと、これに対して、修行を完成して声聞としての課題を修了した無学《むがく》の弟子たちの二千人があったことになります。そして、み仏がこれらの有学と無学の人（弟子たち）に未来成仏の予言である「記別《きべつ》」を授けられることに基づいて、この章名がつけられていることが知られるのです。

けれども、これらの「学無学の声聞の弟子二千人」（『開結』二九六頁）に対する授記は、この人記品の後半においてなされるものであって、前半においては、仏弟子の中でも、最も著名な阿難尊者《あなんそんじゃ》と羅睺羅《らごら》尊者への授記がみられるのです。

竺法護《じくほうご》の漢訳である『正法華経《しょうほけきょう》』では、「授阿難羅云決品《じゅあなんらうんけっぽん》」と訳され、仏弟子の阿難と羅云（羅睺羅）の二人に未来成仏の予言が授けられるという品名になっています。また、サンスクリット語原典の口語訳「サッダルマ＝プンダリーカ」（正しい教えの白蓮）では、「アーナンダとラーフラの二人および二千人の僧に対する予言」（『法華経　中』〈岩波文庫〉一二三頁）と訳されています。

では、鳩摩羅什《くまらじゅう》訳『妙法蓮華経《みょうほうれんげきょう》』の人記品においては、どのような内容になっているのかをたずねてみましょう。

阿難尊者と羅睺羅尊者

まず人記品のはじめは、つぎのように説かれています。

「そのときに、阿難と羅睺羅は、このように思いました。私たちはいつも、このように思っています。もしも、成仏の予言がみ仏から授けられたならば、どんなにかこころよく、わだかまりがはれることでありましょうか、と。

そこで、二人は座から立ちあがり、仏の前に到り、世尊《せそん》（＝釈尊）のみ足に頭をつけて礼拝《らいはい》し、ともに、み仏にもうし上げました。

世尊よ、私たちは、この説法の場において、み仏から成仏の予言を受ける資格を有しているでしょう。私たちにとって、ただ如来のお一人だけが、帰依をささげるにふさわしい尊いお方であります。

また、私どもは、あらゆる世界の天の神々や人々、そして阿修羅《あしゅら》たちに知られています。阿難はつねにみ仏の侍者《じしゃ》となって、み仏の教えの蔵《くら》を護《まも》り持《たも》っています。

また羅睺羅は、教えを説かれている釈尊の実子《じっし》であります。もしも、み仏が、無上の正しい悟りの予言を授けてくださいますならば、私どもの願いは満たされることになり、多くの望みも達成されるでしょう」（現代語訳『開結』二九五〜六頁）

仏弟子の阿難は、み仏の侍者として釈尊につねにお仕《つか》えし、み仏が沙羅双樹《さらそうじゅ》のもとで八十歳をもってご入滅《にゅうめつ》になられたときにも、その場にありました。『岩波仏教辞典』によりますと、阿難とはサンスクリット語のアーナンダの略称で、阿難陀《あなんだ》と音写《おんしゃ》されます。釈尊のいとこに当たり、侍者として二十五年の間、釈尊につかえ、説法を聴聞《ちょうもん》することが多かったことから、多聞《たもん》第一と呼ばれ、十大弟子の一人に数えられています（初版、一〇頁参照）。

釈尊のご入滅後、マガダ国の王舎城《おうしゃじょう》において、仏典の第一回結集《けつじゅう》が行われた際には、阿難尊者が、経典の誦出《じゅしゅつ》において重要な役割を果たしています。

つぎに、羅睺羅尊者については、経典では釈尊の実子と記されています。羅睺羅とは、サンスクリット語のラーフラの音写です。ラーフラとは、障碍《しょうげ》という意味で、出家以前の釈尊がわが子の誕生を知って、「障《さわ》り（ラーフラ）が生まれた。繋縛《けばく》が生まれた」と言われたことが、命名の由来であると伝えています。

羅睺羅は、み仏のもとで出家したのち、智慧《ちえ》第一の舎利弗《しゃりほつ》尊者に従って修行し、その修行の態度は不言実行であったことから、多くの出家者の尊敬を受けたというのです（『岩波仏教辞典』八二三頁参照）。

この人記品においては、羅睺羅尊者が、他者に知られることなく修行を積んでいることを、釈尊はつぎのように讃歎《さんだん》されています。

「羅睺羅の密行《みつぎょう》は、唯我《ただわ》れのみ能《よ》く之《これ》を知れり」（『開結』三〇二頁）

このことから、羅睺羅尊者は密行第一として、十大弟子の一人として数えられています。

このように、人記品においては、多聞第一の阿難尊者と密行第一の羅睺羅尊者の二人が、み仏に対して、成仏の予言を授けていただきたい旨《むね》を要請していることが知られます。つづいて、「学・無学《がっ》の声聞二千人」の弟子も、みな座から立って、右の肩をあらわにして、み仏の前に到り、一心に合掌《しょう》し、世尊をあおぎ見て、阿難と羅睺羅と同じ願いをいだいて、その場に立っていたのです。

以上のことが示されたのち、み仏は、阿難尊者、羅睺羅尊者、そして学無学の二千人の弟子に、成仏の予言を授けられることになります。

(1) 阿難尊者は山海慧自在通王如来

まず阿難尊者へは、①得果《とっか》として、山海慧自在通王如来《せんがいえじざいつうおうにょらい》という仏名を授けられました。その仏名の意味するところは、大海のようにすぐれたさとりによって自由に遊戯《ゆげ》する神通力《じんづうりき》を有する仏、というのです。②それに到る修行は、六十二億もの仏を供養し、教えの蔵を護持《ごじ》することでさとりを成就《じょうじゅ》する。そして、ガンジス河の沙《すな》を倍すること二十千万億という無量の菩薩を教化して、さとりへと導くというのです。③その仏の国は、常立勝幡国《じょうりゅうしょうばんこく》（つねに勝利の幡《はた》を掲げている国という意）といい、国土は清浄《しょうじょう》で瑠璃《るり》をもって大地とし、その劫の時代は妙音遍満劫《みょうおんへんまんごう》というのです。④仏寿は阿僧祇《あそうぎ》の無量千万億劫という長い時間で、⑤正法《しょうぼう》と像法《ぞうぼう》の時代については、正法は仏寿に倍し、像法時代は正法時代の二倍というのです。

(2) 羅睺羅尊者は踏七宝華如来

つづいて釈尊の実子で、密行第一の羅睺羅尊者への授記がなされます。①得果は、踏七宝華如来《とうしっぽうけにょらい》というのです。すなわち、仏名の意味は、金・銀・瑠璃等の七宝でできた蓮華を踏《ふ》みこえる仏という意味にほかなりません。そのための②行因《ぎょういん》としては、十方世界を微塵《みじん》にした数にも等しい多くの仏を供養するだけでなく、たえずみ仏たちの長子《ちょうし》（長男）となって誕生し、それはいまの釈尊との関係とまったく同じであるというのです。そして、③仏の国土や仏寿や正法、像法の時代については、すべて前の山海慧自在通王仏と同じであるというのです。

⑶　学無学二千人の声聞たちは宝相如来

釈尊は、阿難尊者に対して、山海慧自在通王如来、羅睺羅尊者には踏七宝華如来の仏名等を授けられますと、いよいよ最後には、学無学二千人の弟子たちへの授記がなされることになります。すなわち、すでに述べましたように、これらの二千人は釈尊の前に立ちならんで、記別を授けられるのを待っています。そのとき、世尊がこれらの弟子たちをご覧になると、彼らの心は柔軟《にゅうなん》で、静かに落ちついて、清らかで、一心にみ仏を見つづけていたのです。

そこで釈尊は、いま授記を得た阿難尊者に、学無学の二千人の弟子たちを目のあたりにしているか、いないかと問われますと、阿難ははっきりと、「はい。見ております」と答えます。そして釈尊は、このように阿難に告げながら、これらの二千人の仏弟子に対して、皆同じく「宝相如来《ほうそうにょらい》」（宝玉の輝きの王という仏）という仏名を授けられることになるのです。

第十章　釈尊《しゃくそん》の未来へのまなざし
――法師品《ほっしほん》第十

菩薩方への説法

私たちは、これまで法華経序品《じょほん》第一から授学無学人記品《じゅがくむがくにんきほん》第九までの内容を、順次たどって参りました。それらを簡潔にまとめてみますと、序品は法華経全体の「はじめ」、すなわち「序論」の部分に当たります。ついで、方便品《ほうべんぽん》第二から授学無学人記品第九までの全八品は、法華経の前半部分（迹門《しゃくもん》十四品）の中心（正宗分《しょうしゅうぶん》）に位置しています。その大切な教えは、法華経以前の経々《きょうぎょう》において、声聞《しょうもん》の仏弟子たちは、自己の悟りのみに固執していることから、成仏ができない人々と見なされてきたことに対して、これらの立場をくつがえす内容となっています。すなわち、釈尊の広大無辺《こうだいむへん》の大慈悲《だいじひ》に基づく宗教的救済性と、久遠《くおん》の妙法《みょうほう》の真理を基《もと》として、これまで不成仏と規定されてきた声聞や縁覚《えんがく》の人々が、成仏できることが明らかにされているのです。これを、「二乗作仏《にじょうさぶつ》」と称しています。ここに、釈尊の真髄《しんずい》である人間に対する「絶対平等」の立場が開示されていることを知るのです。もちろん、二乗作仏については、一度だけの説法によってその内容を説き尽くされるのではなく、釈尊はたくみな手だてをほどこされています。まず、最初の説法の相手は、仏弟子の中で最もすぐれた智慧《ちえ》を有している舎利弗《しゃりほつ》に対してなされます。ついで、二度目は四人のすぐれた仏弟子たちです。そして三度目は、すべての仏弟子を対象とされることによって、成仏の予言がなされるのです。この釈尊の導きを「三周説法《さんしゅうせっぽう》」と称しています。第一の「法説周《ほっせっしゅう》」では、すべてのみ仏たちがこの世に出現される一大目的が、法華経の一仏乗《いちぶつじょう》を説くことにあることを明かされることによって、釈尊を中心とする三世十方《さんぜじっぽう》の仏たちと一仏乗（妙法蓮華経《みょうほうれんげきょう》）の教えとは、不可分の関係にあることが明らかとなります。ついで、第二の「譬喩説周《ひゆせっしゅう》」では、仏教の教主である釈尊は、主徳《しゅとく》・師徳《しとく》・親徳《しんとく》の三徳を具備された尊い存在であり、私たちはこのみ仏の「愛子《あいし》」であることが明らかとなります。そして、第三の「因縁説周《いんねんせっしゅう》」では、娑婆世界《しゃばせかい》の教主である釈尊と私たち衆生《しゅじょう》とは、はるかな過去世から「仏と仏の子」という堅固《けんご》な関係性を有していることが示されているのです。

以上のように、方便品以降の主眼は、仏弟子への成仏を明らかにすることですが、今日、あらためて私たちがこの法華経を拝読するとき、釈尊は、私たちが仏の子であることに目覚めるように促《うなが》されている、と思われてならないのです。これらのことを確認して、つぎの法師品《ほっしほん》第十以降に目を移してみますと、そこにいくつかの注目すべき点があることに気づくのです。

その第一は、これまで釈尊が説法の相手とされてきたのは、舎利弗や四大声聞に代表される仏弟子（声聞）でありました。それに対して、法師品以降は、薬王菩薩《やくおうぼさつ》や大楽説《だいぎょうせつ》菩薩・弥勒《みろく》菩薩という、菩薩方《がた》を中心として、その教えが示されていることです。

第二には、これまで、法華経説法の場所は、インドのマガダ国の霊鷲山《りょうじゅせん》でありましたが、法師品のつぎの見宝塔品《けんほうとうほん》第十一では、虚空《こくう》（空中）へと移ることとなります。そして、霊鷲山で説法されている釈尊は、多宝仏《たほうぶつ》の宝塔の中に入られ、多宝仏の隣りにお坐りになられるということです。ここに、釈迦仏と多宝仏とが並んでお坐りになるのです（二仏並坐《にぶつびょうざ》）。もちろん、霊鷲山にあってその教えを聴聞《ちょうもん》しているすべての人々も、虚空に移ることになります。

第三には、これまで釈尊のまなざしは、説法を聴聞している仏弟子たちに対して、現在の立場を軸《じく》としながら、釈尊の過去世における仏弟子たちへの教化のありさま、あるいは、未来世において仏弟子たちが、かならず成仏することなどが示されてきました。これに対して、法師品以降においては、未来世という宗教的歴史時間、すなわち釈尊のご入滅《にゅうめつ》以後における法華経信仰のあり方が示されることによって、釈尊のまなざしは、説法がなされている現在を軸としながらも、未来世（滅後《めつご》）にそそがれていることが明らかとなるのです。

法華経聴聞者たちへの授記

以上のことを確認して、法師品の文を拝読することにいたしましょう。

まずはじめには、「そのとき、世尊《せそん》（＝釈尊）は薬王菩薩にことよせられて、八万の菩薩方に告《つ》げられました」（現代語訳『開結』三〇五頁）とあります。そして、現在、釈尊の教えを聴聞している人々、すなわち法華経の序品からその説法の集まりに列座している人々が確認されます。それらは、仏法を守護する天の神々や龍神や鬼神等の八部衆《はちぶしゅ》、比丘《びく》・比丘尼《びくに》・信男《しんなん》・信女《しんにょ》等の四衆《ししゅ》、あるいは声聞・縁覚・菩薩たちであるのです。そして、これまで二乗の仏弟子たちに未来成仏の予言（授記）がなされてきたように、すべての聴聞者に対して、授記《じゅき》がなされるのです。

「これらの種々の人たちすべてが、み仏の前において妙法蓮華経のわずかな一偈《いちげ》（一つの詩頌《しじゅ》）、一句（一つの句）だけを聞いて、わずかな思いの念（一念）にも心から喜びを生じることがあれば、私（釈尊）はすべての人たちに成仏の予言を授け与えるのです。かならず無上の正しい悟りを得ることができるでしょう、と」（現代語訳『開結』三〇五頁）

このように、釈尊のわずかな教え、み仏の片言隻句《へんげんせっく》を聴聞して、喜びの心をおこす人に対して、すべて成仏の予言が授けられると断言されているのです。

つづいて釈尊は、薬王菩薩に対して、つぎのように語られます。

「又、如来の滅度《めつど》の後《のち》に、若《も》し人有《あ》って、妙法華経《みょうほけきょう》の、乃至《ないし》一偈・一句を聞いて、一念も随喜《ずいき》せん者には、我《われ》、亦《また》、阿耨多羅三藐三菩提《あのくたらさんみゃくさんぼだい》の記《き》を与え授く」（『開結』三〇六頁）

釈尊は、ご入滅ののちにあって、妙法蓮華経の教えのわずか一偈・一句を聴聞することによって喜びを生じる人たちすべてに、成仏の予言が授けられるというのです。

以上のように、法師品のはじめにおいて、釈尊は、釈尊の在世《ざいせ》および滅後において、わずかな法華経の一偈・一句を聴聞し、喜びの心をおこす人々に対して、たしかに成仏する、という予言を授けられているのです。

法華経信仰のあり方——五種の修行

そこで、より具体的に法華経に対して、いかに信仰を捧げ、どのような信仰的実践方法がなされるべきかが、つぎに説き明かされることになります。もちろん、その中心となるのは、釈尊のさとりである法華経の教え（妙法）にあるのですから、この妙法をどのように、みずから実践し、また人々に伝えてゆくべきか、という法華経信仰のあり方にほかなりません。

そこで説き示されたのが、法華経に対する「五種《ごしゅ》の修行」です。そして、法華経を実践する人びとを「五種の法師《ほっし》」と称しています。すなわち、法華経に対して、①受持《じゅじ》、②読《どく》、③誦《じゅ》、④解説《げせつ》、⑤書写《しょしゃ》するという方法です。

①の受持とは、法華経の教えを信じることによって、私たちが全身でこの教えを「受け」、さらにその信心を持《たも》ちつづけることから、「持《じ》」となりましょう。釈尊の教えを、私たちが全身で受けたものことでありますから、日常の行住坐臥《ぎょうじゅうざが》にわたるものです。②の「読」とは、経文を声に出して読み、み仏と一如の境地にあることの実践です。また、他者へ伝えゆく行為であり、祈りであります。

③の「誦」とは、経文を記憶にとどめ、暗誦《あんしょう》することによって、み仏と一如《いちにょ》となり、また、人々へその教えを伝える行為であり、祈りの姿でもあります。④の「解説」は、経文の意味を他者に講《こう》じ、解釈することによって、妙法の真理と、み仏の大慈悲を人々に伝える実践であり、み仏の救いの世界を実現しようとするものであります。⑤の「書写」とは、み仏の教えを書き写すことによって、みずからみ仏の教えに直参《じきさん》し、み仏の姿を拝し、その書写力によってみ仏と一如の世界を目指すとともに、その教えを未来世の人々に伝え、あるいは、他者へその功徳をめぐらすという信仰的実践であるといえましょう。

ところで、このように法華経の教えに対する信仰のあり方として、五種の修行の形が解き明かされているのですが、ここで見逃してはならないことは、この法師品では、冒頭の部分からも明らかなように、法華経に対する絶対的帰依《きえ》が求められているということです。

鎌倉時代の日蓮聖人《にちれんしょうにん》が、みずからを「法華経の行者《ぎょうじゃ》 日蓮」と称されていることはあまりにも有名ですが、その根底には、釈尊の人格性と真理性とが、法華経に兼備《けんび》されているという信仰のもと、法華経への絶対的帰依と、如来使《にょらいし》（釈尊の使い）としての使命感とが存していることを知るのです。

法師の意味

では、あらためて、この章の題名となっている「法師《ほっし》」に注目してみますと、法華経のサンスクリット原典からの岩本裕氏による現代語訳である『正しい教えの白蓮《びゃくれん》』では、「教えを説く者」（『法華経中』〈岩波文庫〉一四一頁）と訳されています。たしかに「法師」とは、法華経を他者のために説く人、すなわち如来の使いとして他者を導く人という意味に解釈できます。そこで、天台大師《てんだいだいし》智顗《ちぎ》（五三八～五九七）の解釈に注目してみますと、法華経の教えに対して、①の受持から⑤の書写までの五種の修行を、みずからの規範として修行する人は「自行《じぎょう》の法師」であり、また他者を導く修行者は「化他《けた》の法師」であると指摘されています。そして、みずから法華経の経文《きょうもん》を師と仰《あお》いで修行する方法（法を師とする）と、いっぽうでは、その法華経を他者のために弘《ひろ》めて人々の師となる（法を弘めて師となる）との両面があると解釈されているのです。

このように、「法師」には、「法を師とする」という側面と、「法を弘めて人々の師となる」という側面があることが確認できます。つまり、この法師品では、いかに妙法の教えが尊いものであるのかということと、さらに、その尊い教えをいかに人々に伝えてゆくべきかが説き明かされることになります。

法華経の教え――三説超過

釈尊は、薬王菩薩に対して、つぎのように語られました。

「薬王よ、今、汝《なんじ》に告ぐ　我が所説の諸経　而《しか》も此《こ》の経の中に於《お》いて　法華《ほっけ》最《もっと》も第一《だいいち》なり」

（『開結』三二一二頁）

すなわち、釈尊には、ご自身が説き明かされた多くの経典が存していますが、それらの経典のうちで、法華経が最第一《さいだいいち》の教えであると告げられているのです。さらに、み仏は、薬王菩薩につぎのように告げられます。

「私が説いた経典というのは、無量千万億というほどの無数であり、已《すで》（過去）に説き、今《いま》（現在）も説き、また当《まさ》（未来）に説くでしょう。それらの中で、この法華経こそが、最も信じがたく、解《さと》りがたいものです」（現代語訳『開結』三一二頁）

この経文に対する天台大師の解釈は、み仏が已に説かれた『華厳経《けごんぎょう》』や『阿含経《あごんぎょう》』、方等部《ほうどうぶ》の経典、さらに『大品般若経《だいぼんはんにゃきょう》』までの「爾前経《にぜんきょう》」があります。そして、今、説き明かされた『法華経』と同一の会座《えざ》にあります『無量義経《むりょうぎきょう》』。さらに、み仏がこれから説かれる『大般涅槃経《だいはつねはんぎょう》』があります。これらの「已説《いせつ》・今説《こんせつ》・当説《とうせつ》」の経典を超越するところに、法華経の超勝性《ちょうしょうせい》があるというのです（『法華《ほっけ》文句《もんぐ》』巻第八上）。つまり、法華経は已説・今説・当説の経典の外に位置しているという解釈です。これを「三説超過《さんせつちょうか》」といいます。そして、この立場は、妙楽大師湛然《みょうらくだいしたんねん》（七一一～八二）の「十双歎《じっそうたん》」という教えや、伝教大師最澄《でんぎょうだいしさいちょう》（七六七～八二二）の『法華秀句《しゅうく》』、日蓮聖人の『観心本尊抄《かんじんほんぞんしょう》』等へ継承されることになります。

法華経を弘める三つの規範

では、そのように尊い妙法の教えを、釈尊がご入滅になられた後の時代に、いかに人々に伝えたらよいのでしょうか。

「薬王よ、若《も》し善男子《ぜんなんし》、善女人《ぜんにょにん》有って、如来の滅後に、四衆《ししゅ》（出家の男女・在家の男女）の為《ため》に是《こ》の法華経を説かんと欲《ほっ》せば、云何《いかん》して説くべき。是の善男子、善女人は、如来の室《しつ》に入《い》り、如来の衣《ころも》を著《き》、如来の座《ざ》に坐《ざ》して、爾《しこう》して乃《いま》し四衆の為に、広く斯《こ》の経を説くべし」（『開結』三一七頁）

すなわち、釈尊の滅後において、法華経を根本の教えと仰ぐ人があって、周囲の人々に伝えようとするとき、どのような規範をもつべきかということを、薬王菩薩に示されるのです。そして、ここで示される三つの規範とは、①「如来の室に入り」、②「如来の衣を著」、③「如来の座に坐す」ということになるのです。たしかに、法華経信仰者（法師）が、他者へ伝える行為ではありますが、ここで注目すべきことは、その主体が「如来」でなければならないということです。法華経の伝達者が、主体となるのではなく、如来を最上《さいじょう》に位置づけ、如来に帰依し、その如来と同時存在的に位置づけられるのが「法師」であるといえましょう。つまり、「われ」が主体ではなく、「如来」が主体であり、如来が法師とともに在るという信仰的実践が、三つの規範の中核であると思われるのです。

そのことを法師品では、①如来の室というのは、如来が具有されている一切の人々に対する大慈悲心である。②如来の衣というのは、一切の人々に教えを伝えるために不可欠な柔和《にゅうわ》な心と忍耐の心である。そして、③如来の座というのは、如来の究極の悟りである、すべての存在は空《くう》であるという智慧の境地であると説き示されているのです。

第十一章　虚空会《こくうえ》のはじまり

――見宝塔品第十一《けんほうとうほん》

大宝塔の涌現

法師品《ほっしほん》において、妙法蓮華経《みょうほうれんげきょう》の教えの尊さと、その教えを他者へ弘《ひろ》めるあり方（弘経《ぐきょう》の方軌《ほうき》）が説かれることによって、釈尊《しゃくそん》滅後における、私たちの法華経信仰の姿が示されました。ついで、見宝塔《けんほうとう》品《ほん》第十一へと移ることになります。

この章が「見宝塔品」と名づけられている由来は、釈尊がインドの霊鷲山《りょうじゅせん》において法華経を説かれている場所に、大地より高さ五百由旬《ゆじゅん》、横幅《よこはば》がその半分の二百五十由旬という大きさの、しかも金、銀、瑠璃《るり》（青色の宝石）等の七宝《しっぽう》の宝物で飾られた巨大な塔廟《とうみょう》が、空中に涌現《ゆげん》（涌《わ》き現《あらわ》れる）することにあります。そして、このみごとな大宝塔を、説法の場にあるすべての人々が、目の当《ま》たりにすることから「見宝塔品」と名づけられているのです。

ところで、長さの単位であります由旬というのは、サンスクリット語の「ヨージャナ」の音写《おんしゃ》で、一ヨージャナは約七マイルとも、九マイルとも考えられています（『佛教語大辞典』一三八九頁参照）。仮りに、一由旬を七マイルといたしますと、五百由旬とは三千五百マイルとなり、キロメートルに換算しますと（一マイルを一、六キロとします）、五千六百キロメートルの高さとなり、横幅は二千八百キロメートルということになります。

このことから、大地から涌現した七宝の塔廟は、私たちの想像を絶する巨大なものであることがうかがえます。そして、空中にうかぶこの巨大な宝塔の中から、大音声《だいおんじょう》が発せられることから、この章は新たな展開を見せるのです。

法華経の真実性の証明

「爾《そ》の時《とき》に宝塔《ほうとう》の中《うち》より、大音声《だいおんじょう》を出《いだ》して、歎《ほ》めて言《のたま》わく、善哉《ぜんざい》・善哉《ぜんざい》、釈迦牟尼世尊《しゃかむにせそん》、能《よ》く平《びょう》等大慧《どうだいえ》・教菩薩法《きょうぼさっぽう》・仏所護念《ぶっしょごねん》の妙法華経《みょうほけきょう》を以《もっ》て、大衆《だいしゅ》の為《ため》に説《と》きたもう。是《かく》の如《ごと》し、是《かく》の如《ごと》し。釈迦牟尼世尊《しゃかむにせそん》所説《しょせつ》の如《ごと》きは、皆是《みなこ》れ真実《しんじつ》なり」（『開結』三二三頁）

〈そのときに、宝塔の中から大音声が響いて、多宝如来はつぎのようにほめたたえました。「すばらしいことです、とても尊いことです。釈迦族の聖者であられるみ仏は、とても尊い、平等なる偉大な仏の智慧、菩薩方《ぼさつがた》を導かれる尊い教え、つねにみ仏に護られる教えである妙法蓮華経の教えというものを、大衆にお説きになられました。まさにそのとおりです、まさにそのとおりなのです。釈迦牟尼世尊のお説きになられた教えは、みな真実なのです」〉

このように、大宝塔の閉じた扉の中から、釈尊の説かれた法華経の教えが、真実であることを歎《ほ》めたたえる声が響きわたったのです。

大衆の疑問と宝塔の由来

いまだ、このような情景を体験したことのない大衆は、当然のこととして、法華経説法の場において、宝塔が空中に浮かび、閉じた宝塔の中から、釈尊の説法が真実であるとの大音声が響いたことに、喜びの心と同時に、このありさまに対する疑問を持ったのです。

そこで、偉大な弁説の才能を持っている大楽説菩薩《だいぎょうせつぼさつ》が、大衆の疑念を知り、釈尊に対して次の三つの質問をいたします。

①どのようないわれがあって、このような七宝で造られた塔廟《とうみょう》が存在しているのですか。

②何故、この宝塔は大地より涌現して、法華経説法の場に登場されているのですか。

③何故、その宝塔の中から、大音声が発せられているのですか。

これらの三つの質問に対して、順序はことなりますが、釈尊はつぎのようにお答えになられたのです。まず、第二の質問から答えられます。この宝塔の中には、〝多宝如来《たほうにょらい》〟という仏の全身（全身の舎利《しゃり》）が安置されています。その仏は、はるかな過去世において、東方の宝浄国《ほうじょうこく》にあってその国の人々を教え導かれたのですが、その仏が菩薩であられたときに、大いなる誓願《せいがん》を立てられたのです。それは、「もし、私が仏となり、そして私が入滅《にゅうめつ》（死去）したのちに、十方《じっぽう》世界の国々において、法華経という教えが説かれるところがあれば、私の塔廟がその説法の前に涌現し、その説法が真実であると証明し、さらに称讃して、善《よ》い哉《かな》と言いましょう」（現代語訳『開結』三二四～五頁）というものです。

ついで、第一の質問についてでありますが、この七宝の塔廟は、多宝如来が入滅にのぞまれたとき、比丘《びく》の弟子に対し、私が入滅したのちに、私の全身を供養しようと思う人たちは、必ず大宝塔を建立《こんりゅう》しなさい、と遺言されたことによって、この大宝塔が存することになるというのです。

そして、第三の質問に対しては、多宝如来のもたれている不可思議な誓願力によって、このみ仏は、十方世界のあらゆる処《ところ》において、法華経が説かれることがあれば、その全身が宝塔の中にあって「善哉《ぜんざい》、善哉《ぜんざい》」と称讃されるというのです。これらのことから釈尊は、大楽説菩薩に対して、いまの多宝如来の塔廟は、法華経を聴聞し、しかもその真実を証明して「善哉、善哉」と称讃するために、この場面に涌現されていることを語られているのです。

以上のことから、この大宝塔は、多宝如来の全身が安置されている塔廟であり、この宝塔は、法華経の教えが説かれるうえで、切り離すことのできない証明仏《しょうみょうぶつ》としての多宝如来が居住されているのです。しかも、多宝如来は、いまここで説法されている現在の釈尊よりも、はるかな過去世のみ仏として存在したことが明らかです。そして、この多宝如来の存在により、妙法蓮華経という尊い教えが、永遠なる真理として証明されていることが知られるのです。

十方分身諸仏の来集

大楽説菩薩をはじめとする大衆の疑念が除去されると、釈尊の神通力《じんづうりき》のはたらきによって、大楽説菩薩は、宝塔の中にまします多宝如来の全身を礼拝したい旨《むね》を告げることになります。

しかし、釈尊は大宝塔の扉を開けることを、ただちに快諾されてはいないのです。すなわち、宝塔の扉が開かれるに当たっては、一つの条件が満たされなければならない、というのです。

その条件とは、多宝如来の尊い誓願として、もしも法華経を説法されているみ仏の前において、私の全身が大衆のために示されるようなことがあれば、そのみ仏の分身仏《ふんじんぶつ》を十方世界から、一処《いっしょ》に集めかえされなければならない、というのです。そのことは、いま霊鷲山の釈尊のみ前において、宝塔の扉が開かれるためには、釈尊の分身仏が十方世界において教えを説きつづけられているはずであるから、これらのみ仏たちがこの霊鷲山にお帰りにならなければ、けっして宝塔の扉は開けられない、ということを意味しているのです。

私たちは、序品《じょほん》から見宝塔品に至るまで、法華経をお説きになられているみ仏は、歴史的に存在している釈迦族の聖者（釈迦牟尼仏）であると認識してきました。けれども、この多宝仏の宝塔が涌現し、多宝仏によって法華経説法の真実が証明されたのち、いま宝塔の扉が開示される段階に到って、すでに釈尊は、神通力のもとに十方世界において、無限の人々を教化されてきた存在として暗示されていることを知るのです。

再説しますと、多宝如来の尊い誓願は、自己の全身が法華経説法の場において顕示される場合は、法華経説法のみ仏の十方分身諸仏《じっぽうふんじんしょぶつ》が来集《らいしゅう》しなければならない、という絶対条件が不可欠であるというのです。もちろん、大楽説菩薩は、これらの条件が満たされることを切望し、釈尊に対して十方分身諸仏を敬い、礼拝《らいはい》し、供養したいことを告げるのです。

この要請を受けられた釈尊は、序品で示されたように、眉間の白毫相《びゃくごうそう》から大光明《だいこうみょう》を放って、東方の無数の国土を照らし出されることになります。

この光明に映し出されている東方の国々には、それぞれのみ仏たちがましまし、その国土は美しく装飾され、また菩薩方が充満して、人々を教化されているありさまを見ることができたのです。しかも、東方の世界だけでなく、南方、西方、北方の三方や、四方の隅《すみ》にあたる北東、北西、南東、南西の四維《しい》、そして上・下の十方世界は、同様の輝きをもった情景であったのです。

ところで、娑婆世界《しゃばせかい》の釈迦牟尼仏から、大光明をもって照らし出された他の国の十方世界のみ仏たちは、その仏のもとで人々の教化に当たっている菩薩方に対して、つぎのように告げられたのです。

「善男子《ぜんなんし》（菩薩）たちよ、私はいま娑婆世界の釈尊のみもとへと参り、ご挨拶《あいさつ》をし、合わせて多宝如来の宝塔を供養いたしましょう」（現代語訳『開結』三二八頁）

このように、十方世界のみ仏たちは、眷属《けんぞく》（従者、弟子）である菩薩方に告げられたのです。これらの十方世界で、活躍されるみ仏のことを「分身仏《ふんじんぶつ》」と称します。それは、釈迦牟尼仏を本地身《ほんじしん》（根《こん》本《ぽん》となる仏）とするとき、このみ仏が人々を導くために神通力で身体を分かって、身体を現されたのを、分身仏と称するのです。

これらの分身仏の来集を受け入れる娑婆世界においては、そのみ仏たちが活動されている国土と同様に、釈尊は清浄な国土へと変えられました。大地は瑠璃で造成され、そこには宝樹が生《お》い繁り、道路は八方へと通じ、その道は黄金の縄で区切られているというものです。

そこで、受け入れが整った娑婆世界へ、十方の分身仏が来集されることになるのです。十方の仏たちは、それぞれに一人の大菩薩を侍者《じしゃ》（おつきの人）としてお連れになり、娑婆世界の大地に植えられている宝樹の下へと到着されました。その一本一本の宝樹の高さは五百由旬もあり、宝玉によって荘厳《しょうごん》されています。その樹の下には、み仏が坐《すわ》られるにふさわしい師子座《ししざ》が設けられ、その高さは五由旬もあります。そして、十方分身の仏たちは、この座に結跏趺坐《けっかふざ》（両足の甲を両ももにのせて坐る）されたのです。

分身仏が十方世界から娑婆世界へ、来集されますと、一度だけの神通力による清浄の国土では、受け入れることができません。そこで釈尊は、さらに娑婆世界を清浄な国土へ転換されました。そのことが三度までおこなわれたことから、「三変土田《さんぺんどでん》」とも「三変土浄《さんぺんどじょう》」とも称します。やがて、十方世界からの分身仏の来集が完了し、分身仏が八方にお坐りになりました。一つの方角には、四百万億ナユタという無数の国土に諸仏方が充満したのです。
ついで、十方の分身仏は、侍者である大菩薩方に、釈尊に対するご挨拶を申しつけるのです。すなわち、分身仏は宝の花を両手にすくいきれないほどに盛って、侍者に告げられました。

「善男子よ、あなたは霊鷲山の釈尊のみもとへ参り、私の言葉を伝えなさい。無病息災《むびょうそくさい》で、御機嫌うるわしゅうございますか。また、菩薩や声聞《しょうもん》の方々も、みな安穏《あんのん》であられましょうか。そののち、この宝華を釈尊の上に散らして、供養をささげなさい。そして、つぎのように申し上げなさい。私のお仕《つか》えしている仏は、この宝塔の扉が開かれることを念願しています」

（現代語訳『開結』三三二頁）

このように、十方分身仏は、侍者を遣《つか》わしてご挨拶を申し述べ、宝塔の扉が開かれること望んでいる旨を、釈尊に伝えたのです。

宝塔の開扉

釈尊は、十方分身諸仏の来集が終わり、師子座に着座し、しかも、これらのみ仏たちが宝塔の扉が開かれることを念願されていることをお聞きになられ、みずから座席を立って、神通力をもって大地から虚空へと移動されることになります。そして釈尊は、右の指で宝塔の扉を開かれることになりま

宝塔中の「二仏並坐」をあらわす像

す。その扉が開かれる音は、あたかも大きな都城の門扉が開けられるほどの大音響でありました。

宝塔の戸が開けられると、法華経の説法の会座《えざ》にある一切の人々は、多宝如来が宝塔の中にあって師子座にお坐りになり、その身体は全身そのままで、禅定《ぜんじょう》に入っておられるようなお姿を拝見することになるのです。

すると多宝如来は、その座を半分釈尊に譲られました。ただちに、釈尊はその宝塔の中に入り、その座席に坐られ、結跏趺坐されました。ここに、釈迦牟尼仏と多宝仏との「二仏並坐《にぶつびょうざ》」がなされることになるのです。

ところが、霊鷲山の会座にある大衆にとっては、二仏が空中の宝塔の師子座にお坐りになられたのでは、あまりにも高くて遠く、へだたりがあります。そこで大衆は、如来の神通力によって、すべての人々を空中にとどまらせてください、と念ずるのです。

ただちに釈尊は、

「諸《もろもろ》の大衆を接して、皆虚空《こくう》に在《お》きたもう」（『開結』三三五頁）

と説かれているように、法華経の会座にあるすべての人々を虚空へと移され、釈尊の説法は、インドの霊鷲山から虚空会《こくうえ》（空中の会座）へと移ることになります。

では、この虚空会における釈尊の第一声が、どのような内容であるのかについては、次章にたずねることにいたしましょう。

第十二章　悪人そして女人《によにん》の成仏

——提婆達多品《だいばだったほん》第十二

宝塔涌現の意味

釈尊《しゃくそん》は、虚空《こくう》に浮かぶ七宝《しっぽう》の塔の中にお入りになり、多宝如来《たほうにょらい》と並んでお坐りになられると、それまでマガダ国の霊鷲山《りょうじゅせん》において法華経を聴聞《ちょうもん》していた大衆を、神通力《じんづうりき》によって、虚空へと移されることになります。

いよいよ、釈尊の虚空の会座《えざ》における説法が開始されるのです。法華経の序品《じょほん》の冒頭では、マガダ国の都である王舎城《おうしゃじょう》（ラージャグリハ）の霊鷲山（グリドラクータ）において釈尊の説法がはじまることを述べられていますが、見宝塔品《けんほうとうほん》では、霊鷲山の大地を離れて、空中へと移るのです。この虚空は、障害物はなく、とらわれのない無限や遍満《へんまん》や「空《くう》」の思想を象徴しているものと考えられます。

天台大師《てんだいだいし》は、多宝如来が釈尊の説法を称讃して「善哉《ぜんざい》、善哉《ぜんざい》」と述べられていることは、法華経説法の真実なることを証明されるとともに、七宝の塔廟《とうみょう》が開扉《かいひ》されるために十方《じっぽう》世界のみ仏たち（分身《ふんじん》仏《ぶつ》）がこの娑婆《しゃば》世界に来集されることによって、釈尊の寿命の久遠《くおん》性が密《ひそ》かに示されている、と指摘されています。そのことが、のちの如来寿量品《にょらいじゅりょうほん》が説かれる伏線《ふくせん》となっている（『法華文句《ほっけもんぐ》』巻第八下）と解釈されているのです。すなわち、多宝如来の宝塔が涌現《ゆげん》することによって、見宝塔品までの釈尊説法の真実が証明されるとともに、のちの如来寿量品における釈尊の久遠寿命の開顕《かいけん》をうながすもの、という解釈です。そのことから、この宝塔を「証前起後《しょうぜんきご》の宝塔」と見なされているのです。

三度にわたる大音声

釈尊の虚空会《こくうえ》における第一声は、つぎのことばからなされます。

「誰か、たくみにこの娑婆世界において、人々のために広く妙法蓮華経《みょうほうれんげきょう》の教えを説く人はありませんか。いま、まさにその説くべき時が来たのです。なぜなら、如来である私は、間もなく入滅《にゅうめつ》するでしょう。そこで、仏である私は、この最上《さいじょう》の尊い教えである妙法蓮華経を委嘱《いしょく》して、この娑婆世界に存続せしめたいと考えているからなのです」（現代語訳『開結』三三五頁）

すなわち、釈尊は永遠の真理である法華経の教えを未来の人々に伝えるべく、その教えを担《にな》うべき人を要請されているのです。つまり、法華経を未来の人々に手渡すべく、その担い手の要請です。これを「付嘱有在《ふぞくうざい》」と称します。

たしかに、釈尊の教えというものは、その教えに帰依《きえ》し、その教えを他者に伝えるべき使命感を有する人によって、担われるべきであると思われます。そこで、釈尊は、未来の人々に手渡すべく、最初に大音声《だいおんじょう》をもって、聴聞の大衆に対して、その担い手を求められていることを知るのです。

この第一声が終わると、一句が四字からなる詩頌《しじゅ》（偈頌《げじゅ》）が説かれることになります。それは、四十八偈《げ》からなっています。そのはじめに、つぎのように告《つ》げられます。

「多宝如来は、はるかな昔に入滅されていますが、宝塔の中にましまして、法華経の教えのために、この娑婆世界へと来られました。このみ仏が入滅されてから、無限の時間を経《へ》ていますが、尊い教えに出会うことがむずかしいことから、ここへと参られているのです。

また、私（釈尊）の分身仏は、無数の仏たちですが、このみ仏たちも同様に法華経の教えを聴き、また、多宝如来にお会いすることを目的として、この世界へとやって来られたのです。

そこで、分身仏をお招きするために、国土を清らかにし、獅子座《ししざ》を設けて、いまそこにお坐りになられているのです」（現代語訳『開結』三三六～七頁）

以上のように、多宝如来と十方分身諸仏《じっぽうふんじんしょぶつ》は、釈尊の説法を聴聞することを目的として、娑婆世界に来集されたのですが、それは妙法蓮華経の教えを未来世に長くとどめておくことにある、と明かされているのです。そして、二度目の大音声が発せられます。

「多くの集まっている人たちに告げます。私（釈尊）が入滅したのちに、誰か、この妙法蓮華経の教えを、護《まも》り持《たも》ち、読み、そして解説する人はありませんか。いま、仏の前において、みずから誓いのことばを語りなさい」（現代語訳『開結』三三七～八頁）

このように、人々に対して未来世に妙法を広めることを要請されるとともに、多宝如来や十方分身諸仏の願いが「令法久住《りょうぼうくじゅう》」（妙法を未来世に永くとどめおくこと）にある、と明言されているのです。

さらに三度目においては、

「善男子《ぜんなんし》たちよ、それぞれに深い思いをいたしなさい。法華経を未来世のためにとどめおくことは大変むずかしいことです。そこで、大いなる誓願《せいがん》をおこすべきなのです」

（現代語訳『開結』三三八～九頁）

と、告げられているのです。そして、法華経の教えを説き、書写《しょしゃ》し、読誦《どくじゅ》することの困難さを六種にわたって説き示され、それに対して須弥山《しゅみせん》という最高峰の山を手にとって他方《たほう》の世界に投げるとか、乾いた草を背負って、大火の中に入っても焼けることがない、などの常識を超えたたとえが九種明らかにされているのです。つまり、「六難九易《ろくなんくい》」が説き明かされ、いかに法華経を護持《ごじ》することが困難であるか説き示されるのです。

このような、三度にわたる釈尊の要請を基として、伝教大師《でんぎょうだいし》は『法華秀句《ほっけしゅうく》』の「多宝分身付属《たほうふんじんふぞく》勝《しょう》」において、釈尊の教えは、中国の天台大師へと伝わり、また、日本国の自己がそれを担っていることを明らかにされています。これを、「三国三師《さんごくさんし》」と称しますが、日蓮聖人《にちれんしょうにん》は、この文を受けて『顕仏未来記《けんぶつみらいき》』に、安房国《あわのくに》（現在の千葉県）出身の自己を入れて「三国四師《さんごくしし》」（『昭和定本』七四三頁）と称されていることが知られます。そこには、み仏の使いとして三度の要請に応えている、という使命感があふれているのです。

此経難持

ところで、見宝塔品の偈頌は、前述のように四十八偈からなっています。その終わりの六偈の部分は、つぎの文《もん》からはじまります。

「此経難持《しきょうなんじ》　若暫持者《にゃくざんじしゃ》　我即歓喜《がそくかんぎ》　諸仏亦然《しょぶつやくねん》（此《こ》の経《きょう》は持《たも》ち難《がた》し。若《も》し暫《しば》らくも持《たも》つ者《もの》は、我《わ》れ即《すなわ》ち歓喜《かんぎ》す。諸仏《しょぶつ》も亦然《またしか》なり）」（『開結』三四〇頁）

この偈は、日蓮聖人の教えを継承している日蓮宗および一部の門下において、日常のおつとめや、法要《ほうよう》儀式の後半に読誦されています。その意味は、私たちは、み仏の未来世の時代に生命を享《う》け、み仏に帰依し、その尊い教えを持《たも》ちます、という誓いの言葉であり、合わせて、法華経に出会うことの困難さに対して、いま出会えていることへの深い感謝の意味がこめられていると受けとめることができます。

見宝塔品における釈尊の三度の要請について、日蓮聖人は『寺泊御書《てらどまりごしょ》』にて「三箇《さんか》の勅宣《ちょくせん》」（『昭和定本』五一五頁）と記され、『開目抄《かいもくしょう》』にも同じ表記がなされています（『昭和定本』五八九頁）。ことに『開目抄』では、具体的に見宝塔品の文が引用されています（『昭和定本』五八二～三頁）。ここでは、法王《ほうおう》たる大覚世尊《だいかくせそん》（＝釈尊）のことばを勅宣《ちょくせん》（みことのり）と受けとめられ、滅後末法の日蓮聖人が、その勅宣に身命を捧げて教えを弘められる、という絶対帰依のお姿が拝されるのです。

提婆達多品の説法

さて、見宝塔品の「此経難持」の偈頌が終わりますと、提婆達多品《だいばだったほん》第十二へと移ります。

天台大師の解釈では、法師品《ほっしほん》と見宝塔品は、法華経の尊い教えの功徳《くどく》と、その福徳《ふくとく》の深さが説かれることによって、釈尊滅後における法華経信仰が要請されていると見なされています。そして、提婆達多品においては、過去世における提婆達多という人物が明かされ、現在世において未来成仏が描かれることで、法華経の福徳の広大さが示されています。また後半においては、八歳の龍女《りゅうにょ》の登場によって、その成仏の確かさが示されることにより、同様に法華経の功徳の深さが説き明かされていると解釈されています。

日蓮聖人は『開目抄』において、提婆達多はいまの釈尊に敵対した者であり、宗教的には五逆罪《ごぎゃくざい》という罪を犯した人物であっても、「天王如来《てんのうにょらい》」という仏名《ぶつみょう》が与えられていることから、末代における悪人、ことに男性の成仏を象徴的に示されていると見なされています（『昭和定本』五八九頁）。また、後半における大海の龍王の娘である八歳の女性が、文殊師利菩薩《もんじゅしりぼさつ》の導きによって成仏した事例は、末代のすべての女性の成仏を証明するものと解釈されているのです（『昭和定本』五八九〜九〇頁）。

それゆえに、今日の私たちが、この法華経によって成仏を求めようとするとき、提婆達多の成仏と龍女の成仏とは大切な法門であり、これはみ仏からの「二箇《にか》の諫暁《かんぎょう》」（『昭和定本』五九〇頁）であると受け止められているのです。

なお、伝教大師は、この提婆達多品の女人成仏に着目され、『法華秀句』の「即身成仏化導勝《そくしんじょうぶつけどうしょう》」において、龍女がその身のまま成仏し、またその龍女がそのことを証明するために南方《なんぽう》の世界へと出向いて、一切の人々のために妙法《みょうほう》を説いて成仏へと導いたことを重要視されています。ことに、妙法を説法される龍女も、その教えを受ける一切の人々も、ともに長い仏道修行を経ることなく、ただちに成仏が達成されたと解釈されています。そのことを、「妙法経力即身成仏《みょうほうきょうりきそくしんじょうぶつ》（妙法という尊いお経の功《く》徳力《どくりき》によって、人々がその身に即して成仏する）」（『伝教大師全集』第三巻二六六頁）の八文字に表現されているのです。それでは、提婆達多品の内容に触れることにいたしましょう。

提婆達多の成仏

釈尊は、法会《ほうえ》の人々に告げられました。

「私は、はるかな過去世の中にあって、法華経の真理を求めつづけ、おこたりの心はありませんでした。多くの時代の中に生まれかわり、つねに国王の位につき、誓願を立てて、最上のさとりを求めてやまなかったのです。

ことに、六波羅蜜《ろくはらみつ》（布施《ふせ》・持戒《じかい》・忍辱《にんにく》・精進《しょうじん》・禅定《ぜんじょう》・智慧《ちえ》）を完成しようとし、その中でも、布施（ほどこしの修行）につとめ、すべてのものからの執着を離れようとしました。

私は、妙法のために国政を太子《たいし》にまかせ、人々につぎのように命令として伝えたのです。『私のために、大乗《だいじょう》の教えを説くことのできる人はありませんか。もし、その人あれば、終身、ご給仕《きゅうじ》いたします』と。

そのとき、一人の仙人があり、『私は大乗の教えである妙法蓮華経の教えを持《たも》っています。もし、私に随従《ずいじゅう》するならば、あなたのために説き明かしましょう』と。

王である私は、仙人のことばを聞いて大いに感動し、そこで必要なものをささげ、木《こ》の実を採《と》り、水を汲《く》み、薪《たきぎ》を拾《ひろ》い、食事を設《もう》け、自分の身を椅子《いす》がわりして給仕し、一千年もの間が過ぎたのです。それはすべて、妙法を求めるためであったのです」（現代語訳『開結』三四三～四頁）

このように、釈尊は、大衆に対して、はるかな過去世の求道《ぐどう》の物語を告げられたのです。そのために、千年にもわたって、けっしておこたることなく、師の仙人に仕《つか》えたことが示されます。これを

「千歳給仕《せんざいきゅうじ》」と称します。このことが説かれたのち、七偈半の詩頌が説かれます。ついで、釈尊は仏弟子に、つぎのように明かされるのです。

「妙法を求めた国王とは自分のことであり、師の仙人とは、いまの提婆達多にほかならない。提婆達多が善き指導者であったがゆえに、私は種々の仏道修行を達成し、ついに仏となって、人々を救済することができた。その根本は、すべて提婆達多の善き導《よ》きであった」

（現代語訳『開結』三四六頁）

以上のことが説かれたのち、未来世において、提婆達多は仏になると告げられ、「天王如来」の仏名を授けられています。しかも、その仏国土《ぶっこくど》（浄土）は「天道国《てんどうこく》」であるというのです。そして、み仏は弟子たちに対して、未来世において、善男子《ぜんなんし》と善女人《ぜんにょにん》とが、この提婆達多品を聴聞して疑いをもたないならば、地獄道《じごくどう》・餓鬼《がき》道・畜生《ちくしょう》道の三悪道に堕ちることなく、十方世界のみ仏の前に誕生することができるでしょう、と説かれています。

文殊師利菩薩の登場

提婆達多への授記が終わりますと、場面はつぎのように転換いたします。

他方の宝浄国の仏である多宝如来につき従ってきた一人の菩薩がありました。智積《ちしゃく》菩薩《ぼさつ》です。この智積菩薩は、師の多宝仏に対して、もとの国土へとお帰り下さい、と告げるのです。すると釈尊は、しばらくお待ちなさい、ここに文殊師利という菩薩がありますから、尊い教えである妙法について論じられたのち、お帰りなさい、とおっしゃるのです。

このことが告げられると、文殊師利菩薩は、車輪ほどの大きさの千枚の葉のある蓮華の上にお坐りになり、他のお供《とも》の菩薩方《がた》も、宝の蓮華にお坐りになって、大海の娑竭羅《しゃから》龍王《りゅうおう》の宮殿から涌出《ゆじゅつ》し、虚空にとどまられたのです。ついで文殊師利菩薩は、釈迦・多宝の二仏を礼拝《らいはい》し、智積菩薩のところへ出向いて挨拶《あいさつ》が交わされて、一隅《いちぐう》に坐られました。

これ以降、より具体的に文殊師利の教化の世界が明かされ、龍女の成仏が示されますが、そのことは次章にいたしましょう。

第十三章　悪世《あくせ》の人々に対する説法の誓い
――勧持品《かんじほん》第十三

智積菩薩と文殊師利菩薩の問答

前章で述べましたように、多宝如来《たほうにょらい》の侍者《じしゃ》である智積菩薩《ちしゃくぼさつ》が、多宝如来に対して、ご自身の国土にお帰りください、と告げられます。そういたしますと、釈尊《しゃくそん》がしばらくお待ちなさい、文殊師利菩薩がここの会上に参られますから、妙法《みょうほう》の教えについて論じたのちに、もとの国土にお帰りなさい、と告げられるのです（『開結』三四九頁）。

すると、大海の娑竭羅《しゃから》龍王《りゅうおう》の宮殿から、文殊師利《もんじゅしり》菩薩は車輪ほどの大きさの千枚の葉がある蓮華にお坐りになり、また他のお供《とも》の菩薩も、宝の蓮華に坐って、高く上昇して、釈尊の説法の場である空中にとどまられるのです。文殊師利菩薩は釈迦と多宝の二仏を礼拝《らいはい》し、さらに智積菩薩のところへと出向き、挨拶《あいさつ》が交《か》わされて、一隅《いちぐう》に坐られたのです。

そこで、両者の問答が交わされることになります。

智積菩薩は、文殊師利菩薩に対して「あなたが、大海の娑竭羅龍王の宮殿において教化《きょうけ》された人々の数はどれほどでしょうか」（現代語訳『開結』三四九頁）と問うのです。文殊師利菩薩は「その数は無量で、はかることも、口で述べることも、心で推《お》し測《はか》ることもできません。しばらくお待ちくださぃ。おのずから証明されるでしょう」（現代語訳『開結』三五〇頁）と答えるのです。

この言葉が終わるか終わらないかのうちに、無量の菩薩方《がた》が大海から涌現《ゆげん》して、霊鷲山《りょうじゅせん》の空中にとどまったのです。これらの菩薩方は、すべて文殊師利菩薩の導きを受けた人たちでありました。

文殊師利菩薩は、智積菩薩に対して、「私が海中において教化した事実は、このようなものです」（同上）と告げます。すると、智積菩薩は、文殊師利菩薩に対して、その智慧と徳をほめたたえ、教化のみごとさを称讃するのです。

さらに、文殊師利菩薩は、その教えとは、妙法蓮華経《みょうほうれんげきょう》（法華経）であることを明らかにします。そこで智積菩薩は、「この妙法蓮華経の教えは、奥深く、多くの経典の中の宝であり、世の最も尊い教えであると領解《りょうげ》しています。もし、人々がこの教えを持《たも》ち、教えのとおりに修行すれば、すみやかに仏になることができるのでしょうか」（現代語訳『開結』三五一頁）と問うのです。

これに対して、文殊師利菩薩は、はっきりと「できます」と断言するのです。その例証として、「娑竭羅龍王の娘（龍女《りゅうにょ》）は、年齢こそ八歳ですが、智慧はすぐれ、この教えを持ち、禅定《ぜんじょう》に入り、諸法実相《しょほうじっそう》をさとり、さらに弁説《べんぜつ》にもすぐれ、慈悲心も深く、ただちにさとりに到ることができたのです」（現代語訳『開結』三五一～二頁）と、龍女の鋭敏さをたたえて、成仏したことを告げます。

ここに八歳の龍女が、文殊師利菩薩の法華経の教えによって、成仏したことが明らかとなるのです。つまり、龍女成仏をとおして、一切の女人《にょにん》成仏が示されることとなります。

智積菩薩等の疑問

けれども、智積菩薩は、その事実を容易に受け入れることはできず、文殊師利菩薩に対して、つぎのように語るのです。

「私が釈尊のおさとりまでを拝見しますと、はかり知れないほどの時間を要し、難行《なんぎょう》・苦行《くぎょう》の連続で、菩薩としての功徳を積まれた結果、さとりを成就《じょうじゅ》されたのです。三千大千世界を見わたしても、釈尊が菩薩行《ぼさつぎょう》を実践され、芥子粒《けしつぶ》の実ほどの小さなところでさえ、身命を捨てられないところはないのです。その菩薩行は、すべて私たちのためであり、そのようなはかり知れない時間を経て、ついに釈尊はさとりに到達されたのです。そのことからも、八歳の龍女が、わずかな時間で正しいさとりを成就したということは、信じられないのです」（現代語訳『開結』三五二～三頁）

この言葉がいまだ終わらないうちに、娑竭羅龍王の娘はみ仏の前に出現し、最上の礼拝《らいはい》をなし、そして一隅に坐って、み仏の徳を讃歎《さんだん》するのです。

ついで、仏弟子の舎利弗尊者《しゃりほっそんじゃ》は、龍女に対して、つぎのような疑問を呈することになります。

「あなたは、わずかな間に仏道を体得されていますが、そのことはとても信じ難いことです。なぜなら、女性の身は、穢《けが》れていて、法を得るうえでの器《うつわ》ではありません。それゆえに、どうして最上のさとりを成就することができましょうか。仏道成就には、大変な修行過程を必要としています。

それにまた、女性の身には五つの障《さわ》りがあります。①梵天王《ぼんてんのう》となること、②帝釈天王《たいしゃくてんのう》となること、③魔王となること、④転輪聖王《てんりんじょうおう》となること、⑤仏身《ぶっしん》を成就すること、はできないのです。ですから、どうして女性の身で、すみやかに成仏することができたのでしょうか」

（現代語訳『開結』三五四頁）

龍女成仏の証明

そのとき、龍女の手には、三千大千世界《さんぜんだいせんせかい》のすべてを合わせた価値を有する宝珠《ほうじゅ》がありました。そして、その宝珠を釈尊に献上したのです。み仏はただちに、この宝珠を受けとられました。

龍女は、智積菩薩と舎利弗尊者に問うのです。「私は宝珠をいま、み仏に献上しましたが、お受けになるのに、すみやかでありましたか、どうでしたか」と。二人は「とても速いことでした」と答えます。そうしますと、龍女は、「あなたがたの神通力《じんづうりき》によって、私の成仏のありさまをご覧ください。

これよりももっと速いことでしょう」と告げるのです。

そのとき、虚空会《こくうえ》に列座していた人たちは、龍女がたちまちに男性へと変化し、菩薩としての修行をそなえ、すぐに南方《なんぽう》の無垢世界《むくせかい》（けがれのない世界）へと行き、宝の蓮華に坐して正しいさとりを完成し、仏の特性としての三十二の相《そう》と八十種の相好《そうごう》を具《そな》え、さらに、十方世界の人々のために、妙法蓮華経の教えを説くさまを見るのです。

当然、娑婆世界《しゃばせかい》の説法の会座《えざ》にあるすべての人々は、龍女の成仏のあかしを見、また龍女の人々に対する説法のさまを見て、大いに歓喜し、礼拝するのです。さらに、無垢世界の多くの人々は、成仏の予言を受けることができました。またあわせて娑婆世界の三千人の人々も成仏の予言を受けることになるのです。智積菩薩と舎利弗尊者、そして虚空会にある人々は、沈黙したまま、この事実を信じ受け入れたのです。

以上、提婆達多品の後半部分の「龍女成仏」の内容を、少し詳しくたどって参りました。智積菩薩や舎利弗尊者の龍女成仏に対する疑問の呈示は、仏教を学ぶ者たちの一般的な考えを代弁するものであり、さらに、歴史的な社会通念をもって、女性を位置づける立場の一つの疑問であると解釈できます。

けれども、法華経の教えは、根本的に性差や社会的階層、各人の出自等の区別を排除した、絶対的平等の教えであることが、あらためて理解できるのです。前に記しましたように、伝教大師最澄《でんぎょうだいしさいちょう》は『法華秀句《ほっけしゅうく》』において、龍女成仏の説示をとおして「即身成仏化導勝《そくしんじょうぶつけどうしょう》」を著わされ、日蓮聖人も、龍女成仏の説示を、末代の女人成仏の証明として重視されていることを見逃してはならないと思うのです。

勧持品の説示

提婆達多品の説法が終わりますと、つづいて、勧持品第十三へ移ることになります。

この章は、前半部分の長行《じょうごう》（散文体）と、八十万億ナユタの菩薩が登場される後半部分とに分けられます。そして、長行の部分は菩薩や成仏の予言を受けた声聞《しょうもん》が、釈尊の滅後に法華経を受持《じゅじ》して、その教えを弘《ひろ》めることを誓うのです。

それに対して、後半部分は、八十万億ナユタの菩薩方が、釈尊にうながされて、未来世の濁悪世《じょくあくせ》において、いかに法華経を弘めることが困難であっても、身命をかえりみることなく、この法華経を信奉し、弘通《ぐづう》に専念することを誓言する内容になっています。

では、勧持品の教えに耳を傾けてみることにいたしましょう。

日蓮聖人の像（新潟県寺泊・御船待座敷跡）

薬王菩薩等の誓い

勧持品のはじめは、法師品《ほっしほん》に登場された「薬の王」という名を持つ薬王菩薩《やくおうぼさつ》や、見宝塔品《けんほうとうほん》において、列座の人々を代表して釈尊に問いを発した「偉大な弁舌《べんぜつ》を有する」という名を持つ大楽説菩薩《だいぎょうせつ》が登場されます。このお二人の菩薩方と、お伴《とも》の二万の菩薩方が、釈尊の面前で、つぎのような誓いのことばを発するのです。

「どうか世尊《せそん》（釈尊）よ、ご心配なさいませんように」（現代語訳『開結』三五七頁）

このように、釈尊に対して、ご心配の必要はございません、と菩薩方が申し述べるのは、前章で紹介いたしましたように、釈尊は虚空会において、三度にわたる大音声をもって、釈尊の滅後の未来世に、この妙法蓮華経の教えを長くとどめて、人々の依《よ》りどころとなるような配慮がなされていたことに由来するのです。そのために、釈尊は法華経の教えを弘める担《にな》い手《て》を要請されていました。この釈尊の配慮に対して、薬王菩薩等が誓いを発したのです。

「み仏が入滅《にゅうめつ》されたのちには、私どもがこの妙法蓮華経の経典を持ち、読誦《どくじゅ》し、説きつづけます。たしかに、み仏ご入滅ののちの悪世の人々は、善き功徳を積む機根《きこん》が減少し、仏道に対する謙虚さが失せ、名誉欲や物欲に支配されて、さとりから遠く離れているでしょう。これらの人々を教え導くことは困難なことでありますが、大いなる忍耐の心を起こして、この経典に信を捧げ、自己の身命をおしむことはいたしません」（大意『開結』三五七頁）

このように、釈尊滅後の時代の人々が悪心を起こし、種々の障害となることがあったとしても、妙法の教えを最上の尊いものであると仰《あお》ぐことによって、自己の身命をささげて仏道修行に精励《せいれい》することを誓われていることが知られるのです。

これらの菩薩方の誓いにつづいて、前の五百弟子受記品《ごひゃくでしじゅきほん》において登場した、五百人の阿羅漢《あらかん》たちが、釈尊に対して、「私たちもみずから誓願いたします。この娑婆世界とは異なる国土（他土《たど》）において、この法華経を説きます」（現代語訳『開結』三五八頁）と告げるのです。

ついでまた、授学無学人記品《じゅがくむがくにんきほん》において、未来成仏の予言を受けた八千人の仏弟子たちが、「世尊よ、私たちも娑婆世界ではない、別の国土（他土）において法華経を説きましょう。なぜなら、娑婆世界の人々は、悪心に支配され、慢心を抱き、功徳が薄く、怒りやへつらいに満ち、その心が不実だからです」（現代語訳『開結』三五八頁）と、娑婆世界以外での弘経《ぐきょう》の誓いを立てるのです。

このように、勧持品のはじめの部分を拝読いたしますと、薬王菩薩・大楽説菩薩および二万人の菩薩方の娑婆世界での弘経の誓いがなされ、五百人の阿羅漢と八千人の仏弟子たちが、娑婆世界とは異なる他土の世界において、法華経を弘める誓いを立てていることが理解できます。

この中で注目すべきことは、いま私たちが居住している娑婆世界は、汚濁《おじょく》に満ち、それらの人々は善根《ぜんごん》が薄く、慢心を抱き、さらに、名誉欲や物質欲に支配されているというのです。さらに、怒りや他者へのおもねりのために、不誠実な心が満ちているというのです。

そのことから、この娑婆世界での仏道修行、なかでも真実の教えである法華経を伝えようとするとき、困難な出来事、あるいは他者からの迫害が想定できます。そこで弘経者に求められることは、「大忍力《だいにんりき》」(大いに耐え忍ぶ力)という、しなやかに耐える心であるということがうかがえます。

そのことを十分に察知している仏弟子たちが、この娑婆世界ではなく、他の国土での弘経の誓いを立てることからも、この事実が知られるのです。

摩訶波闍波提および耶輸陀羅への授記

以上のように誓願が立てられたのち、女性の出家者(比丘尼《びくに》)である、釈尊出家以前の養育の叔母《おば》(釈尊の母・摩耶夫人《まやぶにん》の妹)である摩訶波闍波提《まかはじゃはだい》比丘尼と、修行を終えた無学の六千人の比丘尼たちが起《た》ちあがり、釈尊の尊顔を仰ぎ、凝視しつづけることになります。

その憂《うれ》いに満ちた顔をご覧になられた釈尊は、すでに全ての声聞たちに対して、成仏の予言が授けられたにもかかわらず、「いまだ自分たちは未来成仏の予言が与えられていない」という思いにかられていると受けとめられるのです。そこであらためて、これらの比丘尼たちに「一切衆生喜見如来《いっさいしゅじょうきけんにょらい》」の仏名《ぶつみょう》を授けられるのです。

そしてまた、釈尊の実子である羅睺羅《らごら》尊者の母(出家以前の釈尊の妃)である耶輸陀羅《やしゅだら》比丘尼が、自分はいまだ未来成仏の予言がなされていないとの思いを抱いていることから、釈尊は、「具足千万《ぐそくせんまん》光相《こうそう》如来」という仏名を与えられることになります。

もちろん、このように「一切衆生喜見如来」「具足千万光相如来」の仏名を与えられた方々、そしておつきの人々の喜びは大きなものでありました。その喜びを一偈《げ》の詩頌《しじゅ》に託し、そして、「私たちも、他の国土において、広く法華経の教えをのべ伝えます」（現代語訳『開結』三六一頁）と誓いを立てるのです。

以上が勧持品の前半部分で、後半につきましては、次章にたどりたいと思います。

第十四章　安らかな法華経の修行

——安楽行品《あんらくぎょうほん》第十四

八十万億ナユタの菩薩の誓い

勧持品《かんじほん》の前半では、薬王菩薩《やくおうぼさつ》や大楽説菩薩《だいぎょうせつ》および二万の菩薩方《がた》が、釈尊《しゃくそん》の滅後《めつご》に妙法蓮華経《みょうほうれんげきょう》（法華経）の教えを、私たちが生活している娑婆世界《しゃばせかい》に弘《ひろ》めることの誓いを立てました。また、未来成仏の予言を授けられた仏弟子の五百人の阿羅漢《あらかん》や、八千人の仏弟子たちは、娑婆世界以外の、他の世界において弘める誓いをのべたのです。

さらに女性の出家者である摩訶波闍波提比丘尼《まかはじゃはだいびくに》や六千人の比丘尼、さらに羅睺羅《らごら》の母である耶輸陀羅《やしゅだら》比丘尼に対して、釈尊は、それぞれに未来成仏の予言をあたえられ、仏名《ぶつみょう》を授けられました。そして、これらの比丘尼たちも、「私たちも、他の国土において、広く法華経の教えを宣《の》べ伝えます」と、誓ったのです。

この教説から理解できますことは、法華経の教えを、この娑婆世界で弘めることが、いかに困難な修行であるかがうかがえるのです。その困難な理由として、

「この娑婆国土《こくど》の中にいる人々は、悪心を抱く人が多く、仏道を成就《じょうじゅ》していなくても、おごりたかぶってそれを体得《たいとく》したと思い込み、功徳《くどく》が薄く、瞋《いかり》の心に支配され、他者へのへつらいがあって、心が不実だからです」（現代語訳『開結』三五八頁）

というのです。

もし、そうであるならば、釈尊の滅後において、尊い法華経の教えを人々に伝えようとすれば、いっそうの他者からの抑圧や批判が想定されます。そこには特段の「忍耐」（忍辱心《にんにくしん》）を必要としていることが知られます。

そこで勧持品の後半に登場されるのが、八十万億ナユタの菩薩方です。ここで、億とはコーティ（倶胝《くてい》）の音写《おんしゃ》で、一千万の意味で数の位を指しています。またナユタ（那由多）というのは、同様に数の単位で一千億のことを意味するといいます。そこで、八十万億ナユタの菩薩というのは、八十万×《かける》一千万×一千億ということで、八×十の二十三乗《じょう》の数を意味するといいます（藤井教公著『法華経下』〈佛典講座7〉六六二頁参照）。

釈尊は、これらの八十万億ナユタの菩薩たちを凝視《ぎょうし》されます。もちろん、菩薩たちは、仏道修行を積んで、もはやいかなる困難に遭遇しても、けっして退《しりぞ》くことはなく、尊い教えを体得しています。

釈尊からじっと見つめられた菩薩たちは、ただちに立ちあがり、み仏の前へと進み、一心に合掌《がっしょう》して、つぎのように思ったのです。

「もし釈尊が、私たちにこの法華経を持《たも》ち、そして説くようにと命令されたならば、み仏の仰《おお》せのようにこの教えを宣べ伝えましょう」（現代語訳『開結』三六一〜二頁）

けれども、み仏は沈黙したままで、命令を下されることはありません。菩薩たちは、いったいどうすべきか、とためらいがありました。が、ついに、菩薩たちは、み仏の心を敬うことでそれに従って、菩薩としての誓いをもととして、その誓願を成就するため、大いなる誓いの言葉を発したのです。

「世尊《せそん》（釈尊）よ、私たちは如来《にょらい》（釈尊）のご入滅《にゅうめつ》の後に、十方《じっぽう》世界をめぐって、人々がこの経を書写《しょしゃ》し、受持《じゅじ》し、読誦《どくじゅ》し、その教えを解説《げせつ》し、その教えのとおりに修行し、いつも正しく思いおこすことができるようにいたします。それはすべて、み仏の偉大な加護の力によるものです。どうか、お願いもうしあげます。世尊が、たとえ他方《たほう》の国土にいられたとしても、はるかに私たちをお守りくださいますように」（現代語訳『開結』三六二頁）

以上のように、八十万億ナユタの菩薩たちは、釈尊滅後における法華経弘通《ぐづう》の誓いを、大音声《だいおんじょう》をもって告げたのです。そして、さらに声を同じくして詩頌（偈頌）を説くことになります。

勧持品二十行の偈

勧持品の八十万億ナユタの菩薩たちの誓いは、五字一句からなる偈頌《げじゅ》で、全体が二十行からなっています。鎌倉時代に法華経弘通に邁進《まいしん》された日蓮聖人《にちれんしょうにん》は、この偈文《げもん》をみずから体験することによって、「法華経の行者《ぎょうじゃ》」としての自覚を深められると同時に、法華経が釈尊の真実の教えであるとの確信を得られています。

この二十行の偈文を天台大師《てんだいだいし》が解釈される場合、『法華経』の法師品《ほっしほん》に「弘経《ぐきょう》の三軌《さんき》」が説かれる文をもって配釈《はいしゃく》されています。すなわち、二十行の中の、前の十七行は、

①如来の衣を着ること（柔和《にゅうわ》にして忍辱の心をもつこと）によって経を弘める。

つぎの一行は、

②如来の室《しつ》に入ること（大慈悲心をもつこと）によって経を弘める。

つぎの一行は、

③如来の座《ざ》に坐ること（仏の悟りをもととすること）によって経を弘めることである。

と示されています（『法華文句《ほっけもんぐ》』巻第八下・『大正蔵経』第三十四巻 一一七頁b）。

さらに、妙楽大師《みょうらくだいし》は、天台大師の解釈を基とし、さらに注釈を加えつつ、法華経弘通者に対して迫害を加える人々を「三類《さんるい》の強敵《ごうてき》」と解釈を示されます。すなわち、

①俗衆増上慢《ぞくしゅうぞうじょうまん》（世俗の人が刀杖《とうじょう》をもって迫害をなす）

②道門《どうもん》増上慢（同じ仏道修行に励む人が迫害を加える）
③僭聖《せんしょう》増上慢（世の人々から聖僧と尊ばれる人が迫害を加える）

の三種を立てられています。そして、法華経を弘める人への迫害は、「第三最《もっと》も甚《はなはだ》し」（『法華文句記』巻第八之四・『大正蔵経』第三十四巻 三一五頁a）と注釈されていることが知られます。

ところで日蓮聖人が、勧持品の二十行の偈文を受けとめられる場面、これらの先師《せんし》の解釈を重視されていますが、それに加えて、この偈文には、法華経弘通者は、修行の場所から追放されるという予言が示されていることを重くみられます。

「数数見擯出《さくさくけんひんずい》　遠離於塔寺《おんりおとうじ》（数数擯出《しばしばひんずい》せられ、塔寺を遠離せん）」（『開結』三六五頁）

の偈文です。聖人は、この「数数」の文字を、ご自身の、四十歳の「伊豆流罪《いずるざい》」、五十歳の「佐渡《さど》流罪」と解釈され、歴史的な宗教的事実として受けとめられています。

もちろん、このように自己の身命をかえりみることなく、法華経の教えを受持するという態度は、八十万億ナユタの菩薩たちが、

日蓮聖人像（京都・本満寺蔵）

「我《が》不《ふ》愛《あい》身《しん》命《みょう》　但《たん》惜《じゃく》無《む》上《じょう》道《どう》」（『開結』三六四頁）
〈私たちは自己の身命を愛することはありません。ただ、この上ないみ仏の教えを大切にいたします〉

と誓いを立てたように、み仏の教えを、自己の身命を超えた最上に位置づける立場を継承されていることを知るのです。

以上のように、八十万億ナユタの菩薩たちは、いかなる困難な出来事があっても、妙法の教えを弘めることを誓うのです。そして、最後にあたる第二十行目の偈文は「私たちは、世尊のみ前、そして多くの来集された十方世界のみ仏たちのみ前において、以上のような誓いのことばを述べました。どうぞ、み仏のみなさま方、私どもの心をお知りください」（現代語訳『開結』三六六頁）と告げて、勧持品は終わるのです。

初心の菩薩の修行の方法

安楽行品第十四へ移りますと、その冒頭において、文殊師利《もんじゅしり》菩薩が釈尊に対して、つぎのようにもうし述べます。

「世尊よ、これらの菩薩方（八十万億ナユタの菩薩を指します）は、とてもすぐれた、まれな方々にほかなりません。み仏を敬い、そのことばに随順《ずいじゅん》されていることから、このような大誓願《だいせいがん》をたてられたのです。その誓いとは、み仏の入滅ののち、悪世において、この法華経を護りたもち、読み、広く説きましょう、と」（現代語訳『開結』三六七頁）

このように、文殊師利菩薩は、八十万億ナユタの菩薩たちの大誓願が、大変奇特《きとく》なものであることを讃歎《さんだん》していることが知られます。しかし、これらの菩薩方が、み仏の教えに随順できるのは、いかなる困難にも退歩しないだけの長い修行と、強固な信念をおもちであるからなのです。けれども、いまはじめて、さとりへの道に心をおこし、これから仏道修行を歩み出そうとする人々にとって、大きな障害物に遭遇することは、仏道から遠く離れてしまうことを意味しています。つまり、仏道修行からの離脱です。そこで、あらためてさとりへの道をこころざして間もない菩薩たちの修行方法が問われるのです。

文殊師利菩薩は、釈尊に問いかけます。

「世尊よ、（菩提心《ぼだいしん》を発《おこ》して間もない）菩薩大士《だいじ》は、み仏の入滅の悪しき世において、どのようにしてこの法華経を説いたらよいのでしょうか」（現代語訳『開結』三六七頁）

この問いに対して釈尊は、四つの実践方法＝「四安楽行《しあんらくぎょう》」をもって修行にいそしむべきであると示されます。

　まず①には、菩薩としての六波羅蜜《ろくはらみつ》等の修行をととのえ、自己が近づくべき範囲をしっかり守って諸法実相《しょほうじっそう》の真理を体得することであるというのです。そして、社会的な権力者や修行者をさまたげる人々から遠く離れ、心をととのえるようにと説示されています。これは、自己の身体をとおして、安楽なる境地を目指す方法ですから「身安楽行《しんあんらくぎょう》」と称されています。

　次に②には、如来の滅後、末法《まっぽう》の中においてこの法華経の教えを説こうとする場合、他の人々や、他の経典の過失を説こうとしてはならない。また、他の修行者の長所や短所を言ってはならないというのです。ここに「口安楽行《くあんらくぎょう》」が示されます。

　そして③には、他者へ妙法の教えを説く人は、嫉妬《しっと》やへつらい、いつわりの心、他者を軽《かろ》んじる心、あるいは争いの心を起こさず、人々にあわれみや、思いやりの心をかけ、み仏に対しては、慈父《じふ》の思いをいだき、菩薩たちへは、偉大な導き手という尊敬の心を起こすべきであるというのです。これが「意安楽行《いあんらくぎょう》」です。

　さらに④には、未来世にあって尊い法が滅びようとするとき、この法華経を持《たも》つ人は、在家の人々、出家の人々に対して大慈悲の心をもち、菩薩たちではない人に対しては、み仏の教化にもあずかることなく、また妙法を聞くこともなく、知ることもなく、信じることがなかったとしても、私が悟りを成就するときには、彼らを導いて、この妙法の中に生きるようにしたい、という誓いを立てるべきだというのです。ここに菩薩としての誓願が説かれていますから、「誓願安楽行《せいがんあんらくぎょう》」というのです。

　以上のように、み仏が入滅された後の悪世における四種の実践方法は、

① 身安楽行
② 口安楽行
③ 意安楽行
④ 誓願安楽行

であることが理解できます。

天台大師の師範である南岳慧思禅師《なんがくえしぜんじ》（五一五〜七七）は、中国の南北朝《なんぼくちょう》時代にあって、混乱した仏教界に批判を加えて、法華経に基づく諸法実相を観《かん》ずる瞑想の重大さを説きましたが、これは天台大師へと継承されています。また、妙楽大師は、このような四安楽行による法華経実践方法と、のちに常不軽菩薩品《じょうふきょうぼさつぼん》第二十に説き示される常不軽菩薩の「但行礼拝《たんぎょうらいはい》」の実践方法とを比較し、十種にわたる違いを列記されていることが知られます（『法華文句記』巻第十中・『大正蔵経』第三十四巻 三四八頁b〜c）。

以上、釈尊が文殊師利菩薩に対して四安楽行を説き示されることによって、苦悩から離れた涅槃《ねはん》の境地に向かわせる道を諭されていることを知るのです。たしかに、第四の誓願安楽行の結びには、つぎのように明かされていることからも、初心の菩薩方に対するいつくしみが感じられるのです。

「文殊師利よ、如来の入滅ののちに、以上の第四の安楽行という実践方法を達成しようとする菩薩が、法華経の教えを説こうとするとき、決してあやまちをおかすことはないでしょう。つねに、出家の男女、在家の男女をはじめ、国王や大臣や人々から敬われ、ほめたたえられるでしょう。

また、天上界の神々たちも、その教えを聴聞《ちょうもん》しようとしてつねに随《したが》うでしょう。もし、人の集まる村や町にあっても、閑寂《かんじゃく》な所にあっても、法華経の修行者を難問をもって責めようとしたとしても、天の神々たちは、昼夜にわたり、妙法を護《まも》るために、修行者を護衛《ごえい》し、教えを聴聞する人たちに、歓喜《かんぎ》を与えるでしょう。

このように、諸天《しょてん》が昼夜に守られるという由縁《ゆえん》は、この法華経という尊い教えは、過去・未来・現在のすべてのみ仏たちが、神通力《じんづうりき》によって守護されている教えだからなのです」

（現代語訳『開結』三八一～三頁）

このように、妙法蓮華経がいかに尊い教えであるかを示されることによって、修行者の実践の尊さが強調されています。これをうけて、法華経の教えを讃歎することを目的として、「髻中《けいちゅう》明珠《みょうじゅ》の喩《たと》え」（法華七喩《ほっけしちゆ》の中の第六）が説かれますが、そのことにつきましては、次章にたどることにいたしましょう。

第十五章　大地から涌現《ゆげん》される菩薩《ぼさつ》たち
――従地涌出品《じゅうじゆじゅっぽん》第十五①

髻中明珠の喩え

前章において、安楽行品《あんらくぎょうほん》の教えには、社会が混乱する未来世の時代において、法華経の真理を求め、あるいは人々にその教えを弘めようとする修行者は、身と口と意と誓願の四種にわたって、身《からだ》と口《くち》の処《しょ》し方《かた》や心構えをととのえ、さらに誓いを立てるようにとの具体的な説示がなされていることを確認いたしました。そして、それらが示されたのちに、この尊い法華経の教えに触れることがいかに困難なことであるかが、譬喩《ひゆ》をもって説き明かされるのです。

この譬喩は、転輪聖王《てんりんじょうおう》（仏法を基《もと》として、世の中を統治するすぐれた聖王）の髻《もとどり》（髪を頭のいただきでたばねたもの）の中に納められているみごとな宝珠が、尊い法華経に喩えられていることから、このように呼ばれているのです。釈尊《しゃくそん》は文殊師利《もんじゅしり》菩薩に、次のように語られました。

「文殊師利よ、この法華経は量《はか》り知れない多くの国々においても、その名前さえ聞くことができないのです。まして拝見することや護《まも》り持《たも》ち、読誦《どくじゅ》することはなおさらです。

文殊師利よ、それは、たとえば次のようなことです。強大な力を有している転輪聖王があったとして、その威圧的な力によって諸国を降伏《ごうぶく》しようとします。しかし諸国の小王たちは、転輪聖王の命令には従わないのです。そこで種々の兵士たちを活動させて討伐《とうばつ》することになります。王は戦功《せんこう》ある兵士たちを見て大いに喜び、その戦功に応じて恩賞を与えるでしょう。たとえば田畑や宅地、村落、城市を与えたり、あるいは、衣服や装身具を与え、あるいは、種々の珍しい宝や、金、銀、瑠璃《るり》等の七宝《しっぽう》や、象や馬、くるま、召使いの男女、人民等を与えるでしょう。けれども、頭の頂《いただき》にある髻の中に納められている宝珠だけは与えないのです。なぜなら、ただ一人、転輪聖王だけが頭上にこの宝珠を持っていて、これを与えたならば、王につき従っている配下の者たちが、大いに驚き、また疑わしく思うからです。

文殊師利よ、如来《にょらい》もまたこのような手だてを設《もう》けられるのです。如来は、禅定《ぜんじょう》と智慧《ちえ》のはたらきによって、欲界《よっかい》・色界《しきかい》・無色界《むしきかい》の三界《さんがい》の法王《ほうおう》として君臨されています。けれども、魔王たちは、あえて服従しようとしません。

そこで如来の修行者たちが魔王と戦います。その時、戦功ある者には、如来は喜んで四衆《ししゅ》の人々の中で種々の経典を説いて多くの法の財《たから》を与えられるでしょう。また、あなたたちは悟りの境地を得ていると言って、すべての人々を歓喜《かんぎ》させるでしょう。けれどもこの法華経だけは、決して説かれないのです。

文殊師利よ、転輪聖王は、ついに兵士たちのうち、大いなる戦功のあった者に、髻中の明珠を与えられようとします。これと同様に、み仏もまた、修行者たちが大いなる障害物である五陰《ごおん》魔《ま》・煩悩魔《ぼんのうま》・死魔《しま》の三つの魔や、貪《むさぼ》り・瞋《いか》り・癡《おろ》かさの三毒《さんどく》を破ることをご覧になられ、一切の世間の人々が怨《あだ》を抱き信じることのむずかしい法華経を説かれるのです。

文殊師利よ、この法華経は諸仏たちの最もすぐれた経説であり、多くの経説の中で、最も奥深い教えです。この経の最後に与えられるのは、あたかも強大な力をもつ転輪聖王が、みずから大切にしている髻中の明珠を兵士に与えるようなものです。

文殊師利よ、この法華経は、み仏たちの容易に知ることの出来ない奥深い教えが所蔵されています。多くの経典の中で最上位にあって、長きにわたり護られてきた教えで、わけもなく説くことのなかった教えです。その尊い教えを初めて今ここに、あなたたちに説くのです」

（大意『開結』三八三～六頁）

以上のように「髻中明珠の喩え」が説かれることによって、ついにこの法華経が最後に説かれる由来を示されています。そしてこののち、四字一句からなる詩頌《しじゅ》が三十一偈《げ》半、さらに五字一句からなる詩頌六偈が説かれることで、この安楽行品は結びをむかえるのです。そして、法華経の二十八品を「迹門《しゃくもん》」と「本門《ほんもん》」の二つに分ける時、この安楽行品は迹門の最後の段に当たります。

従地涌出品の題号

ついで場面は、従地涌出品《じゅうじゆじゅっぽん》第十五へと移ります。この章から、法華経の本門の段に入ります。そして本門を「序分《じょぶん》・正宗分《しょうしゅうぶん》・流通分《るづうぶん》」の三つに分ける時、この章の前半部分が序分に、後半部分が正宗分に当たります。

ところで、「従地涌出品」という題号《だいごう》の表記についてですが、活字版の『大正新脩大蔵経《たいしょうしんしゅうだいぞうきょう》』第九巻では、底本《ていほん》としている大蔵経典（宋《そう》版・元《げん》版・明《みん》版の三本）、および宮内省図書寮《くないしょうずしょりょう》本では「従地踊出品」と、「踊」の文字が用いられています（『大正蔵経』第九巻 三九頁c）。それに対して、日本における春日《かすが》本の系統では、「地涌」とあって「涌」の文字を用いられているのが特徴的です。

そこで漢和辞典によって、その意味を確認いたしますと、「涌」の文字には、水が噴き出る、地下から物が噴き出る、さらには現《あらわ》れ出る等の意味があります。そして「涌出」とは、わき出る、湧出《ゆうしゅつ》の解釈がなされています（諸橋轍次著『大漢和辞典』第六巻 一一八九頁）。

また、「踊」には、とびあがる、のぼる、おどり等の意味があり、「踊出」とは、高く出るとの解釈がみられます（『大漢和辞典』第十巻 九二五頁）。もちろん、「踊」は「涌」の文字に通じるもので、ともにあがる、のぼるの意味を有することが知られるのです（『大漢和辞典』第六巻 一一八九頁）。

それらのことから、この第十五章の位置は、見宝塔品《けんほうとうほん》より釈尊の説法は空中（虚空《こくう》）でなされていることから、「従地涌出品」とは、大地が震裂《しんれつ》して、その大地の中から無量《むりょう》の菩薩方《ぼさつがた》が、勢いよく釈尊の説法が行われている虚空にのぼられることを指していると拝察できます。なお、竺法護《じくほうご》訳『正《しょう》法華経』では、「菩薩従地踊出品」（『大正蔵経』第九巻 一一〇頁b）と漢訳されています。

他土の菩薩方の要請

それでは、この章がどのような内容になっているかをたどることにいたしましょう。見宝塔品において、十方《じっぽう》世界（他土《たど》）から娑婆《しゃば》世界の霊鷲山《りょうじゅせん》に来集されたみ仏たち（十方分身諸《じっぽうふんじんしょ》仏《ぶつ》）の付き人（侍者《じしゃ》）の菩薩方が着座されていました。いま、この他土の菩薩方が説法の場から起立して、釈尊にもうしのべることから、この「従地涌出品」がはじまります。

その菩薩方の数は、「八恒河沙《はちごうがしゃ》」（『開結』三九三頁）です。つまり、八つのガンジス河（恒河）の砂を合計したものを超える数というのですから、無限に等《ひと》しいものです。

これらの菩薩方が、釈尊に次のお願いをもうし出ます。

「尊いお方である世尊（釈尊）よ、もしも世尊が入滅《にゅうめつ》されたのちに、私たちがこの娑婆世界において勤《つと》めて、精進《しょうじん》をかさね、この法華経を護《まも》り持《たも》ち、読誦《どくじゅ》し、書写《しょしゃ》し、供養《くよう》するということをお許しくださるならば、私たちはこの娑婆世界に、かならずこの法華経の教えを広くお説きいたします」（現代語訳『開結』三九三頁）

けれども、他土の菩薩方のこの要請に対して、釈尊はそのことを許諾《きょだく》されないのです。

「おやめなさい、善男子《ぜんなんし》（菩薩）たちよ。あなたたちがこの法華経を護り持ちたいという要請を、採用いたしません」（現代語訳『開結』三九四頁）

と断言されています。それは何故でしょうか。

「なぜならば、私の居住しているこの娑婆世界には、遥《はる》かな過去世から、すでに、六万のガンジス河の砂の数に等しい菩薩方があり、またそれぞれに六万のガンジス河の砂の数のおともがあります。これらの多くの人々が、私の入滅ののちに、この法華経を護り持ち、広く説くことになるからなのです」（現代語訳『開結』三九四頁）

以上のように釈尊は、これまで法華経の説法の場に登場されていない菩薩方の存在を予告され、そして他土の菩薩方の要請を却下されていることが知られます。

地涌の菩薩の登場

釈尊が、他土の菩薩方の要請を許されず、この娑婆世界には、もとから六万倍ものガンジス河の砂の数（六万恒河沙《ろくまんごうがしゃ》）の菩薩方がいることを告げられますと、ただちに娑婆世界を中心とする三千大千《さんぜんだいせん》世界の国土が大いに震動し、そして裂《さ》けて、その中から、数えきれない菩薩方が涌出《ゆじゅつ》されます。そのお姿は皆、身体は金色で、仏のお姿の特徴である三十二相《さんじゅうにそう》をそなえ、光輝いています。

これらの菩薩方の住居は、娑婆世界の下の虚空（空中）の中です。そして、見宝塔品での釈尊の三度にわたる大音声《だいおんじょう》を聞いたことで、娑婆世界の大地の下に位置する虚空の世界からやってこられたのです。

菩薩方の一人一人は、大勢の人々の指導者であり、それぞれに六万倍のガンジス河の砂に等しい侍者をつれている菩薩もあり、さらに五万・四万・三万等、そして数は少しずつ減少して、ついに五、四、三、二、一人の弟子、また侍者もなく、ただ一人で、人々から遠ざかって修行を望んでいる菩薩方もあったのです。

このように、娑婆世界の大地の下から涌現《ゆげん》された六万恒河沙の菩薩方は、虚空（空中）へとのぼられ、釈尊と多宝如来《たほうにょらい》が並んで坐られている多宝塔《たほうとう》のもとへと出向かれ、一人一人が丁重《ていちょう》なるご挨拶《あいさつ》をされます。

六万恒河沙もの数の菩薩方の一人一人が、釈尊と多宝如来に丁重にご挨拶されるのですから、当然、気の遠くなるほど長い時間を経過することが予想されます。

経文《きょうもん》には、「諸《もろもろ》の菩薩の種々の讃法《さんぽう》を以《もっ》て、仏を讃《ほ》めたてまつる。是の如《かくごと》くする時の間に、五十小劫《こう》を経《へ》たり」（『開結』三九六頁）と記されています。すなわち、「五十小劫」という長い時間です。けれども、釈尊の神通力《じんづうりき》で、法華経の会座《えざ》にあった人々は、半日ほどの時間の経過にしか思えなかったというのです。

そして法華経の虚空会《え》にある四衆の人々は、釈尊の神通力によって、多くの菩薩方が量り知れない百千万億という多くの国土の虚空に満ちている情景を見ることになるのです。

四人の大菩薩

これらの無量の地涌の菩薩たちの中に、「四導師」と称される四人の指導者がありました。その名前は、①上行《じょうぎょう》菩薩《ぼさつ》、②無辺行《むへんぎょう》菩薩《ぼさつ》、③浄行《じょうぎょう》菩薩《ぼさつ》、④安立行《あんりゅうぎょう》菩薩《ぼさつ》です。すなわち、これらの四人は、最上首《さいじょうしゅ》の指導者（上首唱導《じょうしゅしょうどう》の師）なのです（『開結』三九七頁）。

もちろん、このすぐれた四人の菩薩方は、釈尊に対し、敬いの心をもって合掌《がっしょう》し、安否をうかがうご挨拶をもうしのべるのです。これに対して釈尊は、私は安らかで病《やまい》や悩みもなく、人々を教化するのはたやすく、疲労のないことを告げられます。

弥勒菩薩の疑念

このような情景を目《ま》の当たりにした弥勒菩薩《みろくぼさつ》や、（地涌の菩薩ではない）八千のガンジス河の砂ほどの菩薩たちは、「私たちがその昔から今日に到るまで、釈尊の教えを聴聞《ちょうもん》するなかで、このようにすぐれた菩薩方が、大地より涌出され、世尊に対して敬いのご挨拶をもうし述べ、ご機嫌をうかがわれるというありさまを見たことも聞いたこともない」（現代語訳『開結』四〇〇頁）と思ったのです。

そこで、弥勒菩薩は、八千のガンジス河の砂の数ほどの菩薩たちの疑念を知り、またみずからの疑問に決着をつけたいという想いを抱いて、詩頌《しじゅ》の形式によって、釈尊に問いたずねます。その詩頌は、五字一句からなる十九行半の偈頌《げじゅ》です。今、それらを順次にまとめてみますと、次のようになります。

「量《はか》り知れないほどの涌現された菩薩方は、いったいどこからやって来られたのですか。／どのようないわれがあって、いま虚空へ集まられたのでしょうか。／菩薩方のお一人お一人がつれておられる菩薩方の数を量り知ることは不可能です。六万のガンジス河の砂ほどの無限の菩薩もあり、ただお一人で侍者のない菩薩（単己無眷属《たんごむけんぞく》）もあります。／すぐれた徳を有するこれらの大菩薩を、いったいどなたが教化され、導かれたのでしょうか。その導き手はどなたでしょうか。／これらの菩薩方は、大通力《だいつうりき》、大智慧力《だいちえりき》をおもちです。／四方の大地が震裂《しんれつ》して、これらの菩薩方は涌出されました。しかし、私（弥勒菩薩）は、いまだこのさまを見たことがありません。その国土を教えてください。／私はつねに諸国を遊歴《ゆうれき》していますが、いまだかつてこのような菩薩方を見たことはありません。だれ一人として知らないのです。／これらの菩薩は、突然に地より出現されました。そのいわれをお説きください」（大意『開結』四〇〇～二頁）

このように、弥勒菩薩は、偈頌によって順次に問いを示し、その答えを求めたのです。

いっぽう、十方分身諸仏とともに来集された他土の菩薩方も、同様の疑問を抱きました。そこで他土の菩薩方は、自分のお仕《つか》えするみ仏に対して「無量の菩薩方はいったいどこからやって来られたのでしょうか」（現代語訳『開結』四〇四頁）と問うのです。

するると、み仏たちは侍者に対して「菩薩方よ、もうしばらく待ちなさい。弥勒菩薩というお方があって、この菩薩は釈尊より未来世に成仏するとの授記《じゅき》を受けられているお方です。すでに、このことについて釈尊にお尋《たず》ねになっています。釈尊はただちにお答えになるでしょう。そのことによって、あなた方もそのいわれを聞くことになるでしょう」（同上）と告《つ》げられます。

以上、弥勒菩薩の問いと他土の菩薩の疑念の説示《せつじ》までが、本門の序分《じょぶん》なのです。そして、釈尊がその解答を示されている部分が、本門の正宗分《しょうしゅうぶん》に当たるのですが、そのことについては次章に少し詳しくたずねてみましょう。

第十六章　偉大なる地涌《じゆ》の菩薩《ぼさつ》

――従地涌出品《じゅうじじゅじゅっぽん》第十五②

法華経の菩薩方

従地涌出品のはじめに、他の世界から娑婆《しゃば》世界の法華経説法の会座《えざ》に列座されている菩薩方《がた》が、釈尊《しゃくそん》滅後における法華経弘通《ぐづう》（弘《ひろ》めること）の誓いを立てられるのですが、釈尊は容認されることはありませんでした。

その代わりに、釈尊は、遥《はる》かな過去世からこの娑婆世界において、教導されてきた菩薩方があることを告げられます。すると、ただちに、ガンジス河の砂を六万倍（六万恒河沙《ごうがしゃ》）もするほどの、無限の数の菩薩方が、三千大千《さんぜんだいせん》世界の下の虚空《こくう》（空中）の世界から、法華経説法の虚空へと涌現《ゆげん》されるのです。

大地から涌現された菩薩方を、法華《ほっけ》教学《きょうがく》においては、久遠本仏《くおんほんぶつ》の教化《きょうけ》（教導）を受けた菩薩という意味から、「本化《ほんげ》地涌の菩薩」と称しています。これに対し、歴史上の釈尊や、有限的生命をおもちの迹仏《しゃくぶつ》としての釈尊に教化を受けた菩薩方のことを、「迹化《しゃっけ》の菩薩」と称しています。

もちろん、このように菩薩方を位置づけることは、従地涌出品ののちに説き明かされる如来寿量《にょらいじゅりょう》品《ほん》に開顕《かいけん》される久遠の釈尊（久遠本仏）を基軸《きじく》として、仏と弟子（菩薩）との関係性のうえで論じられるのですが、そのことを前提として、菩薩方の特質を少しく整理しておきたいと思います。

法華経の序品《じょほん》では、法華経の説法の場に列座されている菩薩として、文殊師利《もんじゅしり》菩薩、観世音《かんぜおん》菩薩、薬王《やくおう》菩薩、弥勒《みろく》菩薩等の十八名の名前が列示され、併《あわ》せて八万の菩薩方があることが説かれています（『開結』五六～七頁）。これらの菩薩方は、過去から娑婆世界で修行されている方々ですから、「旧住《くじゅう》の菩薩」と称されます。

さらに、見宝塔品《けんほうとうほん》においては、東方宝浄国《とうほうほうじょうこく》の仏である多宝如来《たほうにょらい》が七宝《しっぽう》の宝塔《ほうとう》とともに大地の下から登場されます。そのときの付き人（侍者《じしゃ》）である智積《ちしゃく》菩薩や、他方《たほう》世界から来集された十方分身《じっぽうふんじん》仏《ぶつ》の侍者である菩薩方が登場されます。これらの菩薩方を「他方の菩薩」と称します。

そして、従地涌出品において登場される六万恒河沙の地涌の菩薩方があり、そのリーダーが四大《しだい》菩薩（上行《じょうぎょう》・無辺行《むへんぎょう》・浄行《じょうぎょう》・安立行《あんりゅうぎょう》）であることが明らかとなります。すなわち、本化の菩薩です。

さらに、法華経の最後の章に当たる普賢菩薩勧発品《ふげんぼさつかんぼっぽん》において、六牙《ろくげ》の白象《びゃくぞう》に乗って東方の宝威徳《ほういとく》上王仏国《じょうおうぶっこく》から娑婆世界の霊鷲山《りょうじゅせん》の釈尊のもとへ来られる普賢菩薩があります。

以上のことから、従地涌出品で登場される菩薩を「本化地涌の菩薩」と規定するとき、文殊師利菩薩や弥勒菩薩方は、過去世のみ仏たちとの関わりはあっても、いまだ地涌の菩薩の存在を知ることができないのです。そこで、これを「迹化の菩薩」と称します。

また、他土の世界から分身仏等《ら》とともに娑婆世界に到着されている菩薩方も、「迹化の菩薩」と規定され、十方世界のみ仏たち（分身仏）の侍者であることから、「他方の菩薩」とも称するのです。

有徳の四大菩薩

では、あらためて、大地から涌現された本化の菩薩方のリーダーである四人の大菩薩に着目してみましょう。

経典には、つぎのように説かれています。四大菩薩は多くの地涌の菩薩方の中にあって、「四導《どう》師《し》」（『開結』三九七頁）と表現されます。そういたしますと、この四大菩薩は、地涌の菩薩たちを導く人、最上の導き手ということになります。

同様に経文には、

「この四菩薩は、地涌の菩薩たちの中にあって、最も上位にある唱導《しょうどう》の師（上首唱導師《じょうしゅ》）である」（現代語訳『開結』三九七頁）

というのです。

では、上行菩薩・無辺行菩薩・浄行菩薩・安立行菩薩という名前にそなわる徳について、見ておきたいと思います。

天台大師《てんだいだいし》は『法華文句《ほっけもんぐ》』巻第九上において、この四大菩薩は、

「開仏《かいぶつ》知見《ちけん》・示仏《しぶつ》知見・悟仏《ごぶつ》知見・入仏《にゅうぶつ》知見」

の悟りに到達されたことを象徴するものであると解釈され（取意・『大正蔵経』第三十四巻　一二五頁b）、菩薩方が修行される五十二位の階位のうち、十住《じゅうじゅう》、十行《じゅうぎょう》、十回向《じゅうえこう》、十地《じゅうじ》の修行になぞらえたものと釈されています（『法華経　中』〈岩波文庫〉三五九頁参照）。

また、四大菩薩は、梵語《ぼんご》（サンスクリット語）では、つぎのように称されます。

①上行菩薩は「ヴィシシュタ＝チャーリトラ」で、すぐれた修行を実践される菩薩
②無辺行菩薩は「アナンタ＝チャーリトラ」で、無限の修行を実践される菩薩
③浄行菩薩は、「ヴィシュッダ＝チャーリトラ」で、清浄な修行を実践される菩薩
④安立行菩薩は「スプラティシュティタ＝チャーリトラ」で、しっかりと確立した修行を実践される菩薩

と、それぞれのお名前の意味するところが知られます（『法華経　中』〈岩波文庫〉三八五頁参照）。

これらのことから、四大菩薩がいかにすぐれた修行を積まれている菩薩方であるかが解《わか》ります。

釈尊の両脇に上行・無辺行・浄行・安立行の四大菩薩
が配された「一尊四士」の像。
（立正大学・石橋湛山記念講堂の一尊四士像。東京立正大学蔵）

では、仏教史上これらの四大菩薩を釈尊の脇侍《わきじ》として安置し、尊崇《そんすう》対象としている造像《ぞうぞう》は存在しているのでしょうか。

インド・中国・日本の仏教史における「釈迦三尊《しゃかさんぞん》」の形式をたずねてみますと、釈尊を中尊《ちゅうそん》として、左右に僧《そう》形《ぎょう》の迦葉尊者《かしょうそんじゃ》・阿難尊者《あなんそんじゃ》を脇侍とすることで、「歴史上の釈尊」あるいは「小乗《しょうじょう》の釈尊」を表現する形態が存しています。また、釈尊を中尊として、獅師《しし》（ライオン）に乗っている文殊師利菩薩や白象に乗っている普賢菩薩を左右に安置することで、法華経の「迹門《しゃくもん》」に説かれる「迹仏としての釈尊」を象徴する形態が存しています。

このような歴史を踏まえ、法華経の「本門《ほんもん》」を根底において、法華経のお題目《だいもく》（南無妙法蓮華経《なむみょうほうれんげきょう》）によって衆《しゅ》生《じょう》救済を示された日蓮聖人は、中央に釈尊を、その両脇に上行・無辺行・浄行・安立行の四大菩薩を安置するという形態を、仏教史上はじめて明らかにされました。

その造像形態を、日蓮聖人は「本門寿量品《じゅりょうほん》の本尊《ほんぞん》」として開示《かいじ》されています（『観心本尊抄《かんじんほんぞんしょう》』・『昭和定本』七一三頁参照)。

また、この形態を「一尊四士《いっそんしし》」と称しますが、これを「一閻浮提第一《いちえんぶだい》の本尊」(『昭和定本』七二〇頁)と表示されています。

つまり、一尊四士という本尊形態は、日蓮聖人が、仏教史上はじめて明らかにされた信仰対象の形態であることが知られます。

このことからも、従地涌出品のはじめに登場される六万恒河沙の地涌の菩薩方、そしてそれらのリーダーである四大菩薩に注目しながら、地涌の菩薩がいかに尊い存在であり、またこの教説を基盤として、日蓮聖人の教義の根幹《こんかん》にいかに関わっているかを知るのです。

では、従地涌出品の内容をたずねてみたいと思います。

地涌の菩薩方は釈尊の久遠の弟子

前章で述べましたように、大地の下から涌現される菩薩方は、量《はか》り知ることのできない数の多さであり、そのお姿は金色に輝くみごとな威厳《いげん》をそなえられている方々でありました。弥勒菩薩をはじめ、他方の国土から来られた菩薩方も、はじめてご覧になる菩薩方でありますから、いったい、どなたが導かれたのかという疑念をもち、そのことを釈尊にお尋ねいたしました。そして、釈尊がその答えを示されるところから、本門の正宗分《しょうしゅうぶん》に入ることになります。

まずはじめに釈尊は、弥勒菩薩がこの問いを発したことを歎《ほ》めたたえられるのです。

「善《よ》きかな、善きかな。阿逸多《あいった》（弥勒）よ、あなたは、仏である私に対して、このような大切なことについて、よく問いを発しました。あなたたちは、一心に精進《しょうじん》する志《こころざし》をもち、堅固《けんご》な鎧《よろい》を身につけ、堅固な意志のこころを起こすべきです。私は、いま、み仏たちの具《そな》えているすぐれた智慧、み仏たちが人々を導くための自由自在なる力、またみ仏たちが人々を教化されるのにおもちの獅子のように奮《ふる》いたつ力、さらに、み仏たちの威勢のある勇猛《ゆうみょう》なる力について、宣《の》べ示そうと思います」（現代語訳『開結』四〇四〜五頁）

このように述べられたのち、釈尊は、四偈《げ》からなる詩頌《しじゅ》を説かれるのです。そこでは聴衆に対して、心を専一にし、疑いや、あなどる心があってはならないと警告されています。それは、み仏の智慧というのは、菩薩方の及ぶところではないからです。

さらに、弥勒菩薩に対して、釈尊は次のように語られるのです。

「弥勒よ、大地から涌現した量り知ることの出来ない無数の菩薩たち、すなわちそれはあなたたちが昔から今日まで見たこともない偉大な菩薩たちですが、その菩薩たちは私（釈尊）が、この娑婆世界において、最上の悟りを得たのち、これらの多くの菩薩たちを教化し、導いて、さとりへと向かう心をおこさせたのです。そして、これらの菩薩たちは、この娑婆世界の下方の、娑婆世界に属する虚空の中で修行し、つねに無上の智慧を求める道を精進しているのです」

（取意『開結』四〇七～八頁）

釈尊は、みずからが悟りを成就《じょうじゅ》して以来、教化をなし、これらの地涌の菩薩たちは娑婆世界の下の虚空にあって、修行に専念されていることを明らかにされているのです。ついで、詩頌が示されますが、その最後の部分は次のとおりです。

「我今説実語《がこんせつじつご》　汝等一心信《にょとういっしんしん》　我従久遠来《がじゅうくおんらい》　教化是等衆《きょうけぜとうしゅ》」（『開結』四〇八頁）

〈私は、いま真実のことばを説きましょう。あなたがたよ、心を専一《せんいつ》にして信じなさい。私が、はるかな久遠の昔から、これらの菩薩方を教化してきたのです〉

つまり釈尊は、弥勒菩薩の質問に対して、はっきりと、これらの地涌の菩薩方は、はるかな久遠の昔から、私が導いてきたのだと断言されているのです。

もちろん、この釈尊の答えに対して、聴衆は、ただちに納得することはありません。なぜなら、私たちが一般的常識として認識している釈尊（ゴータマ・ブッダ）は、インドの釈迦族の太子《たいし》（王子）として誕生され、ガヤーという都市からそれほど離れていない尼連禅河《にれんぜんが》の菩提樹《ぼだいじゅ》の下で悟りを開かれたみ仏ですから、そのみ仏がわずかな時間で、これらの無数の菩薩たちを導かれることは不可能だからです。

ここには、釈尊が聴衆に対し、あえて疑念を抱かせるようにして、真実の世界へ近づくための方法が示されているのです。

そこで弥勒菩薩は、次のようにみ仏に対して疑問を呈するのです。

「世尊《せそん》（釈尊）よ、如来がいまだ出家される以前の太子であられたとき、釈迦族の宮殿（カピラ城）を出て、ガヤー（伽耶）という都市からそれほど遠くないところで、さとりの座に坐り（菩提樹下）、無上の正しいさとりを成就されました。それから今日まで、わずかに四十余年しか経過していません。

世尊よ、いったいどのようにして、このような短い時間に、これらの多くの菩薩方を導かれるという、み仏の仕事をなされたのでしょうか」（現代語訳『開結』四〇九頁）

この疑問は、たしかに的《まと》を射ていると思われます。釈尊という尊い存在を、歴史の場で認識しようとすれば、まさに釈迦族の太子であり、ブッダガヤの菩提樹下の金剛宝座《こんごうほうざ》で成道《じょうどう》された偉大なお方であるからです。

ですから、この歴史的な釈尊と、無数の地涌の菩薩との関係を結びつけようとしても、不可能に近いものがあります。それは常識を超えているからです。そのことからも、釈尊が、これらの菩薩は久遠の昔から、私が教化してきたのですと告げられても、容易に受け入れることはできないのです。

そのことを弥勒菩薩は、次のような喩《たと》えをもって語ります。

「たとえてみますと、つぎのような人があったとします。顔色もつややかで、髪の色も黒々として、二十五歳になる青年が、百歳を迎える歳老《としお》いた人を指し、この人は私の子ですといい、その百歳の人もまた、年少の人を指して、この方は私たちを育ててくれましたと言ったとして、このことは信じ難《がた》いのと同様、釈尊と地涌の菩薩との関わりもこのようなものです」

（現代語訳『開結』四一〇頁）

と述べるのです。そして、弥勒菩薩は、地涌の菩薩方がいかにすぐれた仏道修行者であるかを讃歎《さんだん》いたします。その一偈に、

「善く菩薩の道を学《がく》して　世間の法に染《そ》まざること　蓮華《れんげ》の水に在るが如《ごと》し（善学菩薩道《ぜんがくぼさつどう》　不染《ふぜん》世間法《せけんほう》　如蓮華在水《にょれんげざいすい》）」（『開結』四一二～三頁）

という文があって、これらの菩薩方は、立派な菩薩としての道を実践され、世俗の風習に少しも染まらないことは、あたかも蓮華が汚泥《おでい》の中にあって、浄らかな花を咲かせるように、これらの菩薩は、清浄な姿を示されています、と告げているのです。

以上のように、弥勒菩薩は、地涌の菩薩と、その菩薩方を教化されたみ仏との関係性について疑問を呈示しているのですが、この疑問に対する答えは、次の如来寿量品に説き示されることになります。そのことは次章にたずねてみましょう。

第十七章　久遠《くおん》のみ仏の開顕《かいけん》
――如来寿量品《にょらいじゅりょうほん》第十六①

弥勒菩薩の要請

従地涌出品《じゅうじゆじゅっぽん》において、三千大千世界《さんぜんだいせん》の大地の下から涌現《ゆげん》された威厳のある無数の菩薩《ぼさつ》の存在を、未来世にみ仏になると約束されている弥勒《みろく》菩薩は、まったく未知のことであると告白いたしました。そこで弥勒菩薩は、矢継《やつ》ぎ早《ばや》に釈尊に対して、自分たちの抱いている疑問を呈示するのです。けれども、釈尊の答えに対して、弥勒菩薩は容易に納得することはできませんでした。なぜなら、あまりにも常識を超えた釈尊の答えであったからです。

それを日常の場で表現いたしますと、地涌《じゆ》の菩薩方《ぼさつがた》はおごそかで、偉大なお姿でありますから、百歳の老人に喩《たと》えられます。それに対し、釈尊は菩提樹《ぼだいじゅ》の下でさとりを開かれ、法華経の説法がなされている現在まで、わずかに四十数年の歳月を経ているにすぎませんから、釈尊《しゃくそん》は二十五歳の青年に喩えられます。老人が青年に対して、父よ、と呼びかけ、青年も百歳の老人に対して、わが子であると表明されたとすれば、常識を超えていることは当然のことと言えましょう。

しかし、釈尊から直接教えを聴聞《ちょうもん》している弥勒菩薩は、少しずつ疑問が解けてゆくのです。そして、地涌の菩薩方の偉大な導きを、つぎのように讃歎《さんだん》するのです。

「これらの多くの菩薩方は、志が固く、臆病ではありません。はかり知れない時代（劫《こう》）の昔から、菩薩の道を修行してこられています。難しい問答に対しても巧《たく》みな才能があり、その心に怖《ふ》畏《い》はありません。忍耐の心は定まっており、その姿は、威儀《いぎ》が整って徳が備わり、十方《じっぽう》世界のみ仏たちが称讃されるところです。菩薩方は、人々の機根《きこん》に応じてみ教えを説き、人々の混雑した中に居ることを望まれておらず、つねに好んで瞑想修行されているのです。しかも、仏道を求めつづけられて、いまは娑婆《しゃば》世界の下の虚空《こくう》の中に居住されています」

（現代語訳『開結』四一三〜四頁）

このように、弥勒菩薩は、従地涌出品の後半の偈頌《げじゅ》において、地涌の菩薩方の教化の偉大さを讃え、いまも娑婆世界の下の空中にあって修行されていることを、はっきりと述べるのです。

この言葉ののち、弥勒菩薩はつぎのように釈尊に要請いたします。

「私どもは、いま釈尊から地涌の菩薩の由来や、これらの菩薩方は久遠の昔から釈尊より教導を受けた方々であることを、直接にお聞きいたしましたので、そのことへの疑問は存しません。どうか、未来世の人々のためにも、これらのことを詳しくお述べ下さり、さとりの境地へとお導き下さい。

もしも、この法華経に対して、疑いを生じて信じない者があれば、ただちに苦しみの世界に堕《お》ちるでありましょう。どうかお願いしたいことは、ただいま、その由来をお説き下さい。すなわち、いまこれらの量《はか》り知れない地涌の菩薩方を、釈尊は、いったいどのようにして短い時間のうちに導かれ、菩薩としての不退転《ふたいてん》の境地にまで到達せしめられたのか、ということを」

（現代語訳『開結』四一四頁）

このように、弥勒菩薩は釈尊に対して、地涌の菩薩を教導されてきた根本の由来を問うことによって、従地涌出品は終わりをむかえ、つぎの如来寿量品へと展開することになります。

釈尊からのいましめ

如来寿量品第十六の冒頭では、釈尊は、教えを聴聞している人々に対して、三度にわたるいましめを示されています。

振り返ってみますと、方便品《ほうべんぼん》第二において、舎利弗尊者《しゃりほっそんじゃ》が、み仏がこの世に出現される意味と、如来の真実の智慧について説き明かして下さいと三度にわたって要請しましたが、ただちにそのことについて説き明かされることはありませんでした。この儀式を「三止三請《さんしさんしょう》」とも「三止四請《し》」とも称しますが、このような儀式が、この如来寿量品のはじめにおいてもなされていることが知られるのです。それは、つぎのようなことばです。

「そのときに、釈尊は法華経の虚空の会座《えざ》にある多くの菩薩たちとすべての人々に告げられました。

『すべての善男子《ぜんなんし》たちよ、あなたたちは、たしかに如来の真実のことばを信じ、さとらねばなりません』

ふたたび一会《いちえ》の人々に告げられました。

『あなたたちは、たしかに如来の真実のことばを信じ、さとらねばなりません』

さらに重ねて、多くの一会の人々に告げられました。

『あなたたちは、たしかに如来の真実のことばを信じ、さとらねばなりません』」

（現代語訳『開結』四一五頁）

このように、釈尊は説法の会座にある菩薩をはじめとする人々に対して、如来のことばを信受《しんじゅ》するこころと、そのことばをしっかりと受けとめて了解《りょうげ》し、さとる力を求められていることが知られます。しかも、それは三度にわたっています。これは仏のいましめですから、「三誡《さんかい》」と称しています。

弥勒菩薩等のねがい

この釈尊のいましめに対して、弥勒菩薩をはじめとする菩薩方や大会《だいえ》の人々は、そのことばを信受すべく、合掌《がっしょう》して、

「世尊《せそん》（釈尊）よ、どうかお願いいたします。地涌の菩薩とのいわれをお説き下さい。私たちは、かならずみ仏のみことばを信じ、それに従います」（『開結』四一五〜六頁）

と誓いを立てるとともに、三度にわたって、真実を明かしていただくように要請するのです。これらのねがいが、三度にわたることから、「三請《さんしょう》」と称します。さらに、重ねて菩薩方は、

「唯《ただ》願わくは、之《これ》を説きたまえ。我等当《まさ》に仏の語《みこと》を信受したてまつるべし」（『開結』四一六頁）

と、釈尊にお願いすることになります。これを「重請《じゅうしょう》」と称しています。

そこでみ仏は、

「諸《もろもろ》の菩薩の三《み》たび請《しょう》じて止《や》まざることを知ろしめて、之《これ》に告《つ》げて言《のたま》わく、汝等《なんだち》諦《あきら》かに聴け、如来の秘密、神通《じんづう》の力を」（『開結』四一六頁）

と、重ねてみ仏のことばを聴聞するようにいましめられ、いよいよ、釈尊の真実の姿が明らかにされるのです。

如来の秘密と神通の力

そこで、釈尊の具有されている真実のはたらきとしての「如来の秘密」と「自在《じざい》の神力《じんりき》」が明らかにされますが、それは、み仏のはたらきが現在世にとどまることなく、過去・現在・未来の三世にわたるのであり、同時にそれは釈尊のいのちの久遠性の開顕であり、三世常住《さんぜじょうじゅう》であることを物語っています。

そのことを経文《きょうもん》では、「如来秘密《にょらいひみつ》　神通之力《じんづうしりき》」（『開結』四一六頁）の八文字によって表現されています。すなわち、この文は、「如来の秘密、神通の力」と訓《くん》じますが、天台大師智顗《てんだいだいしちぎ》（五三八〜九七）は『法華文句《ほっけもんぐ》』にその解釈を示されています。その文意を、確認しておきたいと思います。

天台大師によれば、釈尊はその働きとして、仏としての身体を具有されていますが、仏身《ぶっしん》には、法《ほっ》身《しん》（真理の身体という面）と報身《ほうじん》（仏となるための因《いん》と果《か》を備え、智慧の身体という面）、応身《おうじん》（人々の救済のために応じて現われる慈悲の身体）の三身《さんじん》が具有されていると見なされます。もちろん、これらの三つの身体は、一つの身体として統一されているという解釈です。すなわち、釈尊の仏としての身体は一身でありながらも、これら「法《ほう》・報《ほう》・応《おう》の三身」の面をもっていることが「秘《ひ》」の意味であり、さらに、この三身は一身に統括されることを「密《みつ》」というのである、と解釈されています（『法華文句』巻第九下・『大正蔵経』第三十四巻 一二九頁c）。

また、法華経以前において、このような仏身については説かれていないことが「秘」であり、ただ久遠のみ仏のみ覚知されていることを「密」というのである、と解釈されています（同右）。そして、釈尊が三身を具足《ぐそく》して、三世にわたり、人々を教化される働きを「神通之力」という、と解釈されています。すなわち、釈尊の人々に対する尊い働き、つまり「仏事」を指して、「神通の力」というのです。

しかも、み仏が三世において等しく法身・報身・応身の三身を具足されているということについては、法華経にのみ説かれる教えであって、「諸教《しょきょう》の中に於《お》いて之を秘して伝えたまわず」（同右）と、如来寿量品の教説が一切経の中核をなすと、その超勝性《ちょうしょうせい》を示されていることを知るのです。

釈尊伝に対する認識

以上のように、釈尊は三世にわたって人々を教化される力用《りきゅう》を備えられていることが明らかにされています。では、人々にとって釈尊とは、歴史的・現実的存在として、どのように認識されているかが問題となりましょう。すなわち、それは、つぎの経文です。

「あらゆる世界の天の神々たちや人間たち、さらに阿修羅《あしゅら》たちは、すべてが一様《いちよう》に、いま説法されている釈迦牟尼仏《しゃかむにぶつ》（釈尊）というお方は、釈迦族の宮殿（カピラ城）の王子となられ、出家して沙門《しゃもん》となり、伽耶《がや》（ガヤー）という都市からそれほど遠くない、尼連禅河《にれんぜんが》のほとりの菩薩樹のもとで瞑想され、その金剛宝座《こんごうほうざ》にて無上《むじょう》の正しいさとりを獲得されていると思っていることでしょう」（現代語訳『開結』四一六頁）

これらが、今日の私たちも共有している釈尊というお方に対する認識です。しかし、このような歴史的有限の釈尊に対する認識は誤りである、というのがこの如来寿量品の主眼です。では、釈尊の真実の姿とは、いったいどのようなお姿であるのでしょうか。

発迹顕本

「しかしながら（その考え方は誤りなのです）、善男子たちよ、私が無上の正しいさとりを成就《じょうじゅ》してから今日までの時間というのは、無量無辺《むりょうむへん》の百千万億ナユタ劫《こう》という、無限の時が経過しているのです」（現代語訳『開結』四一六頁）

つまり、インドに誕生されたゴータマ・ブッダ（釈尊）というお方の真実の姿は、量り知ることのできない遥《はる》かな過去世にさとりを成就された久遠の仏である、ということがここで明らかとなるのです。

天台大師の解釈では、歴史の場に登場されるみ仏のことを垂迹仏《すいじゃくぶつ》（あるいは迹仏《しゃくぶつ》）と称するのに対して、その真実の姿としての久遠の仏を本地仏《ほんちぶつ》（あるいは本仏《ほんぶつ》）と認識されています。そのことから、

「然《しか》るに善男子、我《わ》れ実に成仏してより已来《このかた》、無量無辺百千万億那由他劫《なゆた》なり」（『開結』四一六頁）

の文《もん》を、「開迹顕本《かいしゃくけんぽん》」（迹を開いて本を顕《あら》わす）とも、「発迹顕本《ほっしゃくけんぽん》」（迹を発《ひら》いて本を顕わす）とも解釈されているのです。

鎌倉時代の日蓮聖人《にちれんしょうにん》は、この久遠の仏を中心とする仏教観を樹立されていますが、その意味において、釈尊の寿命が三世にわたるという「発迹顕本」の文は、法華教学史上、重要であることが知られます。そのことを『開目抄《かいもくしょう》』において、発迹顕本により、真の十界互具《じっかいごぐ》・百界千如《ひゃっかいせんにょ》・一念三千《いちねんさんぜん》の法門が成立し、「本因本果《ほんいんほんが》の法門」（『昭和定本』五五二頁）という三世にわたる釈尊の人々への救済の事実が明らかとなる、と力説されていることを知るのです。

五百億塵点劫の譬喩

ところで、いまの釈尊は、実は遥かな過去世にさとりを成就された久遠の仏であることを明らかにされることが、如来寿量品の中心にあることを述べてきました。そのことを経典では、「無量無辺百千万億那由他劫」（『開結』四一六頁）の昔と表現されています。さらに、その過去世の久遠の時間に

ついて、「五百億塵点劫《ごひゃくおくじんでんごう》」の譬喩《ひゆ》をもって説き示されているのです。この譬喩に対して、法華経が漢訳されて以来、今日まで、釈尊の量り知れない寿命を示すためであることから、この譬喩は無限を意味するという解釈が存します。しかし、いっぽうでは、方便として、五百億塵点劫という喩えに託されるにすぎないのであって、この譬喩は有限の領域であるという解釈もみられます。

このような解釈が存することを前提としつつ、ここでは、五百億塵点劫の喩えは、釈尊のいのちの久遠性を表現するために不可欠な譬喩である、という立場から論じてみたいと思うのです。

では、釈尊の久遠の寿命をどのように喩えられているでしょうか。たとえば、五百千万億那由他阿僧祇という膨大《ぼうだい》な宇宙世界をすりつぶして微塵《みじん》にしたとしましょう。そこで、東方の五百千万億那由他阿僧祇《あそうぎ》という国々を過ぎるごとに、一粒ずつ微塵を置き、このようにして、すべての微塵を置き尽くしたとしましょう。そのことに対して、釈尊は善男子（菩薩）たちに、通過した国々の数を数え知ることができるだろうか、と問われるのです。もちろん、弥勒菩薩は、不可能であると答えます。

そこで、さらに釈尊はすぐれた菩薩たちに告げられました。これらの無数の国々を、すべて合わせて塵《ちり》となし、その一つの塵を一劫という時間としましょう。私が遥かな過去世に成仏してから今日まで、それらの一塵を一劫とした数よりも、さらに百千万億那由他劫よりも多いのです。つまり、遥かな過去から、釈尊は娑婆世界のみならず、百千万億那由多他阿僧祇の国々においても、人々を教化《きょうけ》しつづけてきたと宣言されるのです。

このように、釈尊の久遠の寿命の開顕とは、人々を教化された宗教的事実の永遠性の開顕にほかならないことを知るのです。

第十八章 釈尊《しゃくそん》の無限の導《みちび》き
——如来寿量品《にょらいじゅりょうほん》第十六②

久遠本仏の導き

従地涌出品《じゅうじゆじゅっぽん》において登場された偉大なる菩薩方《ぼさつがた》の導き手は、釈尊ご自身であることが告《つ》げられました。しかし、弥勒《みろく》菩薩をはじめとする法華経説法の会座《えざ》の聴衆は、容易に受け入れることができませんでした。この疑問を解くことを目的として、如来寿量品が説かれることになります。

この如来寿量品は、世間の人々が抱いている歴史的釈尊のご生涯に対するとらえ方を、根本的に転換するよう求めるものです。すなわち、釈尊はインドのシャカ族の王子として誕生され、出家し、ガヤーという都市からそれほど遠くない尼連禅河《にれんぜんが》のほとりの、菩提樹《ぼだいじゅ》の下でさとりを開かれたと認識されていますが、実は五百億塵点劫《ごひゃくおくじんでんごう》の譬喩《ひゆ》によって示されるとおり、遥《はる》かな昔にさとりを得られた、久遠《くおん》の本仏《ほんぶつ》であったというのです。つまり、インドに誕生された人間釈尊とは、久遠の本仏が娑婆世《しゃばせ》界《かい》の私たちを救済するために、垂迹仏《すいじゃくぶつ》としてこの世に示されたお姿であるという立場が、如来寿量品の主旨なのです。また仏教史上偉大な仏教学者である天台大師智顗《てんだいだいしちぎ》の解釈でもあるのです。

もちろん、ゴータマ・ブッダ（釈尊）の存在が、八十歳のご生涯でありながらも、偉大なお方ですから、その生命は永遠であり、さらにその導きは現在世にとどまらず、過去世さらに未来世にわたっている、という超越性と永遠性とを力説することに、この如来寿量品の立場があると言えましょう。

そのことに注目して、あらためて経文《きょうもん》を拝読《はいどく》しますと、釈尊の働きが、娑婆世界という限定された空間にとどまらず、娑婆世界を中心として、他の三千大千世界《さんぜんだいせん》にまでおよぶことが知られます。さらに、その導きは、現在世《げんざいせ》だけでなく三世《さんぜ》にわたって、つねにおこなわれていることが示されているのです。それは、「我常在此《がじょうざいし》（我れつねにここに在《わ》り）」（『開結』四一八頁）、あるいは、「常住不滅《じょうじゅうふめつ》（常住にして滅せず）」（『開結』四二〇頁）などと経文に示されています。ここに、釈尊は久遠の本地仏《ほんじぶつ》として、時間的には三世常住のいのちを具有《ぐゆう》され、その働きは娑婆世界のみならず十方《じっぽう》世界の、さらに三千大千世界にわたっていることが知られるのです。

すべてのみ仏たちは久遠の釈尊の分身

以上のように、釈尊は遥かな久遠の昔にさとりを成就《じょうじゅ》されたことが、この如来寿量品の大切な教えであることを確認いたしました。そのことを明らかにされますと、み仏はつぎのように説かれるのです。

「そのように遥《はる》かな昔に成仏してから今日に到るまで、私はつねにこの娑婆世界に在《あ》って、説法し、人々を導いてきたのです。

また、娑婆世界以外の他の世界の、百千万億ナユタ阿僧祇《あそうぎ》の無数の国々においても、人々を導き、多くのめぐみを与えてきました。

善男子《ぜんなんし》たちよ、久遠の昔から今日までの間に、私は燃燈仏《ねんとうぶつ》というみ仏のことなどを説き明かし、また、その仏が涅槃《ねはん》を迎えられたとも説いてきました。

しかし、それらは、すべて私が人々を教化《きょうけ》する手だてとして説いてきた方便《ほうべん》の教えなのです」

（現代語訳『開結』四一八頁）

この経文の意味を整理してみますと、第一に釈尊は、久遠の昔にさとりを成就されてから、今日まで、娑婆世界をご自身の活動の根拠地として、人々を教化しつづけてこられているということです。そういたしますと、この娑婆世界という国土は、久遠のみ仏が活動される久遠の浄土《じょうど》である、ということが言えましょう。そのことから、他の経典に説かれるように、娑婆世界は汚濁《おじょく》に満ちた厭《いと》うべき穢土《えど》（けがれた世界）、と見なすことはできないでしょう。すなわち、この娑婆世界こそが、本仏釈尊のまします久遠の浄土であり、私たちもまたこの国土に生命をうけている仏の子である、というのが法華経の立場であると言えます。

つぎに、第二には、久遠の釈尊の教化は、ただこの娑婆世界だけに限られるのではなく、量《はか》り知ることのできない三千大千世界の国々においても、多くの人々を導かれ、利益《りやく》を与えつづけられているということです。

ふり返ってみますと、見宝塔品《けんほうとうほん》において、法華経が説法されている霊鷲山《りょうじゅせん》の空中に、東方の宝浄国《ほうじょうこく》のみ仏である多宝如来《たほうにょらい》の塔廟《とうみょう》が涌現《ゆげん》いたしました。そして、その塔廟の扉が開かれるように大楽説《だいぎょうせつ》菩薩や会座の人々が願い出ました。しかし、釈尊は、扉が開かれるには、一つの条件が達成されなければならないと告げられます。それは、釈尊ご自身の本体を基《もと》として、教化活動のために神通力《じんづうりき》をもって分身仏《ふんじんぶつ》（垂迹仏）として示現《じげん》されているみ仏たちを、この娑婆世界にお集めにならねばならない、ということでした。つまり、十方の分身仏の来集が、七宝塔《しっぽうとう》（多宝如来の塔廟）の開扉《かいひ》の絶対条件であったのです。

その見宝塔品の経文と重ね合わせて解釈いたしますと、まさに、久遠の本仏は、十方世界においても、人々を教化されてきたことが知られます。

ついで、第三には、仏教史に登場される燃燈仏というみ仏は、過去世において釈尊に成仏の予言を授けられた本師《ほんし》の仏として位置づけられていますが、この久遠の釈尊が明らかにされることによって、この燃燈仏というみ仏は、釈尊が人々を教化される方便説であって、この燃燈仏の存在も久遠の釈尊の垂迹仏であるということが明らかになるのです。

このことを確認いたしますと、久遠の釈尊は、私たちを導くために「名字不同《みょうじふどう》」（『開結』四一八頁）と記されるように、さまざまな仏の名をもって私たちのもとに仏身を現《あらわ》され、また「年紀大小《ねんきだいしょう》」（『開結』四一八頁）とあるように、そのみ仏の寿命は、それぞれに長短があるということになるのです。

あるいは、久遠のみ仏は、ご自分の仏身《ぶっしん》を法身《ほっしん》や応身《おうじん》の姿として示され、さらにみずからの姿や、他の仏の姿になって導かれ、そのための種々の教化の姿が現されるというのです（六或示現《ろくわくじげん》の法門）。

これらのことから、久遠本仏を中心とする教説に立脚いたしますと、十方三世のみ仏たちは、すべて久遠本仏の働きとしてのお姿であり、本仏《ほんぶつ》と迹仏《しゃくぶつ》という不可分の関係にあることが知られるのです。言いかえますと、十方世界のみ仏たちと、三世にましますみ仏たちは、すべて久遠本仏の分身仏であるとともに、この久遠本仏に統一されることを意味しているのです。

久遠本仏による教化のあり方

以上のように、久遠の釈尊による衆生《しゅじょう》に対する導きは、三世にわたって、つねに変わることがないということが確認できました。

しかも、たとえば、教えを受ける私たち衆生の宗教的能力が劣《おと》り、大乗の教えを求めず、徳がうすく、けがれの多い人々に対して教えを示される場合には、これらの人々に対しては、「私（釈尊）が仏となって今日まで久遠の時間が経っていながらも、私は若くして出家して、この上ない正しいさとりを得たのです」（大意『開結』四一九頁）と説かれるというのです。

すなわち、釈尊は私たち衆生救済を目的として、自由自在なる教えをほどこされるのです。つまり、み仏のさとりの眼は、私たち衆生が、それぞれに本質的な性格を具有しており、さまざまな欲望をかかえ、それぞれに行いや思わくがあることを、如実《にょじつ》に知見《ちけん》されているのです。そこでみ仏は、人々を真の仏道に向かわせるために、教化の手だてとして、種々のいわれやたとえや言葉をもって導かれるのです。もちろん、み仏の衆生教化の働きは、しばらくも絶えることはありません。

ここに、久遠の釈尊の三世にわたる常住の生命と、その働きが変わることなくつづけられていることが知られます。そして、その手だての最大の方法が、み仏がこの世から去ってゆかれる、ということです。そのことを経文には、つぎのように示されます。

「然《しか》るに、今、実の滅度《めつど》に非《あら》ざれども、而《しか》も便《すなわ》ち、唱えて、当《まさ》に滅度を取るべしと言う。如来は、是《こ》の方便を以《もっ》て衆生を教化す」（『開結』四二一頁）

この文の意味は、「しかしながら、私（釈尊）にとっては、いまは真実の死ではないのですが、人々を教化する手だてとして、『私は入滅《にゅうめつ》する』と宣言するのです。如来は、このように入滅という方法をもって、人々を教化する」ということです。

たしかに、久遠の本仏は、寿命は三世にわたって常住であり、しかも教化は三世にわたって変わることはありません。しかし、歴史上の釈尊は、八十歳をもって沙羅林《しゃらりん》において入滅を示されています。み仏が永遠不滅であれば、その仏身も変わることなく不滅なものとして、つねに示現されることが適切でありましょう。

しかし、このような考え方は、私たちの勝手な解釈にすぎません。経文には、なぜみ仏は、入滅を示されるのか、ということについて、つぎのように開示されています。

「もしも、仏が久しい間（永遠に）この世にとどまっているとすれば、徳の薄い人は、仏道を求め善根《ぜんごん》を植《う》えるという心をおこさないでしょう。また心が貧しく、向上心もなく、自己の五官《ごかん》（眼《げん》・耳《に》・鼻《び》・舌《ぜつ》・身《しん》の五つの感覚）の欲望に支配されている人は、心が千々《ちぢ》に乱れて妄想が起こり、迷妄《めいもう》の世界に陥《おちい》ってしまうでしょう。

もしも、人々が、み仏はつねにこの世に在《あ》って入滅されないと受けとめれば、人々はおごり、高ぶりの心をおこし、なまけ心に支配され、み仏に出会うことは困難なことであるとも知らず、さらにみ仏に対する敬いの心を生ずることもないでしょう」（現代語訳『開結』四二一頁）

このように、久遠のみ仏が、方便として、私たちの前で入滅を示されるのは、私たち人間が自己の欲望に支配され、高慢心《こうまんしん》や懈怠心《けたいしん》が強く、敬いの心や柔軟《にゅうなん》な心が欠如しているからなのです。

私は、いまこの経文を拝読するとき、私たち凡夫《ぼんぷ》の真実の姿があまりにも如実に表現されていることに、驚嘆《きょうたん》をおぼえるのです。

そのことについて、あらためてみ仏は、自己の入滅が真実の入滅ではないこと、また、み仏が仮《か》りに入滅される真意を「譬喩《ひゆ》」によって明らかにされます。それが「良医治子《ろういじし》の喩《たと》え」と称される譬喩で、「法華七喩《ほっけしちゆ》」の第七番目に当たります。

良医治子の喩え

「たとえば、良き医師がいたとして、その人は智恵が聡明《そうめい》で、薬の処方にもすぐれ、多くの病いを治せたとしましょう。その人には多くの子どもがあり、十人、二十人、あるいは百数十人いました。あるとき、父は所用のために外国へ出掛けました。

子どもたちは、父の留守中に誤って毒薬を飲んでしまい、そのため、もだえ、苦しみ、大地にころげまわりました。そのとき、父が帰宅しました。子どもたちの中には、毒薬を飲んで本心を失ったもの、また失わなかったものがありました。彼らは、父の姿を見て大いに喜び、ひざまずき、ごきげんをうかがい、よくご無事にお帰りになりました。私たちは、おろかにも誤って毒薬を飲んでしまいました。どうか治療してくださり、さらに寿命をお与えください、とお願いしたのです。

父は、子どもたちの苦悩のありさまを見て、色と香りとうまき味をそなえた薬草を求め、調合《ちょうごう》して、この薬を服すれば、ただちに苦しみが除かれると諭《さと》すのです。

本心を失なわない子どもは、素晴らしい薬であることを知り、ただちに服薬することで病は治癒いたしました。しかし、本心を失っている子どもは、良き薬であることが認識できず、かえって病気が重くなるのであろうと疑って服用しないのです。

父は、服用しない子どもたちに、手だてを講じて薬を飲ませることにしたのです。そこで、父は告げました。『私は老いて死期が近づいている。このすぐれた薬を、いまここに留め置く。おまえたちは、この薬を取って飲みなさい。病いがなおらないのではないか、と心配してはならない』と。

このように諭して、父はふたたび外国へ行き、そこから使者を自宅へ派遣して告げたのです。『あなた方の父上は、死去された』と。

遺《のこ》された子どもたちは、父が世を去ったことを聞いて、激しく憂《うれ》い、そして悩み、もしも父が生きていれば私たちをつねにいつくしみ、あわれんで護《まも》ってくださるのに、父は私たちを見捨てて他国で亡くなられた。私たちはみなし子になり、たのみとするお方がいない、と思ったのです。

子どもたちは、いつも悲嘆の中にありながらも、ついに心が目ざめるのです。そこで、父がとどめ置いた良薬を服し、そのことによって、ついに毒による病いが治癒しました。他国にあった父は、子どもたちの病いが治ったことを聞いて帰宅し、子どもたちは、ふたたび父に出会えたのです」（大意『開結』四二三〜六頁）

以上が「良医治子の喩え」ですが、この喩えがどのように解釈されてきたかについては、次章にたずねることにいたしましょう。

第十九章 大良薬《だいろうやく》による救い
――如来寿量品《にょらいじゅりょうほん》第十六③

「父は死せり」という方便

苦しみの中にある子どもたちを救うために、医師である父は、色と香りと、美味《びみ》を兼ねそなえた良薬を調合し、それを子どもたちのためにとどめ置いて、他国へと出掛けました。そして、その旅先から、邸宅《ていたく》に残されたこどもたちに対し、使者を遣《つか》わして、自分（父）の死去したことを伝えることになります。子どもは「父は死せり」ということを耳にしたのです。

子どもたちにとって、偉大で、またすべてをまかせることのできる慈悲の人である父を失ったことは、最大の悲しみでありました。悲しみのどん底に落ちた子どもたちは、最大の悲嘆を経験することによって、ついに目覚めることになります。そして、父の遺《のこ》した良薬に気づき、それを服《の》むことによって、毒に冒《おか》された病いが快癒《かいゆ》することになります。

他国にあった父は、子どもたちが良薬を服《の》んで病気が癒《い》えたことを聞き、ふたたび子どもたちのもとへと帰ることになります。ここに父と子が見《まみ》えることになるのです。

このように、如来寿量品に示されている「良医治子《ろういじし》の喩《たと》え」から、私たち凡夫《ぼんぷ》が煩悩《ぼんのう》に支配され、自己の眼《げん》・耳《に》・鼻《び》・舌《ぜっ》・身《しん》の五官のもつ欲望（五欲）にとらわれて、み仏の教えをまったく受け入れることができない状況から救済するために、「父は死せり」という方便《ほうべん》を設けられることによって、本心に目覚めさせるという方法がとられていることを知るのです。

たしかに、私たちの人生にとって最大の悲嘆は、愛する人、尊敬する人との「死別」であり、ふたたび出会うことができないという悲しみであることは、論ずるまでもありません。

仏教では、私たちが生存している中にあって経験する苦しみとして、生《しょう》・老《ろう》・病《びょう》・死《し》の四苦《しく》に愛別《あいべつ》離苦《りく》・求不得苦《ぐふとくく》・怨憎会苦《おんぞうえく》・五陰盛苦《ごおんじょうく》を加えた八苦《はっく》が示されています。しかし、それらの八苦の中で最大の苦しみは何であるのかをたずねてみますと、自己が魂の底から信頼を寄せ、あるいはまた、愛情を注《そそ》ぐことのできる対象をこの世から失うこと、つまり死別・離別の悲しみほど、深い悲嘆はないことを知るのです。

如来寿量品において、み仏（釈尊《しゃくそん》）は自己の存在の永遠なることを力説されるいっぽう、私たち衆《しゅ》生《じょう》が、その尊いみ仏は三世《さんぜ》にわたって常住《じょうじゅう》されるのであれば、真の仏道を求めることなく、五欲に執着して、誤った日々を過ごすことになる、と明らかにされています。そこで、あえて私たちが体験する「死別」という苦しみを経験することによって、凡夫が、父を渇仰《かつごう》し、恋慕《れんぼ》するようにと図られていることを知るのです。

以上のように「良医治子の喩え」は、如来寿量品の主眼がみ仏の久遠《くおん》性の開顕にありますから、そのみ仏が、何故に有限的な側面として、その入滅《にゅうめつ》を示されるかを、私たちに明らかにするための譬喩《ひゆ》であることが知られるのです。この喩えは、自明《じめい》のことではありますが、仏が父、また医師にたとえられ、その教えが良薬に、そして私たち衆生が誤って毒薬を服《の》んだ病人に配釈《はいしゃく》されています。ところで、このような譬喩が説かれたのち、釈尊は法華経聴聞《ちょうもん》の菩薩方《ぼさつがた》に対して、つぎのような問いを発せられています。

「善男子《ぜんなんし》（菩薩）たちよ、あなたたちはどのように考えますか。良医が子どもたちを救うために他国において死去したという手だてについて、これは良医がいつわりを語った罪である、と指摘できる人がありましょうか」（大意『開結』四二六頁）

これに対して、善男子たちは、「いいえ、ありません。世尊《せそん》（釈尊）よ」と答えるのです。そして、み仏はつぎのように告げられるのです。

「私もまた、この喩えのとおりなのです。私が悟りを開いて仏となってから今日まで、無量無辺百千万億那由他阿僧祇劫《むりょうむへんひゃくせんまんのくなゆたあそうぎこう》という無限の時間を経《へ》ています。私は、人々を導くための手だてとして、『私は間もなく入滅するでしょう』と告げるのです。しかし、この教えは真理なのですから、私のいつわりの過失について、ことあげする人はいないでしょう」（大意『開結』四二六〜七頁）

このように、み仏は「良医治子の喩え」の真意を明らかにして、如来寿量品第十六の長行《じょうごう》（散文）の部分は結びとなり、重ねて、五百十文字からなる有名な詩頌《しじゅ》（偈頌《げじゅ》）、すなわち「自我偈《じがげ》」が説かれることになります。

ところで、自我偈の教えに入る前に、いま説かれた「良医治子の喩え」は、末法《まっぽう》の世に生まれたという強いご自覚をもたれている日蓮聖人《にちれんしょうにん》（一二二二〜八二）の教えに大きな影響を与えています。そこで、聖人の教えについて触れておきたいと思います。

『観心本尊抄』に見る「良医治子の喩え」

日蓮聖人は、法華経弘通の生涯において伊豆流罪《いずるざい》・佐渡《さど》流罪の二度の流罪を体験されています。数《かぞ》えの四十歳と五十歳のときです。二度目の流罪は、五十歳から五十三歳の四ヶ年にわたるもので、物理的・地理的に非常に厳しいものでありました。しかし、そのような厳しい境遇にありながらも、五十一歳の文永九（一二七二）年二月に長編の『開目抄《かいもくしょう》』を、そして翌五十二歳の文永十（一二七二）年四月には『如来滅後五五百歳始観心本尊抄《にょらいめつごごごひゃくさいしかんじんほんぞんしょう》』（以下『観心本尊抄』と略称）を執筆されています。

ことに、『観心本尊抄』においては、末法の白法隠没《びゃくほうおんもつ》（正しい教えが隠れる）の時代ののちには、最もすぐれた教え（大《だい》白法）が久遠の釈尊から、本化地涌《ほんげじゆ》の菩薩（従地涌出品《じゅうじゆじゅっぽん》に登場された久遠の弟子）へと手渡される（付嘱《ふぞく》）というのです。そして、その大白法によって救済される末法の私たちは、「良医治子の喩え」に示される「本心を失っている子どもたち」に重ね合わせられているのです。
それらの人々の宗教的機根《きこん》（能力）は、「徳薄《とくはく》」（久遠の仏を忘失《もうしつ》した徳の薄い者）、「垢重《くじゅう》」（無明《むみょう》の煩悩に支配されている汚れの多い者）、「幼稚《ようち》」（久遠の仏を父であると知らない未熟な者）、「貧窮《びんぐう》」（久遠の釈尊というみ仏を知らない貧しい者）、「孤露《ころ》」（久遠の釈尊の大慈悲を知らない孤独の者）という表現がなされています（『昭和定本』七一四頁）。

これらの表現に着目しますと、誤って毒を飲んでしまった子どもたち、さらにその毒に深く冒されて父の良薬をあえて服することを拒絶している子どもたちとは、歴史的には末法に生命を受けている私たちが、久遠のみ仏の存在をまったく見失ってしまっているということから、「徳薄・垢重・幼稚・貧窮・弧露」の漢語によって示されていることを知るのです。ここに聖人は、大恩教主釈尊《だいおんきょうしゅ》を、私たち衆生が住している世界（三界《さんがい》＝欲界《よっかい》・色界《しきかい》・無色界《むしきかい》）の最も尊いお方と仰がれて（三界特尊《とくそん》）、その方への違背行為を犯している私たち凡夫が、いかに宗教的愚者という存在であるかを、強く認識されていることが確認できます。

日蓮聖人の法華経の受け止め方は、末法の初めの時代に、釈尊がみ仏の教えに違背する人々を救うために、地涌の菩薩を召《め》し出され、良薬である妙法蓮華経《みょうほうれんげきょう》の五字を人々に授与されているという解釈です。すなわち、「是好良薬《ぜこうろうやく》　今留在此《こんるざいし》（是《こ》の好《よ》き良薬を、今留《とど》めて此《ここ》に在《お》く）」（『開結』四二四頁）の文から、聖人は、釈尊の最上の功徳《くどく》の具足《ぐそく》（本因妙《ほんいんみょう》・本果妙《ほんがみょう》を具《そな》える）が妙法五字（妙法蓮華経）の題目《だいもく》にあることを論理化されるのです。

このことを『観心本尊抄』には「是好良薬とは、寿量品の肝要たる名《みょう》・体《たい》・宗《しゅう》・用《ゆう》・教《きょう》の南無妙法蓮華経是れなり」（原漢文『昭和定本』七一七頁）と端的《たんてき》に示されています。つまり、み仏が薬を調合して、最上の妙薬として私たち凡夫にとどめ置かれている薬は、如来寿量品の肝要である名・体・宗・用・教の尊い五重玄義《ごじゅうげんぎ》を兼備している南無妙法蓮華経の題目である、と説かれるのです。

しかも、他国に出向いた父が故郷にとどまっている子どもたちに、「あなたたちの父は死せり」と使者を遣わして告げていますが、この如来寿量品に示される「遣使還告《けんしげんごう》」（使《つかい》を遣《つか》わして還《かえ》って告《つ》げる）（『開結』四二四頁）という父の使者というのは、信仰的には、本化の地涌の菩薩であると断言されるのです。そして、この高貴の大菩薩は、法華経の虚空会上《こくうえじょう》にあって、釈迦牟尼仏《しゃかむにぶつ》・多宝仏《たほうぶつ》・十方《じっぽう》分身諸仏《ふんじんしょぶつ》の三仏に約束されて、かならず末法の初めに出現されると表記（取意『昭和定本』七一九頁）されています。

ここに、日蓮聖人は、法華経の如来寿量品の「良医治子の喩え」と、従地涌出品から嘱累品《ぞくるいほん》までの本門八品《ほんもんはっぽん》の教えとによって、ご自分こそ、み仏が末法の日本国に遣わされた「使者」であるという地涌の菩薩のご自覚に到達されているのです。

以上のことから、如来寿量品に示されている「良医治子の喩え」は、経典理解を容易ならしめるための譬喩という働きがあると同時に、聖人の受けとめ方は、まさに聖人の妙法蓮華経宗《しゅう》・題目宗が成立するうえで、大切な法門の基盤であることが知られるのです。

それでは、如来寿量品の後半部分にあたる二十五行半、五百十文字からなる「自我偈《じがげ》」を拝読《はいどく》することにいたしましょう。

五百十文字の自我偈

如来寿量品の教説を「一念三千《いちねんさんぜん》の法門」成立の根拠とされる日蓮聖人は、一切経の中において如来寿量品を最尊《さいそん》の教えとして位置づけられ、それはあたかも天の日月や世の宝珠、あるいは私たちのたましいのように尊いものであると記されています（『開目抄』・『昭和定本』五七六～七頁）。また、「三世の諸仏は寿量品を命とし、十方の菩薩も自我偈を眼目《がんもく》とす」（『法蓮抄』・『昭和定本』九四九頁）とも述べ、自我偈の重要さを指摘されています。

そこで、如来寿量品の核心である「自我偈」を拝読してみましょう。自我偈の全文を掲載いたします。

自我得仏来《じがとくぶつらい》　所経諸劫数《しょきょうしょこっしゅ》　無量百千万《むりょうひゃくせんまん》　億載阿僧祇《おくさいあそうぎ》
常説法教化《じょうせっぽうきょうけ》　無数億衆生《むしゅおくしゅじょう》　令入於仏道《りょうにゅうおぶつどう》　爾来無量劫《にらいむりょうこう》
為度衆生故《いどしゅじょうこ》　方便現涅槃《ほうべんげんねはん》　而実不滅度《にじつふめつど》　常住此説法《じょうじゅうしせっぽう》
我常住於此《がじょうじゅうおし》　以諸神通力《いしょじんづうりき》　令顛倒衆生《りょうてんどうしゅじょう》　雖近而不見《すいごんにふけん》
衆見我滅度《しゅけんがめつど》　広供養舎利《こうくようしゃり》　咸皆懐恋慕《げんかいえれんぼ》　而生渇仰心《にしょうかつごうしん》
衆生既信伏《しゅじょうきしんぷく》　質直意柔軟《しちじきいにゅうなん》　一心欲見仏《いっしんよくけんぶつ》　不自惜身命《ふじしゃくしんみょう》
時我及衆僧《じがぎゅうしゅそう》　倶出霊鷲山《くしゅつりょうじゅせん》　我時語衆生《がじごしゅじょう》　常在此不滅《じょうざいしふめつ》
以方便力故《いほうべんりきこ》　現有滅不滅《げんうめつふめつ》　余国有衆生《よこくうしゅじょう》　恭敬信楽者《くぎょうしんぎょうしゃ》

我《が》復《ぶ》於《お》彼《ひ》中《ちゅう》　為《い》説《せつ》無《む》上《じょう》法《ほう》　汝《にょ》等《とう》不《ふ》聞《もん》此《し》　但《たん》謂《に》我《が》滅《めつ》度《ど》
我《が》見《けん》諸《しょ》衆《しゅ》生《じょう》　没《もつ》在《ざい》於《お》苦《く》海《かい》　故《こ》不《ふ》為《い》現《げん》身《しん》　令《りょう》其《ご》生《しょう》渇《かつ》仰《ごう》
因《いん》其《ご》心《しん》恋《れん》慕《ぼ》　乃《ない》出《しゅつ》為《い》説《せっ》法《ぽう》　神《じん》通《づう》力《りき》如《にょ》是《ぜ》　於《お》阿《あ》僧《そう》祇《ぎ》劫《こう》
常《じょう》在《ざい》霊《りょう》鷲《じゅ》山《せん》　及《ぎゅう》余《よ》諸《しょ》住《じゅう》処《しょ》　衆《しゅ》生《じょう》見《けん》劫《こう》尽《じん》　大《だい》火《か》所《しょ》焼《しょう》時《じ》
我《が》此《し》土《ど》安《あん》穏《のん》　天《てん》人《にん》常《じょう》充《じゅう》満《まん》　園《おん》林《りん》諸《しょ》堂《どう》閣《かく》　種《しゅ》種《じゅ》宝《ほう》荘《しょう》厳《ごん》
宝《ほう》樹《じゅ》多《た》花《け》果《か》　衆《しゅ》生《じょう》所《しょ》遊《ゆ》楽《らく》　諸《しょ》天《てん》撃《きゃく》天《てん》鼓《く》　常《じょう》作《さ》衆《しゅ》伎《ぎ》楽《がく》
雨《う》曼《まん》陀《だ》羅《ら》華《け》　散《さん》仏《ぶつ》及《ぎゅう》大《だい》衆《しゅ》　我《が》浄《じょう》土《ど》不《ふ》毀《き》　而《に》衆《しゅ》見《けん》焼《しょう》尽《じん》
憂《う》怖《ふ》諸《しょ》苦《く》悩《のう》　如《にょ》是《ぜ》悉《しつ》充《じゅう》満《まん》　是《ぜ》諸《しょ》罪《ざい》衆《しゅ》生《じょう》　以《い》悪《あく》業《ごう》因《いん》縁《ねん》
過《か》阿《あ》僧《そう》祇《ぎ》劫《こう》　不《ふ》聞《もん》三《さん》宝《ぼう》名《みょう》　諸《しょ》有《う》修《しゅ》功《く》徳《どく》　柔《にゅう》和《わ》質《しち》直《じき》者《しゃ》
則《そっ》皆《かい》見《けん》我《が》身《しん》　在《ざい》此《し》而《に》説《せっ》法《ぽう》　或《わく》時《じ》為《い》此《し》衆《しゅ》　説《せつ》仏《ぶつ》寿《じゅ》無《む》量《りょう》
久《く》乃《ない》見《けん》仏《ぶっ》者《しゃ》　為《い》説《せつ》仏《ぶつ》難《なん》値《ち》　我《が》智《ち》力《りき》如《にょ》是《ぜ》　慧《え》光《こう》照《しょう》無《む》量《りょう》
寿《じゅ》命《みょう》無《む》数《しゅ》劫《こう》　久《く》修《しゅう》業《ごう》所《しょ》得《とく》　汝《にょ》等《とう》有《う》智《ち》者《しゃ》　勿《もっ》於《と》此《し》生《しょう》疑《ぎ》
当《とう》断《だん》令《りょう》永《よう》尽《じん》　仏《ぶつ》語《ご》実《じつ》不《ぷ》虚《こ》　如《にょ》医《い》善《ぜん》方《ほう》便《べん》　為《い》治《じ》狂《おう》子《し》故《こ》
実《じつ》在《ざい》而《に》言《ごん》死《し》　無《む》能《のう》説《せっ》虚《こ》妄《もう》　我《が》亦《やく》為《い》世《せ》父《ぶ》　救《く》諸《しょ》苦《く》患《げん》者《しゃ》
為《い》凡《ぼん》夫《ぶ》顛《てん》倒《どう》　実《じつ》在《ざい》而《に》言《ごん》滅《めつ》　以《い》常《じょう》見《けん》我《が》故《こ》　而《に》生《しょう》憍《きょう》恣《し》心《しん》
放《ほう》逸《いつ》著《じゃく》五《ご》欲《よく》　堕《だ》於《お》悪《あく》道《どう》中《ちゅう》　我《が》常《じょう》知《ち》衆《しゅ》生《じょう》　行《ぎょう》道《どう》不《ふ》行《ぎょう》道《どう》
随《ずい》応《おう》所《しょ》可《か》度《ど》　為《い》説《せつ》種《しゅ》種《じゅ》法《ほう》　毎《まい》自《じ》作《さ》是《ぜ》念《ねん》　以《い》何《が》令《りょう》衆《しゅ》生《じょう》
得《とく》入《にゅう》無《む》上《じょう》道《どう》　速《そく》成《じょう》就《じゅ》仏《ぶっ》身《しん》

（『開結』四二五〜九頁）

まず冒頭は、「自我得仏来《じがとくぶつらい》」の五文字一句ではじまります。この二文字をとって、通称「自我偈」あるいは「お自我偈」とも称しています。

その内容をたどってみますと、はじめには、み仏は遥《はる》かな過去世においてすでに悟りを開かれているという「久遠の成道《じょうどう》」が示されます。そして、つねに変わることなく人々を教化され、三世にわたりさとりへと導かれてきたことが示されるのです。

その人々に対する導きの方法として、方便によって、入滅を示されるというのです。

人々は、み仏の入滅に接して、その遺骨（舎利《しゃり》）に供養をささげ、み仏を敬い、恋慕の心を起こし、さらに仏の教えに信順《しんじゅん》し、素直な心となって、み仏にお会いしようとして自己の身命をもおしまないとき、み仏はお弟子方とともにそのお姿を現されるのです。

このように、み仏は、この娑婆《しゃば》世界に、つねにましまして、私たち衆生を導くことに心を尽くされているというのです。

そして、久遠のみ仏が常住される清浄《しょうじょう》なる国土＝常寂光土《じょうじゃっこうど》は、この娑婆世界であるというのです。

その一節がつぎの部分です。

「我此土安穏《がしどあんのん》　天人常充満《てんにんじょうじゅうまん》　園林諸堂閣《おんりんしょどうかく》　種種宝荘厳《しゅじゅほうしょうごん》
宝樹多花果《ほうじゅたけか》　衆生所遊楽《しゅじょうしょゆらく》　諸天撃天鼓《しょてんきゃくてんく》　常作衆伎楽《じょうさしゅぎがく》
雨曼陀羅華《うまんだらけ》　散仏及大衆《さんぶつぎゅうだいしゅ》」（『開結』四二七～八頁）

〈我が此《こ》の土は安穏にして、天人常《つね》に充満せり。園林諸《もろもろ》の堂閣、種々の宝をもって荘厳し、宝樹花果多くして、衆生の遊楽するところなり。諸天天鼓を撃って、常に諸の伎楽を作《な》し、曼陀羅華を雨《ふ》らして、仏及び大衆に散ず〉

すなわち、み仏のましますわが娑婆世界は、苦しみに満ちているように見えますが、実は安らかで、天の神々や人々がつねに満ちあふれています。そして樹木の茂る園林や多くの堂閣は、宝玉によって厳《おごそ》かにかざられ、宝でできた樹木には花や果実が多くつき、人々が遊楽するところです。天の神々たちは鼓《つづみ》を打ちならし、多くの音楽をかなで、天の美しい花々をみ仏や大勢の人々の上に散り降らせているのです。

このように、久遠のみ仏の国土は、天の神々や私たち人間が住するところであって、まさに浄土として破壊されることはない、と力説されています。ここに、娑婆世界はけっして穢土《えど》（けがれた世界）ではなく、実は久遠の釈尊のましますす永遠の浄土である、という法華経の国土観の中心思想がうかがえるのです。

もちろん、この世をみ仏の浄土と見なすことのできない人があっても、み仏は、多くの人々を救う父として、仏としての働きをやめられることはないのです。

そのことは、自我偈の最後の一偈にも明白に説示されています。

「毎自作是念《まいじさぜねん》　以何令衆生《いがりょうしゅじょう》　得入無上道《とくにゅうむじょうどう》　速成就仏身《そくじょうじゅぶっしん》」（『開結』四三一頁）

〈私＝釈尊は変わることなく、つねにこのように念じつづけているのです。「どのような手だてによってか、人々を最上の智慧の世界に導き入れ、ただちに仏身を完成させることができるであろうか」と〉

この最後の文を拝読するたびに、大恩教主である久遠の釈尊の限りない大慈悲心に対し、つねに感謝と懺悔《さんげ》の思いを抱かずにはいられないのです。

第二十章

久《く》遠《おん》のみ仏からの大いなるめぐみ

——分《ふん》別《べつ》功《く》徳《どく》品《ほん》第十七①

如来寿量品の中心をなす教え

私たちは、法華経の本門の中心となる如来寿量品《にょらいじゅりょうほん》の内容を、三回にわたってたずねて参りました。そのことから、法華経という経典は、三世《さんぜ》（現在・過去・未来）を貫《つらぬ》く永遠の根本真理である「一乗《いちじょう》の教え」「諸法実相《しょほうじっそう》の真理」を説くことを主眼としていますが、その真理は、久遠の仏の存在と不即《ふそく》不離《ふり》の関係であることが理解できました。すなわち、久遠の仏の働きは、遥かな過去世から未来世にわたって変わることのない、大慈大悲《だいじだいひ》に基づく衆生《しゅじょう》救済にあるということです。

このように、久遠のみ仏が偉大な大恩教主《だいおんきょうしゅ》であったとしても、いっぽう、凡夫《ぼんぶ》である私たちは、いったいどのような存在として描かれているのでしょうか。それは自己の欲望にとらわれ、日々をみ仏の教えをもととして生きることのできない「顚倒《てんどう》の衆生」（『開結』四二八頁）というのです。つまり、私たち凡夫は、み仏の説かれている正しい教えに随順《ずいじゅん》することのできない、真理に背《そむ》く存在として認識されていることを知るのです。

けれども私たちが、いかに愚かで、「顚倒の衆生」であったとしても、久遠のみ仏は、私たちにとっての「父」（『開結』四二九頁）であり、私たち衆生が直面している多くの「苦患《くげん》」（苦しみや患《わず》らい）（同上）からの救いを目的として、つねに救いの手を差し伸べられていることが、如来寿量品の結論であるように思われます。

このように、如来寿量品においては、久遠のみ仏が三世にわたる無限の寿命を有する存在であり、私たち衆生に対する導きは、つねに変わることがないと力説されていることが知られます。ここに、久遠の真理を体得されたみ仏の、三世にわたる一貫した教化の真実を明かされていることが理解できるのです。

以上のことを確認いたしますと、大乗《だいじょう》経典を代表する法華経は、私たち凡夫がみ仏の道を歩み、そして悟りに到達する方法を説くことに主眼が置かれているのではなく、私たち衆生が、久遠のみ仏の子として目覚めることをうながし、み仏の子として尊い生命を全《まっと》うすべきであることに力点が置かれている、と解釈できましょう。

前章で触れましたように、鎌倉時代の日蓮聖人《にちれんしょうにん》は、如来寿量品を根拠として、その教えを人々に伝え、とくに「南無妙法蓮華経《なむみょうほうれんげきょう》」のお題目《だいもく》を救いの中心に置かれています。その教義はこの如来寿量品の教えを離れては、成立するものではないことが知られます。それは、久遠のみ仏から私たちに譲与される広大無辺《こうだいむへん》の功徳《くどく》（福徳《ふくとく》・めぐみ・利益《りやく》）にほかなりません。それゆえに、私たちがその功

聖徳太子（宮内庁蔵）

徳にあずかる手だては、み仏の教えに対する絶対的信《しん》であり、帰依《きえ》によるものであると言えるでしょう。その意味において、日蓮聖人の教えは、久遠の釈尊による救いの宗教であり、凡夫の私たちに求められている宗教的行為は、「信仰《しんこう》」「信心《しんじん》」を中核に置かれ、それを基とする日常的「信行《しんぎょう》」を離れるものではないと思われます。

日本への仏教の伝来以後、飛鳥《あすか》の地に大仏が造立《ぞうりゅう》され、聖徳太子《しょうとくたいし》（五七四～六二二）は維摩経《ゆいまきょう》・勝鬘経《しょうまんぎょう》・法華経の三経に対する注釈書（三経義疏《さんぎょうぎしょ》）を著《あらわ》されています。

さらに奈良時代を迎えると、聖武《しょうむ》天皇（七〇一～五六）は光明皇后《こうみょうこうごう》（七〇一～六〇）の協力によって諸国《しょこく》（日本各地）に国分寺《こくぶんじ》・国分尼寺《こくぶんにじ》を建立《こんりゅう》され、総《そう》国分寺として大和国《やまとのくに》に東大寺《とうだいじ》が建立されたことに思いをいたすとき、先人たちは、歴史上の釈尊《しゃくそん》（ゴータマ・ブッダ）が到達された悟りの世界を目指すよりも、偉大な覚者《かくしゃ》としてみ仏が具備《ぐび》されている大慈大悲の力、すなわちみ仏の「本願力《ほんがんりき》」「誓願力《せいがんりき》」「功徳の回向力《えこうりき》」によって救いを目指す仏教を摂取《せっしゅ》されていることが理解できます。

もし、この理解が容認されるならば、日本人の取り入れた仏教は、凡夫を中心に置いて、凡夫から聖者《せいじゃ》を志向する向上門的な「悟りの仏教」という側面よりも、本尊の前に五体を投地《とうち》し、その救いにあずかるという「信心の仏教」「仏陀《ぶっだ》釈尊を渇仰恋慕《かつごうれんぼ》する仏教」の側面が強い、と言えましょう。

そして、そのみ仏の働きが具足《ぐそく》している「本誓願力」「法力《ほうりき》」「経力《きょうりき》」「本因本果《ほんいんほんが》具足の経力」による救済の仏教という面が強いように思われるのです。

久遠のみ仏の大いなるめぐみ

このように、如来寿量品に説かれるみ仏は、寿命は無限であり、大慈大悲は広大無辺であることに主眼が置かれているという理解のもとに、つぎの章の分別功徳品第十七に目を移してみますと、冒頭につぎのように説かれていることに気づくのです。

「爾《そ》の時《とき》に大会《だいえ》、仏の寿命の劫数《こっしゅ》長遠《じょうおん》なること是《かく》の如くなるを説きたもうを聞き、無量《むりょう》無辺《むへん》阿《あ》僧祇《そうぎ》の衆生、大饒益《だいにょうやく》を得《え》つ」（『開結』四三二頁）

すなわち、如来寿量品に説かれる教えを聴聞《ちょうもん》した人々は、み仏の寿命の長さが遥かに長いことは以上のようであることを聞き、はかり知ることができない無数の衆生が大いなる利益を得た、というのです。つまり、法華経の如来寿量品の聴聞者たちにもたらされる福徳は無限である、と説かれていることが確認できます。

仏教で用いられる「功徳」という要語は、一般的には、善を積んで得られるすぐれた徳性を意味します。この分別功徳品に説かれる「功徳」の意味は、久遠のみ仏から私たちに与えられる福徳、あるいは大いなるめぐみ、利益、そして回向であります。そして、そのことを証明するのは、この経文《きょうもん》に「大饒益」という表現がなされていることです。それは、み仏が私たちに与えてくださる大いなるめぐみ、救いを指しているのです。つまり、久遠本仏の具有される本因・本果の功徳が譲与されるのです。

如来寿量品第十六の以下の品名に注目しますと、分別功徳品第十七、随喜《ずいき》功徳品第十八、法師《ほっし》功徳品第十九とつづき、三品とも題名に「功徳」の二字が付けられています。その功徳とは、如来寿量品の教えをもととして法華経信仰者に与えられる福徳であることが理解できます。もちろん、分別功徳品は、法華経の大会《だいえ》にある人々が釈尊の寿命の長遠なることを聞いてもたらされる功徳に、その宗教的能力（機根《きこん》）の差異に応じた区別があることから、「分別」の二文字が付けられているのです。

天台大師《てんだいだいし》智顗《ちぎ》の解釈に従いますと、分別功徳品前半の十九行の偈文《げもん》（『開結』四三八頁）までは本門の〝正宗分《しょうしゅうぶん》〟（中心部分）に当たり、如来寿量品を中心とする一品二半《いっぽんにはん》を構成しています。そして、後半部分は〝流通分《るつうぶん》〟となり、如来寿量品の教えをどのように信奉し、この教えに供養を捧げて修行するべきか、という視点から「四信《ししん》」と「五品《ごほん》」が説示されています。

ついで随喜功徳品は、如来の寿命長遠の教えを聴聞し、その教えに感動し、喜びを感じる人々が得られる福徳が具体的に説き示されています。さらに法師功徳品では、この法華経を受持《じゅじ》・読《どく》・誦《じゅ》・解《げ》説《せつ》・書写《しょしゃ》するという五種の修行（五種法師）によってもたらされる功徳の広大さが明らかにされています。すなわち、この修行者には、眼《げん》・耳《に》・鼻《び》・舌《ぜつ》・身《しん》・意《い》の六種の器官（六根《ろっこん》）が清浄《しょうじょう》となり、すぐれた働き（功徳）を与えられることが示されているのです。

つぎに、常不軽菩薩品《じょうふきょうぼさつぼん》第二十では、題号に「功徳」の名称は用いられてはいませんが、その冒頭には、「もし法華経を持《たも》つ出家《しゅっけ》の男女、在家《ざいけ》の男女に対して悪口罵詈《あっくめり》などする宗教的な罪については、すでに法師品において示したとおりであるが、法華経を持つことによって得られる福徳は、法師功徳品に示したとおりです」（大意『開結』四八六頁）と説かれています。その意味において、この常不軽菩薩品は、具体的に法華経の受持者《じゅじしゃ》を謗《そし》る宗教的罪と、法華経を受持する「功徳」が示されていますから、如来寿量品の流れを承《う》けていると解釈できます。

これらのことから、天台大師は分別功徳品から常不軽菩薩品までを、法華経の広大な功徳を説いて、未来世にその教えを広めることに主眼が置かれている（功徳流通《るつう》）と解釈されているのです。

では、分別功徳品では、具体的にどのような福徳が示されているのかをたずねてみたいと思うのです。

十二の功徳

すでに述べましたように、分別功徳品のはじめには、み仏の寿命が遥かに長いものであることを聴聞して、はかり知れない多くの人々が大いなる福徳を得たことが説かれています。それらにつづいて釈尊は、従地涌出品《じゅうじゆじゅっぽん》以来の対告衆《たいごうしゅ》（説法の相手）である弥勒菩薩《みろくぼさつ》に対して、み仏の寿命が長遠であることを明かされたとき、大いなる福徳が得られたことを、十二に区分して明らかにされています。それは、聴聞の人々の宗教的能力に浅深《せんじん》があることによるものですし、その功徳の違いはみ仏の眼に映るものであるのです。

少しく専門的になりますが、十二の説示をまとめておきたいと思います。

①六百八十万億那由多《なゆた》のガンジス河の砂の数に等《ひと》しい数の菩薩たちが、無生法忍《むしょうぼうにん》（あらゆる存在は不生不滅《ふしょうふめつ》であると認識する智慧）を得ました。

②その千倍もの菩薩たちが、聞持陀羅尼門《もんじだらにもん》（聞いたことを忘れずに記憶する能力）を得ました。

③一つの世界を微塵《みじん》にした数に等しい菩薩があって、楽説無礙弁才《ぎょうせつむげべんざい》（相手の楽《ねが》いもとめるところにかなって、真理に従ってとどこおりなく説くことのできる弁説の能力）を得ました。

④一つの世界を微塵にした数に等しい菩薩があって、百千万億の測り知れないほどの旋《せん》陀羅尼（執着を離れて、空《くう》の理法に達せしめる智慧の力）を得ました。

⑤三千大千世界《さんぜんだいせんせかい》を微塵にした数に等しい菩薩があって、煩悩《ぼんのう》を破り、さとりから退《しりぞ》くことのない教えを説きました。

⑥二千の国土を微塵にした数に等しい菩薩があって、清浄なる教えを説きました。

⑦一千の国土を微塵にした数に等しい菩薩があって、八回生まれ変わったのち、かならず無《む》上《じょう》の正しいさとりを得るでしょう。

⑧四つの四天下《してんげ》（須弥山《しゅみせん》を中心とする四大洲《しだいしゅう》の世界）を微塵にした数に等しい菩薩があって、四回生まれ変わったのち、かならず無上の正しいさとりを得るでしょう。

⑨三つの四天下を微塵にした数に等しい菩薩があって、三回生まれ変わったのちに、かならず

無上の正しいさとりを得るでしょう。

⑩二つの四天下を微塵にした数に等しい菩薩があって、二回生まれ変わったのちに、かならず無上の正しいさとりを得るでしょう。

⑪一つの四天下を微塵にした数に等しい菩薩があって、一回生まれ変わったのち、かならず無上の正しいさとりを得るでしょう。

⑫八つの世界を微塵にした数に等しい衆生があって、みな、無上の正しいさとりへ向かう心をおこしました。

（大意『開結』四三一〜四頁）

天台大師智顗（兵庫・一乗寺蔵）

このように、み仏の寿命が長遠であることを聞いた菩薩たちが、それぞれに智慧の力を得、教えを説き、さらに未来世において八度から一度生まれ変わるまでに、最上のさとりを成就《じょうじゅ》するとの予言がなされ、さらに、さとりへと向かう心をおこした人々があったことを説かれているのです。

ところで、天台大師の解釈では、如来寿量品の教えを聴聞した菩薩方《がた》は、み仏の深い教えによってそれぞれの境地に到達しているというのです。つまり、円教《えんきょう》の菩薩は、五十二（十信《じっしん》、十住《じゅうじゅう》、十行《じゅうぎょう》、十回向《じゅうえこう》、十地《じゅうじ》、等覚《とうがく》、妙覚《みょうがく》）の階位《かいい》を経るという解釈です。十信から十回向までは凡位《ぼんい》で、

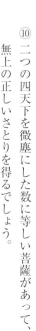

十地の初地《しょじ》から聖者の位に入るのです。

天台大師は、『法華文句《ほっけもんぐ》』巻第十上において、十二の功徳をそれぞれ五十二位に配釈されています。いまそれをまとめておきましょう。

①無生法忍を得る＝十住の位。
②聞持陀羅尼門を得る＝十行の位。
③楽説無礙弁才を得る＝十回向の位。
④無量の旋陀羅尼を得る＝初地に入る。
⑤不退の法輪を転じる＝二地に入る。
⑥清浄の法輪を転じる＝三地に入る。
⑦八生《しょう》を経て無上等正覚《むじょうとうしょうがく》を得る＝四地に入る。
⑧四生を経て無上等正覚を得る＝八地に入る。
⑨三生を経て無上等正覚を得る＝九地に入る。
⑩二生を経て無上等正覚を得る＝十地に入る。
⑪一生に無上等正覚を得る＝等覚金剛心《とうがくこんごうしん》に入る。
⑫無上等正覚へ向かう心をおこす＝六根清浄にして、初めて十信の位に入る。

（『大正蔵経』第三十四巻　一三六頁c）

以上、分別功徳品において十二種に区分されている福徳が、菩薩に与えられる階位として解釈されていることを知るのです。

第二十一章　み仏の寿命長遠《じょうおん》を聴聞《ちょうもん》する福徳《ふくとく》

――分別功徳品《ふんべつくどくほん》第十七②

広大無辺なる福徳

前章でも記しましたが、分別功徳品は、つぎのような文からはじまります。

「そのときに、法華経説法の会座《えざ》にある大衆《だいしゅ》が、み仏の寿命の長さは、はるかに長遠（長くてはかり知れない）であることを聴聞して、大いなるめぐみ（福徳）を得たのです」

（現代語訳『開結』四三二頁）

すなわち、この文は、如来寿量品《にょらいじゅりょうほん》において説かれている、み仏の寿命が久遠《くおん》であること、しかもみ仏の大慈悲《だいじひ》は三世《さんぜ》（現在・過去・未来）にわたって変わることなく私たち凡夫《ぼんぶ》に注《そそ》がれていることと、深く関わっています。

すなわち、すでに述べましたように、久遠のみ仏から与えられる功徳（福徳）が広大無辺であることを力説するために、分別功徳品から常不軽菩薩品《じょうふきょうぼさつぼん》までの四品が有機的に連関していることを知るのです。そして、分別功徳品の前半では、釈尊《しゃくそん》の説法の相手である弥勒菩薩《みろくぼさつ》に対して、み仏の寿命が長遠であることを明かされたとき、さとりを求めるすぐれた菩薩方《がた》が到達された境地を十二種類に区分（分別）して説き明かされていることを紹介いたしました。

このように、十二の功徳が説き明かされますと、み仏の大恩《だいおん》に報《むく》いるために、多くの天の神々たちや大《だい》菩薩方が、釈尊、多宝如来《たほうにょらい》、および十方分身諸仏《じっぽうふんじんしょぶつ》に対して供養《くよう》の品々《しなじな》をささげる感謝の儀式がくり広げられるのです。

そののち、弥勒菩薩が起《た》ちあがり、合掌《がっしょう》してみ仏に申し上げることになります。それは十九行の偈《げ》頌《じゅ》（詩頌《しじゅ》）からなり、天台大師智顗《てんだいだいしちぎ》の区分方法では、この詩頌までが法華経一経の〝正宗分《しょうしゅうぶん》〟の領域に属すると見なされています。そして、これ以降が〝流通分《るづうぶん》〟（未来の修行のあり方などが説き示される）と見なされるのです。そのような意味からも、この十九行の詩頌は、正宗分と流通分の分水嶺《ぶんすいれい》に位置していることが知られます。

そこで、この偈頌に注目してみますと、はじめの二偈は、つぎのような内容です。

「み仏（＝釈尊）は希有《けう》（まれ）な尊い教えをお説きになられました。それは昔から今日に到るまで聞いたことのないものです。世尊《せそん》（＝釈尊）は偉大なお力を有しておられ、その寿命は量《はか》り知ることができません。さらに無数の多くの仏の子（菩薩）たちは、み仏がその教えによって福徳を得ることのできる菩薩たちについて、それをことわけ（分別）して説かれたのを聞き、歓喜が身体中に満ちあふれています」（現代語訳『開結』四三五頁）

このように、弥勒菩薩によって、釈尊から尊い教えを聴聞した喜びと、分別して十二の功徳が明かされることによる菩薩方の歓喜が語られています。

この二偈ののち、弥勒菩薩は、長行《じょうごう》（散文）で説き示された菩薩方が得られる十二種の功徳について、ふたたび語ることになります。そしてさらに、天の神々たちが十方の諸仏、釈迦仏、多宝仏に供養をささげ、大菩薩衆が幡《はた》やきぬがさをささげ、さらに宝珠の幢《はたばこ》に勝利の幡をかけ、また多くの詩頌によって、み仏たちを讃えるさまを語るのです。

このように十七行の偈が進み、ついで弥勒菩薩は、つぎのような二偈を語ることで、正宗分の十九行の偈頌《げじゅ》は終わるのです。

「このような種々のことがらは、昔から今日までかつてなかったことです。み仏の寿命が無数であることを聴聞して、すべての人々が歓喜しています。み仏のお名前は、十方世界に聞こえわたり、広く人々が善根《ぜんごん》を具《そな》えることとなり、悟りを求めるという最上の心のかて（糧）となるのです」（現代語訳『開結』四三七〜八頁）

現在の「四信」

以上の十九行の偈頌が終わると、み仏は弥勒菩薩へ告げられました。その内容は、如来寿量品の教えを聴聞している多くの人々に与えられる福徳についてであります。すなわち、十九行の偈文までは、すぐれた菩薩方が得られる十二種の功徳でありましたが、この段からは法華経を聴聞している大衆に与えられる功徳にほかなりません。そのことは、今日の私たち凡夫の法華経信仰のあり方が示されることでもありますから、流通分に当たると解釈されることになります。

そのはじめの文は、つぎのようなものです。

「爾《そ》の時《とき》に仏《ほとけ》、弥勒菩薩摩訶薩《みろくぼさつまかさつ》に告《つ》げたまわく、阿逸多《あいった》、其《そ》れ衆生《しゅじょう》あって、仏《ほとけ》の寿命《じゅみょう》の長遠《じょうおん》、是《かく》の如《ごと》くなるを聞《き》いて、乃至《ないし》能《よ》く一念《いちねん》の信解《しんげ》を生《しょう》ぜば、所得《しょとく》の功徳《くどく》、限量《げんりょう》あることなけん」（『開結』四三八頁）

〈そのときに、み仏は弥勒菩薩大士《だいじ》に告げられました。阿逸多（弥勒）よ、み仏の教えを聴聞する人があったとして、み仏の寿命が前の如来寿量品で説かれたように、はるかに量り知れないほど長いということを聞き、ほんのわずか一念の心であっても、たしかにそうであることを信じる心が生じるならば、それによって得ることのできる福徳（功徳）というのは、際限がないのです〉

このように、法華経聴聞者の中で、み仏の寿命が長遠であるということの教えをわずか一念でも領解する（一念信解《いちねんしんげ》）ことがあれば、無限の功徳が与えられると明言されているのです。

たとえば、その功徳の内容がいかに広大であるかを、つぎのように示されています。

「もしも、善男子《ぜんなんし》、善女人《ぜんにょにん》があって、無上の正しいさとりを求めて、八十万億那由他《ナユタ》の劫《こう》数という無限の時間に、菩薩としての五種の修行（布施《ふせ》・持戒《じかい》・忍辱《にんにく》・精進《しょうじん》・禅定《ぜんじょう》）である五波羅蜜《ごはらみつ》を実践したとしましょう。これによって得られる功徳と一念信解によって得られる功徳を比べたならば、百分、千分、百千万億分の一にも及ばないのです。ただし智慧《ちえ》波羅蜜は除きます」

（大意『開結』四三八～九頁）

このように、み仏の「寿命長遠」の教えを聴聞することによって得られる功徳が、如来の説法の会座での出来事として語られることから、「現在の四信《ししん》」と称されています。

それは、つぎの四種です。

①一念信解《いちねんしんげ》（わずかな一念の信によって得られる功徳）
②略解言趣《りゃくげごんしゅ》（おおよそ、教えの言葉の意味をさとる功徳）
③広為他説《こういたせつ》（広く人のために、この法華経の教えを説く人の功徳）
④深信観成《じんしんかんじょう》（法華経の教えを深く心に信じ、さとりを成就《じょうじゅ》する人の功徳）

このように、釈尊がみずから久遠の寿命長遠を明かされる説法の場において、四種の信を起こした人の功徳が説かれていますす。このことを、天台大師は『法華文句』巻第十上に、「現在の四信」（『大正蔵経』第三十四巻　一三七頁b）と解釈され、さらに釈尊の入滅《にゅうめつ》ののちの功徳が説かれることになります。これを「滅後《めつご》の五品《ごほん》」を名づけられているのです（同上書　一三八頁a）。

滅後の「五品」

現在の四信は、法華経の教えを聴聞する人々が釈尊の寿命長遠の教えを受けとめる喜びと、その功徳について四種の面から示されていると解釈できます。こののち、つぎのように示されます。

「又復《またまた》、如来《にょらい》の滅後《めつご》に、若《も》し是《こ》の経《きょう》を聞《き》いて毀呰《きし》せずして随喜《ずいき》の心《こころ》を起《お》こさん。当《まさ》に知《し》るべし、已《すで》に深信解《じんしんげ》の相《そう》と為《な》づく」（『開結』四四四頁）

このように、法華経を聴聞するという聞法《もんぽう》の功徳が、釈尊の滅後のこととして語られているのです。すなわち、「また如来の入滅ののちに、もしこの法華経の教えを聞いて、そしることなく、喜びの心（随喜の心）をおこすならば、このことは心に深く信解する姿である、と知るべきでしょう」というのです。

すなわち、法華経の教えを聴聞する功徳を、釈尊滅後にまで目を向けて語られていることを知るのですが、天台大師の解釈では、釈尊入滅の未来世にみ仏がましまさなければ、信仰する人々の功徳が少ないのではないか、という疑問を除くためにも、この「滅後《めつご》の五品《ごほん》」が説かれているというのです。

そして、その五種とは、つぎのとおりです。

①随喜品《ずいきほん》
②読誦品《どくじゅほん》
③説法品《せっぽうほん》
④兼行六度品《けんぎょうろくどほん》
⑤正行六度品《しょうぎょうろくどほん》

これらの五品は、法華経信仰によって到達できる五つの階位を指しています。少し詳しくその内容をたずねてみましょう。

①随喜品（聞法の喜びの心をおこす人の功徳）

み仏の寿命長遠の教えを聞いて、喜びの心をおこすというのは、「現在の四信」の中の④深信観成と同じ境地であり、莫大な功徳が与えられるというのです。なお、この随喜品については、つぎの随喜功徳品において、あらためてその広大な功徳が説かれることになります。

②読誦品（みずから法華経を読誦し、受持する人の功徳）

「何《いか》に況《いわ》んや、之《これ》を読誦《どくじゅ》し、受持《じゅじ》せん者《もの》をや。斯《こ》の人《ひと》は則《すなわ》ち為《こ》れ、如来《にょらい》を頂戴《ちょうだい》したてまつるなり」（『開結』四四四頁）

〈ましていわんや、この法華経を読誦し、受持する者は、随喜の心をおこす人よりもさらに、功徳は大きいのです。この人こそ全身で如来をおしいただいているのです〉

③説法品（他者のために法を説く人の功徳）

「阿逸多（弥勒）よ、もしも私（仏）の入滅ののちに、この法華経の教えを聞いて、受《う》けたもち、あるいはみずからも書写《しょしゃ》し、あるいは他者にも書写せしめるならば、つぎのような功徳と等《ひと》しいのです。それは、出家者が修行する僧坊《そうぼう》を造立《ぞうりゅう》し、赤い栴檀《せんだん》の木によって多くの殿堂《でんどう》を造ることが三十有二であり、それらの高さはターラ樹の高さを八倍したほどあって、十万人の比丘《びく》たちがその中にとどまって修行しています。林の園、沐浴《もくよく》の池、逍遥《しょうよう》する場所、瞑想《めいそう》のためのほら穴、衣服、飲みものと食べもの、寝具、飲み薬、あらゆる楽しみのための道具がその中に満ちあふれているでしょう。

このような僧坊や堂閣《どうかく》の数は幾千万億にもおよび、それは数えきれないほどです。そして、それらのすべてを、み仏と修行者の集まりに供養することになるほどの莫大な功徳に等しいのです」（現代語訳『開結』四四五～六頁）

このように、他者のためにこの法華経の教えを説くことの功徳が、いかに広大無辺であるかを、僧院の事例などに即《そく》して説き示されていることを知るのです。

④　兼行六度品（この法華経を持ち、あわせて、六波羅蜜を修行する人の功徳）

「況《いわ》んや復《また》、人有《ひとあ》って、能《よ》く是《こ》の経《きょう》を持《たも》ち、兼《か》ねて布施《ふせ》・持戒《じかい》・忍辱《にんにく》・精進《しょうじん》・一心《いっしん》・智慧《ちえ》を行《ぎょう》ぜんをや。其《そ》の徳《とく》、最勝《さいしょう》にして無量無辺《むりょうむへん》ならん」（『開結』四四六頁）

〈まして、ある人がこの法華経をたもち、ほどこし、戒律をたもち、忍辱を行じ、たゆまず修行を積み、心を調《ととの》え、智慧の修行をするならば、その徳は最もすぐれ、その功徳は広大無辺です〉

⑤正行六度品（受持、読、誦、解説、書写の五種法師を修行しつつ、六波羅蜜を中心として実践にはげむ人の功徳）

「もし、ある人が、この法華経を読誦《どくじゅ》し、受け持《たも》ち、他者のために説いたり、みずから法華経を書写《しょしゃ》したり、他者にも書写させ、また、その人が塔廟《とうみょう》を建立《こんりゅう》し、僧坊を造立し、声聞《しょうもん》の修行者たちに供養をささげ、ほめ讃え、また、百千万億もの讃歎《さんだん》の方法によって菩薩の徳をほめ讃え、また他者のために、さまざまないわれをもって、その本義《ほんぎ》に従ってこの法華経を解説《げせつ》し、さらに、清浄《しょうじょう》な戒律を持ち、心の柔和《にゅうわ》なものたちと道場を同じくして、忍辱の心が強くて怒りの心がなく、仏道へのこころざしが堅くつねに坐禅を大切にし、深く静かな瞑想を得て、心が勇気に満ちて大いにつとめ、多くの善きことがらをたもち、すぐれた能力をもって智慧さとしく、難しい問答にもよく答えるでしょう。

阿逸多（弥勒）よ、もし私（み仏）の入滅ののちに、善男子、善女人があって、この法華経を受持《じゅじ》し、読誦する人があれば、また、すでに示したような多くの善き福徳を得るでしょう。まさに知るべきです。その人はすでに修行の道場に出向いて、無上の正しいさとりに近づき、私（釈尊）がさとりを開いたと同じ菩提樹《ぼだいじゅ》の下に坐っているのです」（現代語訳『開結』四四七～八頁）

このように、釈尊滅後において法華経の教えに歓喜し、読誦し、説法し、さらにそれらに加えて六波羅蜜を修行する人の莫大な功徳が説き示されていることを知るのです。

以上、私たちは如来寿量品のつぎの章に当たる分別功徳品の内容を、少し詳しくたずねてきました。そのことによって、如来寿量品における釈尊の久遠のいのち（寿命長遠）の開顕《かいけん》の教えが尊く、その教えを聴聞し、さらにその教えに信順《しんじゅん》することで、広大無辺の福徳が与えられることを理解できたのです。それらは十二種の区別（分別）の功徳であり、さらに「現在の四信」と「滅後の五品」とによって、より具体的に示されていることが知られるのです。そして、これらのすべての功徳は、久遠のみ仏の修得された久遠の因果に基づく、救いの世界であると言えましょう。

第二十二章　み仏の寿命長遠《じょうおん》に歓喜《かんぎ》する福徳《ふくとく》

――随喜功徳品《ずいきくどくほん》第十八

「四信」と「五品」が示される目的

分別功徳品《ふんべつくどくほん》の後半において、み仏（釈尊《しゃくそん》）の寿命が長くて量り知れない（長遠《じょうおん》）と説かれる如来寿量品《にょらいじゅりょうほん》の教えを聴聞《ちょうもん》する功徳は、現在世の四つの功徳（四信《ししん》）と、未来世の五つの階位（五品《ごほん》）によって、具体的に示されていることを確認いたしました。くり返しになりますが「四信」というのは、つぎの四種を指しています。

①わずかな一念の信心によって得られる功徳（一念信解《いちねんしんげ》）
②おおよそ、み仏の教えの言葉の意味をさとる功徳（略解言趣《りゃくげごんしゅ》）
③広く人のために、み仏の教えを説く人の功徳（広為他説《こういたせつ》）

④み仏の教えを深く心に信じ、さとりを成就《じょうじゅ》する人の功徳（深信観成《じんしんかんじょう》）

ついで、「五品」というのは、以下の五種です。

①み仏の教えを聴聞し、感動をおぼえる人の功徳（随喜品《ずいきほん》）
②み仏の教え〈法華経〉をみずから読誦《どくじゅ》し、受持《じゅじ》する人の功徳（読誦品《どくじゅほん》）
③他者のためにこの経の教えを説く人の功徳（説法品《せっぽうほん》）
④法華経の教えを持《たも》ち、あわせて六波羅蜜《ろくはらみつ》を修行する人の功徳（兼行六度品《けんぎょうろくどほん》）
⑤受持、読、誦、解説《げせつ》、書写等の五種法師《ごしゅほっし》を修行しつつ、六波羅蜜を中心として実践にはげむ人の功徳（正行六度品《しょうぎょうろくどほん》）

ところで、これらの「四信」と「五品」に示される修行の内容に着目いたしますと、四信の場合には、①の「み仏の教えに対する一念の信」に重点が置かれ、私たちが自己を無にして、無条件にみ仏の教えに随順《ずいじゅん》する修行のあり方が強調されていることを知るのです。②の「略解言趣」の場合は、み仏の教えを領解《りょうげ》する能力、智慧が求められています。③の「広為他説」では、み仏の教えを領解する能力に加えて、他者のためにその教えを説き示す力量が求められています。④の「深信観成」は、およそ凡夫《ぼんぶ》の能力をはるかに超えた深い修行が求められています。

また「五品」の場合、①の随喜品は、み仏の教えを聴聞することによって感動する心、すなわち、その教えに歓喜することによる功徳は、四信に示される「深信観成」と同じ境地に到達していることが示されています。②の読誦品は、法華経を読誦する能力、あるいは受持する信行が求められていますし、その功徳が広大であることは言うまでもありません。そして③の説法品、④の兼行六度品、⑤の正行六度品は、およそ末代《まつだい》凡夫の信行《しんぎょう》の能力を超越した、階位の高い修行者の実践内容であることを知るのです。

では、いったい末法という現代に生きる私たちは、どのようにみ仏の寿命長遠の教えを信仰したらよいのでしょうか。

日蓮聖人の示される「四信・五品」

鎌倉時代の日蓮聖人《にちれんしょうにん》（一二二二〜八二）は、私たちが法華経に対して信仰をささげる実践のあり方を、建治《けんじ》三（一二七七）年、五十六歳のときに記された『四信五品鈔《ししんごほんしょう》』の一節に、つぎのように示されています。

私たちが法華経の教えに生きようとする場合、法華経は迹門《しゃくもん》と本門《ほんもん》との十四品ずつに分けられ、それぞれに「序分《じょぶん》」、「正宗分《しょうしゅうぶん》」、「流通分《るづうぶん》」の三段の科段《かだん》が設けられています。その中で、流通分の教えが、末法の私たちにとっては大切なかがみとなるのです。もちろん迹門の流通分は、法師品《ほっしほん》から安《あん》楽行品《らくぎょうほん》までの五品であり、本門の場合には、分別功徳品《ふんべつくどくほん》の後半から最後の普賢菩薩勧発品《ふげんぼさつかんぼっぽん》までですから、十一品半となります。つまり、法華経は流通分として十六品半が存しているのです。

聖人は、「此《こ》の中《なか》に、末法に入《い》りて法華を修行する相貌分明《そうみょうふんみょう》なり」（原漢文『昭和定本』一二九五頁）と断定され、流通分の中にこそ、末法における私たちの法華経信仰のあり方が示されていると見なされています。このことを前提として、聖人はさらに私たちの末法の人々の修行のあり方の模範となるのが、分別功徳品の「四信」と「五品」にあることを指摘されるのです。そのことを、「其《そ》の中の分別功徳品の四信と五品とは、法華《ほっけ》を修行するの大要《だいよう》、在世《ざいせ》・滅後《めつご》の亀鏡《ききょう》なり」（原漢文『昭和定本』一二九五頁）と明記されています。すなわち、末法の私たちにとって、法華経信仰に生きるあかしは、分別功徳品の「四信」「五品」にその根拠がある、と示されているのです。

以上のように、聖人は、末法における法華経信仰のあり方を、分別功徳品の「現在の四信」と「滅後の五品」とに集約され、さらに、四信と五品のうち、それぞれ第一に掲げられている「一念信解」と「随喜品」がその根本にあると見なされているのです。

さらに、末法における法華経実践の内容をたどってみますと、日蓮聖人によれば、妙楽大師《みょうらくだいし》湛然（七一一〜八二）の『法華文句記《ほっけもんぐき》』巻第十上には「一念信解というのは、法華経本門の修行の基本である」（現代語訳『大正蔵経』第三十四巻 三四二頁b）と説かれている。そして、その分別功徳品の「現在の四信」のはじめである一念信解と、「滅後の五品」の第一の初《しょ》随喜品の二つの位は、同じように一念三千《いちねんさんぜん》の宝珠を納めるはこであり、十方三世《じっぽうさんぜ》のみ仏たちも、この修行によって誕生された修行の門である、と明記されているというのです。

以上のように、「四信」と「五品」の教えが、日蓮聖人によってどのように解釈されているのか、その一端《いったん》をたどることによって、四信の第一である「一念信解」と、五品の「初随喜品」を重視されていることが知られます。つまり、末法の凡夫である私どもにとって、仏道の初門は「信心《しんじん》」である、と力説されていることを知るのです。

随喜功徳品の内容

さて、ついで随喜功徳品第十八の内容をたずねることにいたしましょう。まず、そのはじめに、弥《み》勒菩薩《ろくぼさつ》がみ仏（釈尊）に対して、つぎのようにたずねているのです。

「世尊《せそん》（釈尊）、若《も》し善男子《ぜんなんし》・善女人《ぜんにょにん》有《あ》って、是《こ》の法華経を聞きたてまつりて、随喜せん者は、幾所《いくばく》の福をか得《え》ん。而《しか》も偈《げ》を説《と》いて言《もう》さく、『世尊の滅後の後《のち》に　其《そ》れ是の経を聞くこと有って　若し能《よ》く随喜せん者は　幾所の福をか得《う》べき』」（『開結』四五二頁）

〈世尊よ、もし信男《しんなん》・信女《しんにょ》があって、この法華経の教えを聴聞し、心から歓喜して、ありがたいと思うならば、その人はどれほどの福徳を得るでしょうか。さらに、詩頌《しじゅ》によって、つぎのように申し述べました。「み仏が入滅された後の世に　この法華経の教えを聞くことがあって　もしも心から歓喜してありがたいと思う人があったならば　どれほどの福徳を得るでしょうか」と〉

このように、み仏に対して弥勒菩薩が質問しているのですが、それは、み仏の教え（法華経の寿命長遠の教え）に対して心から信頼を寄せ、歓喜の心をおこした人が得ることのできる福徳が、どれほど広大であるか、についてであることが知られるのです。つまり、分別功徳品の「五品」の最初に説かれる「随喜品」について、あらためてこの一章が設けられていると理解できるのです。

「随喜」という意味は、み仏の教えに随順して、その教えを聴聞し心に歓喜を生ずること（『法華経下』〈岩波文庫〉三五一頁参照）を意味しています。そこには、自己がみ仏の教えに対して「信頼」を寄せ、絶対的帰依《きえ》と、無我《むが》の境地にあることがうかがえます。同時に、その教えを聴聞することから、歓喜の心が強く作用しているのです。

たしかに、私たち末代凡夫に求められている宗教的能力は、宗教的さとりを志向する能力や布施する財力でないことが理解できます。それは、私たちの柔軟な「一念」の「信」（一念信解）であり、み仏の教えに信順し、感動し、歓喜する心（随喜品）であることが知られるのです。

鎌倉時代の日蓮聖人がこの点に注目されていることは、驚くべきことと言えましょう。私たちに才能や能力がなくても、末代凡夫に不可欠なものは、すべての人々が具《そな》えている「信心」であり、「随喜心」であり、「感動する心」であると言えましょう。

では、「随喜」の心によって得られる福徳（功徳）について、み仏はどのように示されているのでしょうか。

五十転展随喜の功徳

随喜功徳品における冒頭の弥勒菩薩の質問に対して、釈尊がお答えになられる広大無辺《こうだいむへん》の功徳を、

「五十転展随喜《ごじゅうてんでんずいき》の功徳」と称されています。以下、その内容を経典に従いながら現代語訳で紹介いたしましょう。

「阿逸多《あいった》（弥勒）よ、如来の滅後に、出家の男女、在家の男女、あるいはそのほか智慧ある人、年長者や年少者であったとして、この法華経の教えを聞いて心から歓喜し、その説法の会座から他の所へと出掛けたとしましょう。

それが僧院であれ、静かな場所、にぎやかな街、聚落《しゅうらく》、村落《そんらく》であったとして、法華経の教えを聴聞したとおりに、父母、親類縁者、友人、知人たちのために自己の力に応じて述べたとしましょう。その人たちも、その教えを聞いて、心から歓喜して、ありがたいと思い、また出掛けて行って、つぎの人にその教えを伝えたとしましょう。そうすると、それを聞いた人が、のちにまた歓喜の心をもって、つぎの人に伝え、そのように、つぎからつぎへとその歓喜が伝わり、第五十番目になったとしましょう」（現代語訳『開結』四五二～三頁）

このように、最初に法華経の法会《ほうえ》の座席にあった人が、その喜びの心をもって他者へと伝え、それがつぎつぎと伝えられて、第五十番目に至った人の喜びの功徳がいかに広大であるかが説かれることになります。

「それは四百万億阿僧祇《あそうぎ》という無量の世界に生存している六道《ろくどう》（地獄から天上界）の境地にあり、

四生《ししょう》（卵生《らんしょう》・胎生《たいしょう》・湿生《しっしょう》・化生《けしょう》）の生存の生命をもった者たち、さらには形ある者、形なき者、表《ひょう》象《しょう》作用を有するもの、表象作用を有しないものなど、この世界に生命をもった存在者に対して、その生存者ののぞみのままに、ある人が福徳を与えたとしましょう。

彼は、一つ一つの生存のものたちに、この南閻浮提《なんえんぶだい》（私たちの生存する世界）全体に充《み》ちあふれるほどの金・銀等の七宝《しっぽう》づくりの宮殿や楼閣《ろうかく》を与えたとしましょう。この大施主《だいせしゅ》は、このように布施をつづけること八十年を過ぎて、つぎのように考えました。

私は、この世界に生存するすべてのものたちに、心の欲するままに娯楽のための道具を与えつづけてきました。しかし、これらのすべてのものたちは、みな歳《とし》八十をすぎて老い衰《おとろ》え、髪は白く、顔にはしわがより、死が間近い。そこで、私はみ仏の教えによって、彼らを教え導きましょう、と。

そこで、この世に生存するすべての衆生《しゅじょう》を集めて、教えを説き示して、それぞれのさとりへと導いたのです」（現代語訳『開結』四五三～五頁）

このように、八十年にわたる財物の布施だけでなく、法施《ほうせ》をして、人々を凡夫から聖者《しょうじゃ》（阿羅漢《あらかん》果《か》）の位へと導いたことが明かされます。

そのことを示された釈尊は、弥勒菩薩に問われるのです。

「あなた（弥勒菩薩）は、どのように考えますか。この大施主の得る福徳は多いですか、どうで

すか」（現代語訳『開結』四五五頁）

弥勒菩薩はお答えします。

「世尊よ、その人の功徳はとても多く、無量にして無限です。この施主が、この世に生存するすべての衆生たちにあらゆる楽しみの道具を施しただけでも、その功徳は量り知ることができないのに、ましてや聖者としての果報《かほう》を得させたのですから、なおさらのことです」（大意『開結』四五五頁）

み仏は、このような譬喩《ひゆ》を示されたのち、これらの功徳より、さらに、第五十番目の人が法華経のわずかな一偈《いちげ》を聴聞して歓喜する功徳は、比べることができないほど多い、と断言されるのです。

そして、み仏は弥勒菩薩に告げられるのです。

「私は、いま明らかにあなたに語りましょう。この人（大施主）があらゆる楽しみの道具を四百万億阿僧祇という無限の世界の六道の生存の人々に施《ほどこ》し、また聖者（阿羅漢果）の果報を得させたとしても、その得る功徳は、第五十番目の人が法華経のわずかな一偈を聞いて、心から喜んでありがたいと思う功徳と比べてみると、比較にならないのです。それは、百分の一、千分の一、百千万億分の一にはおよびませんし、計算や譬喩によっても知られないほどのものです。

阿逸多（弥勒）よ、このように、第一番目の法華経聴聞者の随喜の心が、第五十番目の人の歓喜の心に及ぶことによってもたらされる福徳というものは、無量にして無辺であり、阿僧祇の倍数なのです。ましていわんや、法華経の最初の説法の会座《えざ》において、その教えを聴聞し、歓喜の心をもった人はなおさらのことです。その人の福徳がすぐれたものであることは、無量無辺の阿僧祇の倍であっても比較することはできないのです」（大意『開結』四五五〜六頁）

以上が、弥勒菩薩が随喜功徳品のはじめにおいて、法華経の教え（み仏の寿命長遠）を聴聞し、歓喜する人の功徳がどれほど広大であるかをたずねたことに対する、釈尊の答えなのです。

これらのことが説かれたのち、「聞法《もんぽう》」の功徳が三種にわたり説かれます。そして、十八行の偈頌が説かれたのちに、随喜功徳品は終わりを迎えるのです。

第二十三章　法華経修行者が得る六根《ろっこん》清浄《しょうじょう》の福徳《ふくとく》
――法師《ほっし》功徳品《くどくほん》第十九

正しく生きることの困難さ

法師功徳品第十九は、み仏の寿命が久遠《くおん》であることを聴聞《ちょうもん》し、法華経の教えをみ仏の入滅《にゅうめつ》ののちに信受《しんじゅ》し、修行する人たちの得ることのできる福徳（功徳）を、私たちの具《そな》えている六つの器官――眼《げん》・耳《に》・鼻《び》・舌《ぜっ》・身《しん》・意《い》の六根《ろっこん》――の面から説き明かすことを主題としています。

私たちの日常生活をふり返ってみますと、種々の出来事に遭遇したとき、その驚きのあまりに、心を乱し、みずからを見失ってしまうことが多く存します。また、他者との対話の中で、自己が否定されるような言葉を耳にすると、感情が高ぶり、相手を傷つけてしまうような言動に走ってしまうこともあります。また、自己に課せられた仕事を負担に感じたとき、その責務から逃避してしまい、その責任を果たすことができないことも多々あります。

このように、愚かな自己の存在を照射《しょうしゃ》するとき、ブッダガヤにおいてゴータマ・ブッダ（釈尊《しゃくそん》）が、はじめて悟りを開かれたのち、サールナートにおいて最初に五人の修行者（五比丘《ごびく》）のために、四つの真理（四諦《したい》）と、正しい修行のあり方（八正道《はっしょうどう》）を説き示されたと伝えられていますが、それらを実践することが、いかに困難なことであるかを痛感させられるのです。

たとえば、ここで八正道に目を向けてみましょう。八正道とは、仏陀《ぶっだ》の悟られた真理を体得すること、すなわち苦悩から脱却した境地を体得するための実践方法と言えるでしょう。その八つとは、

①正しく道理を見つめること（正見《しょうけん》）
②正しく道理を思惟すること（正思《しょうし》）
③正しい言葉を語ること（正語《しょうご》）
④正しい行動をとること（正業《しょうごう》）
⑤私たちの身《しん》と口《く》と意《い》（こころ）を清浄《しょうじょう》にして、正しい道理に従って生活すること（正命《しょうみょう》）
⑥その道理を基《もと》としてつねに努《つと》め励むこと（正精進《しょうしょうじん》）
⑦道理を心に抱き、邪念のないこと（正念《しょうねん》）
⑧迷いのない清浄なさとりの境地に入ること（正定《しょうじょう》）

の八つの修行内容を指しています。

しかし、私たちが日常生活の場面において、みずから自覚的に実践しようとしても、それらがいか

に困難な生き方であるかを知るのです。

法師功徳品の教え

ところで、このような視点から法師功徳品に目を向けてみますと、み仏《ほとけ》（釈尊）が、「つねにたゆまず努力される菩薩摩訶薩《ぼさつまかさつ》（常精進《じょうしょうじん》菩薩摩訶薩）」と名づける修行者に対して、つぎのように語られることから、この章がはじまっているのです。

「若《も》し善男子《ぜんなんし》・善女人《ぜんにょにん》、是《こ》の法華経を受持《じゅじ》し、若しは読《よ》み、若しは誦《じゅ》し、若しは解説《げせつ》し、若しは書写《しょしゃ》せん。是の人は当《まさ》に八百の眼《まなこ》の功徳、千二百の耳《みみ》の功徳、八百の鼻《はな》の功徳、千二百の舌《した》の功徳、八百の身《み》の功徳、千二百の意《こころ》の功徳を得べし。是の功徳を以《もっ》て六根を荘厳《しょうごん》して、皆《みな》清浄ならしめん」（『開結』四六三頁）

〈もし、信男《しんなん》・信女《しんにょ》があって、この法華経を受け持《たも》ち、あるいは読んだり、あるいは暗誦《あんしょう》したり、あるいは他者のために解説したり、あるいは経文《きょうもん》を書写したりするとしましょう。その人はかならず、眼に八百の徳性を得、耳に千二百の徳性を得、鼻に八百の徳性を得、舌に千二百の徳性を得、身体に八百の徳性を得、心に千二百の徳性を得るでしょう。これらのすぐれた徳性によって、その人の六種の感覚はおごそかに飾られ、それらはすべてが清らかになるでしょう〉

このように、み仏は常精進菩薩に対して、み仏の寿命長遠《じゅみょうじょうおん》の教えが説かれている法華経を、在家・出家を問わず、受持《じゅじ》・読《どく》・誦《じゅ》・解説《げせつ》・書写《しょしゃ》等して修行する人（五種法師《ごしゅほっし》）は、六根にそれぞれのすぐれた能力がそなわり、それらの能力によって、その法師は飾られ、清浄なる境地に到達することが告げられているのです。そして、眼根の八百、耳根の千二百等の徳性を合計いたしますと、六千の徳性となりますが、六千という数字がどのような宗教的意味をもつのかは明らかではありません。

法師については、すでに法師品第十において、釈尊の入滅後に、在家者であれ、出家者であれ、み仏にお仕えするように、法華経を受持・読・誦・解説・書写して修行することの尊さが力説されていました。それを受けてこの法師功徳品では、如来寿量品《にょらいじゅりょうほん》の教えを基として法華経を信受する人は、つねに久遠のみ仏とともにあり、しかもその教えを五種の修行の徳目を通して実践することによって、眼根《げんこん》・耳根《に》・鼻根《び》・舌根《ぜっ》・身根《しん》・意根《い》の六種の器官に徳性が与えられ、清浄なる境地に到ることが予言的に告げられていることを知るのです。

前述しましたように、八正道の実践徳目は、釈尊が弟子たちに対して、その悟りを追体験できるように八つの実践方法を示されたのですが、この法師功徳品では、より明確に、釈尊滅後の私たちが、在家・出家を問うことなく、法華経を信受することによって、久遠のみ教えと久遠のみ仏から与えられる六根の福徳が明かされています。それは信行者である私たちの一瞬・一瞬の時間の中に顕現《けんげん》されると示されるのです。その意味において、八正道が、修行者みずからが向上門《こうじょうもん》的に修行を積み重ねることによって、修得できる境地であるのに対して、この法師功徳品において得ることのできる六根清浄の福徳は、久遠のみ仏から信男・信女（法師）に与えられる広大無辺《こうだいむへん》の福徳であることが理解できます。

修行者が得る六根の福徳

それでは、私たちが具有している、

①眼根《げんこん》（視覚器官とはたらき）
②耳根《にこん》（聴覚器官とはたらき）
③鼻根《びこん》（嗅覚器官とはたらき）
④舌根《ぜっこん》（味覚器官とはたらき）
⑤身根《しんこん》（触覚器官とはたらき）
⑥意根《いこん》（前の五根によって得られた内容を統合し、それを判断するこころのはたらき）

の六根に、どのような福徳が得られると説かれているのか、たどってみましょう。

①眼根の福徳

私たちが生まれたときに与えられている清浄な眼をもって、三千大千世界《さんぜんだいせんせかい》（全宇宙世界）の内と外とを問わずに、あらゆる山・林・河・大海を見ることができ、また多層的に存在している世界、すなわち下は阿鼻地獄《あびじごく》（無間地獄《むけんじごく》）から上は有頂天《うちょうてん》（三界《さんがい》の最頂上）までを見ることができるというのです。また、その世界におけるすべての人々の行為の、その原因とその結果とを見とおすことで、すべてを知ることができる、というのです。

以上のように眼根のはたらきが長行《じょうごう》（散文）によって説かれたのち、五行の偈頌《げじゅ》（詩頌《しじゅ》）が説かれ、その中で眼根の功徳として八百があるといい、その眼根は天人の得る天眼《てんげん》ではなくて、私たち凡夫の肉眼《にくげん》のはたらきとして備わることが明かされています。

② 耳根の福徳

つぎに、耳根のはたらきについて、釈尊は常精進菩薩に、つぎのように告げられています。もし信男・信女が五種法師の修行を実践するならば、千二百もの耳根の福徳を得るでしょう。その耳根のはたらきとは、三千大千世界の、下は阿鼻地獄から上は有頂天までのあらゆる人々のことば、あらゆる動物たちの音声《おんじょう》、天《てん》・龍《りゅう》・八部衆《はちぶしゅ》はじめ比丘《びく》・比丘尼《びくに》・声聞《しょうもん》・縁覚《えんがく》・菩薩《ぼさつ》・仏《ぶつ》等の声を聞くことができるというのです。つまり、いまだ天人のもつ耳根（天耳《てんに》）を得なくても、私たちが父母から得た清浄の耳をもって、全宇宙の内外のすべての音声を聞き、そして認識できるということです。

これらのことが長行（散文）で示されたのち、九行の詩頌が説かれています。

③ 鼻根の福徳

つづいて、釈尊は、常精進菩薩に語られます。信男・信女が五種法師を実践することで、八百もの鼻根の福徳を修得する、というのです。すなわち、生まれたときのままの鼻のはたらきによって、三千大千世界のあらゆる香りや臭《にお》いを嗅《か》ぎ分けることができるというのです。それは、素晴らしい香木《こうぼく》のもつ香り、あるいはこの世界に存在する私たち人間や動物たち、さらに草木や叢林《そうりん》の香りもあります。また人間界にありながら、天上界の神々や香華《こうげ》の香り、さらに声聞・縁覚・菩薩・仏のもたらされる香りを嗅ぎ分けることができるというのです。

このように、私たちの日常を超えた鼻根の徳性が長行によって説き明かされたのち、十五行の詩頌が説かれています。

④ 舌根の福徳

ついで、釈尊は、舌根の福徳について、常精進菩薩に、つぎのように告げられています。

「もし信男・信女があって、この経典を受持し、あるいは読み、あるいは誦し、あるいは他者に対して解説し、あるいは書写したならば、その人は千二百の舌の福徳を得るでしょう。好ましいものにせよ、そうでないものにせよ、もしくは美味なるもの、そうでないものにせよ、さらには苦《にが》いもの、渋《しぶ》いものにせよ、それらを舌根に置くならば、すべて美味なるものに変化させ、天の神々が食する甘露《かんろ》のようになって、まずいものはなくなるでしょう。

もし、舌のはたらきによって、大勢の人々の中で演説することがあれば、深みのあるたえなる音声を出して、人々の心の中にしみ入り、すべての人々を歓喜させ、こころよく楽しませるでしょう」（現代語訳『開結』四七六〜七頁）

このように、舌根のはたらきとして、すべての食物がすばらしい味わいとなり、その演説の声が人々を深い感動に導くのです。

さらに、その深妙《じんみょう》なる声に魅《ひ》かれて、天の神々のみならず龍神や八部衆が来られて、親近《しんごん》（親しく近づくこと）されるのです。すなわち、舌根のはたらきによって偉大なる妙法の教えが伝達できるというのです。

これらのことが、長行として示されたのち、八行半の詩頌が説かれますが、その最初の一偈《いちげ》は、

「是《こ》の人の舌根、清くして、終《つい》に悪味《あくみ》を受けじ。其《そ》の食噉《じきだん》する所有《ところあ》るは、悉《ことごと》く皆《みな》甘露と成らん」

（『開結』四七八〜九頁）

とあって、私が少年期に修行した寺院において、食事作法《じきじ》（食法《じきほう》）の折、この一偈を毎朝誦《とな》えていたことが思い出されます。

⑤ 身根の福徳

つぎに信男・信女がこの法華経を五種に修行することによって、八百の身体の功徳を得、浄《きよ》らかな瑠璃《るり》（青色の宝石）のようになり、人々が望んでお会いしたいと思うようになるでしょう、と説き明かされています。そして、その身体が清らかであることから、世界中のことがらのすべてが身体に映し出されるというのです。しかも、声聞や縁覚、菩薩やみ仏たちが説法されている姿が、すべて身体の中に影像として現れるでしょう、とその不可思議なありさまが説き示されています。

そののち、七偈半の詩頌が示されるのです。

⑥ 意根の福徳

六根のはたらきの最後が、この意根に当たります。すなわち、み仏は常精進菩薩に語られます。信男・信女は、五種の修行によって千二百の意《こころ》の功徳を得るでしょう、と。そして、この清浄なる意根（認識のはたらき）によって、み仏のわずかな一偈・一句の教えを聴聞しても、広大無辺の意味をさとることになるというのです。そのさとりの立場から、周囲の人々に対して、そのわずかな一句あるいは一詩頌について、一ヶ月、四ヶ月、さらには一年もの間、説きつづけることができるというのです。

その教説の内容は、み仏の悟りに基づいているのですから、すべて如来の真実の悟りと異なることはないのです。もし、この人が悟りに基づいて、世俗の典籍やその教え、あるいは政治に関することがら、日常生活のなりわい等について説いたとしても、すべて正しい教えに順《じゅん》じているでしょう。

さらに、三千大千世界に存在する地獄界から天上界までの六道《ろくどう》の世界にある人々の心の動き、こころのはたらき、さらに誤った考え方など、みなすべてを知るでしょう。また、煩悩《ぼんのう》を滅した汚れのない智慧を得ていなくても、その意根のはたらきが清浄であることは、以上に説いたとおりです。

この人（修行者）が考え、思いはかり、語ることのすべては、みな仏法であり、真実であり、その真理として語られる教えは、みな過去のみ仏たちが経典に説かれたところと同じなのです。

このように、意根における千二百の徳性を具えた修行者の教えは、すべてが仏法であり、仮りに世間の慣習法等について語ることがあっても、それはすべてみ仏のさとりに順じている、と絶対肯定されていることが知られるのです。ここに、大乗仏教の心髄《しんずい》である、仏法と世法とを分断しない「仏法《ぶっぽう》即世法《そくせほう》」の哲理がうかがえます。

以上のことが、長行において説かれたのち、重ねて十行の詩頌が示されます。そして法師功徳品はおわりを迎え、つぎの常不軽菩薩品《じょうふきょうぼさつぼん》へと移ることになります。

第二十四章

他者からの迫害を乗り越える求道者《ぐどうしゃ》

――常不軽菩薩品第二十《じょうふきょうぼさつぽん》

釈尊の説法の対告衆

常不軽菩薩品第二十は、偉大な勢力を得ている求道者を意味する「得大勢菩薩《とくだいせい》」に対して、釈尊《しゃくそん》が教えを説かれることからはじまります。この菩薩は、法華経のはじまりである序品《じょほん》に、八万人の菩薩があると列示される中に「文殊師利《もんじゅしり》菩薩・観世音《かんぜおん》菩薩・得大勢菩薩・常精進《じょうしょうじん》菩薩」と、その名が見えます。

得大勢菩薩は、サンスクリット語では「マハー＝スターマ＝プラープタ」〈偉大な勢力を得た者〉（『法華経　下』〈岩波文庫〉四〇一頁参照）と称され、「勢至《せいし》菩薩」とも訳され、智慧を表象《ひょうしょう》する菩薩として尊崇されています。また、浄土《じょうど》信仰では、阿弥陀如来《あみだにょらい》の脇侍《わきじ》として、観世音菩薩とともに安置されています。

ところで、法華経の後半部分（本門《ほんもん》）に目を向け、釈尊が説法される相手（対告衆《たいごうしゅ》）をここで確認しておきますと、従地涌出品《じゅうじゆじゅっぽん》から随喜功徳品《ずいきくどくほん》までは、弥勒《みろく》菩薩がその対象です。この弥勒菩薩は、すでに序品で列座《れつざ》され、法華経の説法が展開するうえで重要な役割をになっています。弥勒菩薩は、サンスクリットでは「マイトレーヤ」と称し、慈氏《じし》菩薩とも称されています。従地涌出品では、釈尊から「阿逸多《あいった》」（アジータ）と呼ばれ、この名には「何者にも征服されない者」（『法華経 下』〈佛典講座7〉七四九頁参照）の意味があり、また、弥勒菩薩は、現在は兜率天《とそつてん》にあって、五十六億七千万年の未来世に娑婆世界《しゃばせかい》に下天され、仏として人々を教化《きょうけ》されると伝えられているのです。

この弥勒菩薩が、法華経の本門の中心部分の対告衆として登場しつつも、三千大千世界《さんぜんだいせん》の大地の下から涌現《ゆげん》される菩薩（本化地涌《ほんげじゆ》の菩薩）のことを知ることがないと説かれていることは、三世《さんぜ》（現在・過去・未来）を貫《つらぬ》く久遠《くおん》の仏（本仏《ほんぶつ》）と久遠の弟子（地涌の菩薩）という師弟関係を超えることはできない、有限的存在であるという宗教的意味が内在しているものと拝察《はいさつ》されます。

ついで、前章でたどりました法師功徳品《ほっしくどくほん》では、釈尊が「つねにたゆまず努力される菩薩摩訶薩《まかさつ》」（常精進菩薩摩訶薩、摩訶薩は「大士《だいじ》」の意）と名づけられる修行者に語られていることが知られるのです。この菩薩はすでに序品にその名が見えますが、具体的に法華経に登場されるのは、この章がはじめてであると思われます。

このように、本門においては、弥勒菩薩、常精進菩薩が対告衆として登場され、常不軽菩薩品においては、得大勢菩薩の登場となるのです。

では、釈尊は、得大勢菩薩に対して、いかなる教えを説き明かされているのかをたずねてみましょう。天台大師智顗《てんだいだいしちぎ》（五三八～五九七）の『法華文句《ほっけもんぐ》』巻第十上によれば、三つの段落に分けられると解釈されています（『大正蔵経』第三十四巻一四〇頁c）。

【第一段】――これまで説かれた法華経の教えにおいて、法華経の教え、あるいは修行者を謗る罪《そし》と、その教えに信順《しんじゅん》する功徳とが示されている。

【第二段】――遥《はる》か昔の威音王仏《いおんのうぶつ》や常不軽菩薩《じょうふきょうぼさつ》（過去世における法華経修行者としての釈尊）のことが明かされる中で、常不軽菩薩のような法華経修行者を謗る罪と、その教えに信順する功徳が説かれている。

【第三段】――未来世において法華経を謗る罪と、信順する福徳のありさまが説かれている。

このように、常不軽菩薩品の教えを三段に分けられているのです。
そこで、私たちは常不軽菩薩品の内容を、これら三つの段落からたずねてみたいと思うのです。

【第一段】法華経を誇る罪と信順する福徳

常不軽菩薩品は、つぎの文からはじまります。

「爾《そ》の時に、仏《ほとけ》、得大勢菩薩摩訶薩に告げたまわく、汝《なんじ》、今当《まさ》に知るべし、若《も》し比丘《びく》・比丘尼《びくに》・優婆塞《うばそく》・優婆夷《うばい》の、法華経を持《たも》たん者を、若し悪口《あっく》・罵詈《めり》・誹謗《ひぼう》すること有《あ》らば、大いなる罪報《ざいほう》を獲《え》んこと、前《さき》に説く所の如し。其《そ》の所得の功徳は、向《さき》に説く所の如く、眼《げん》・耳《に》・鼻《び》・舌《ぜっ》・身《しん》・意《に》、清浄《しょうじょう》ならん」（『開結』四八六頁）

〈そのとき、み仏（釈尊）は得大勢菩薩大士《だいじ》に告げられました。あなたは、いままさしく知るべきです。もしも、法華経に信を捧げる出家《しゅっけ》の男性・女性、在家《ざいけ》の信男《しんなん》・信女《しんにょ》の四衆《ししゅ》があったとして、それらの人に対して悪口を言ったり、ののしったり、そしることがあったとしたならば、とても重大な罪の報《むく》いを受けるのです。そのことについては、すでに前に説いたとおりです。そして、法華経の五種法師《ごしゅほっし》の修行によって得られる福徳は、前の法師功徳品において具体的に示したように、眼・耳・鼻・舌・身・意の六根《ろっこん》が清浄となるのです〉

このように、法華経の受持者《じゅじしゃ》をそしる罪の重大さと、それとは反対に、法華経を受持する功徳の広大さが、冒頭に語られています。すなわち、法華経に対する敵対行為の罪と、信順する功徳の両面を示されているのです。すでに、前章の法師功徳品において、法華経の五種の信行によって、私たちの具有《ぐゆう》している六つの器官（六根）に、それぞれの徳性が備わることを確認いたしました。そこで、あらためて述べることはいたしませんが、それとは反対に、法華経に対する敵対行為が重い罪になることについては、天台大師の指摘によれば、法師品に説かれているというのです。そこで、その経文《きょうもん》を現代語訳で紹介しておきたいと思うのです。

「もしも、一劫《いっこう》という無限の時間において、つねにみ仏に違背《いはい》しようという悪しき心を抱き、顔色に出して、み仏をののしるようなことがあれば、その人ははかり知れない重い罪を犯すことになるでしょう。さらに尊い法華経を読誦《どくじゅ》し、その教えを持《たも》つ信仰者に対して、わずかな間であっても悪口を言うことがあれば、み仏をそしる罪より、さらに重い罪の報いを得ることになるのです」（現代語訳『開結』三一一頁）

このように、み仏をそしる罪、さらに法華経の教えを持つ修行者をののしる罪の重さが説かれていることを確認できるのです。

以上、第一段において、釈尊は得大勢菩薩に対して、法華経の教えをそしる罪と、それに対して法華経修行者の得る広大な功徳を説かれるのです。そして、つぎの第二段において、より具体的に法華経信仰に生きた人の修行のあり方と、その人に迫害を加えた人とが登場します。そのことによって、法華経信仰の功徳の広大さと、宗教的罪とが明らかにされるのです。

【第二段】遥か昔の威音王仏のこと

第二段のはじめにおいて、み仏（釈尊）は得大勢菩薩に対して、遥《はる》かな昔に人々を教化された「威《い》音王仏《おんのうぶつ》」のことを告げられます。

「得大勢よ、遥かな昔、それは私たちの思いもおよばない無数劫の昔、威音王仏（おそろしく威厳のある音声《おんじょう》をもたれる王というみ仏）という仏があり、その時代は離衰《りすい》といい、そのみ仏の国土を大成《だいじょう》と称しました。その仏は、天の神々や人間や阿修羅《あしゅら》、さらには声聞《しょうもん》・縁覚《えんがく》・菩薩たちのためにそれぞれに教えを説かれたのです。

得大勢よ、この威音王仏の寿命は、四十万億ナユタのガンジス河の砂の数に等《ひと》しい無限の長さでした。正法《しょうぼう》時代、像法《ぞうぼう》時代が長くつづきました。そのみ仏が人々に広大なめぐみを与えて入滅されて、正法・像法の時代が尽きたのちに、その国土にまた仏が出現されました。それは威音王仏という、同一の名をもたれたみ仏です。このように次第《しだい》して、二万億のみ仏が出現されたのです」（大意『開結』四八六〜八頁）

このように、二万億ものみ仏が出現されたのですが、それらの仏は、みな同一の「威音王仏」という名前であったのです。このように、み仏が断絶することなく出現されることについては、すでに序品において二万の「日月燈明仏《にちがつとうみょうぶつ》」が出現されていることを明かされています（『開結』七二頁）から、これと軌を一にしているると言えましょう。つまり、妙法《みょうほう》の永遠性を象徴しているものと解釈できます。

常不軽菩薩の登場

最初の威音王仏が入滅《にゅうめつ》されたのち、正法時代の特徴は、さとりを得ていないにもかかわらず、自分は成就《じょうじゅ》していると思い込んでいる慢心をいだく比丘（出家の男性）たちが大きな勢力をもっていることでした。そのような時代に、一人の比丘の姿をした菩薩がありました。彼のことを、人々は「常不軽菩薩」と呼んだのです。何故に、そのように名づけられたのでしょうか。それは、この比丘は、出会うすべての人々に対して礼拝《らいはい》し、敬《うやま》いの心をもち、言葉としてつぎのように告《つ》げたからなのです。

「我深敬汝等《がじんきょうにょとう》　不敢軽慢《ふかんきょうまん》　所以者何《しょいしゃが》　汝等皆行菩薩道《にょとうかいぎょうぼさつどう》　当得作仏《とうとくさぶつ》（我《わ》れ深く汝等《なんだち》を敬う。敢《あ》えて軽慢せず。所以《ゆえ》は何《いか》ん。汝等、皆菩薩の道を行じて、当《まさ》に作仏することを得《う》べし）」（『開結』四八九頁）

すなわち、この修行者は、他者に対して全面的に信順し、敬いの心をもって、「私はあなた方を深く敬います。けっして、軽《かろ》んじることはいたしません。なぜならば、あなたがたすべての人が、仏となる菩薩の道を実践し、まさしく成仏されるからにほかなりません」（現代語訳『開結』四八九頁）と高声《こわだか》に唱えたのです。

ところで、この修行者は、経典の読誦に専念することなく、ただ他者を礼拝することを行じたのです（『開結』四八九頁）。これを但行礼拝《たんぎょうらいはい》といいます。しかも、遠くに出家の男女や在家の男女（四《し》衆《しゅ》）の姿を見たならば、近づいて「あなた方はかならず成仏されます」と伝えたのです。

けれども、これらの人の中には、その修行者の言動に対して怒りの心を生じ、悪口し、ののしって、「この無知の比丘は、どこからやってきて、自分から、私はあなたたちを軽んじません、あなたたちは成仏すると言う。我々はこのようないつわりの予言など必要ない」と言う人もいたのです（『開結』四八九〜九〇頁）。

このように、この菩薩は多年にわたり、あなたは必ず仏になる、と伝えました。しかしこの修行者に対し、人々は、杖木《じょうもく》や瓦《かわら》や石をもって打擲《ちょうちゃく》します。それでも菩薩は、けっして怒ることなく、遠くへ逃げ去って、なお高声に「あなた方はみ仏になられるのです」と語りつづけたのです。

以上のことから、この修行者の菩薩を、慢心を抱いた人々は、名づけて「常に他者を軽んじない菩薩」（常不軽菩薩）と呼んだ、というのです（『開結』四九〇頁）。

【第三段】法華経修行者の功徳と背く罪

この修行者は、この世の寿命が終わろうとしたとき、威音王仏のお説きになられた法華経の二十千万億の詩頌《しじゅ》を聴聞《ちょうもん》し、この教えを受持《じゅじ》することによって、法師功徳品で説かれたように、六根清浄《ろっこんしょうじょう》の徳性を得られたのです。そして、さらに二百万億ナユタもの年の寿命を得られ、そのことで広く人々のために法華経を説いたのです。

このように説かれたのち、釈尊は得大勢菩薩に告げられるのです。「過去世における常不軽菩薩とは、いまの私にほかならない」と。

それに対して、慢心を抱いて迫害した四衆は、その罪過によって、二百億劫もの長きにわたり、仏に会うことも、仏法を聞くこともなく、また千劫の間、無間地獄《むけんじごく》において、その苦悩を受けたのです。けれども、その罪をつぐなった人々は、ふたたび常不軽菩薩の導きを受けることによって、さとりへの道を歩むことになるのです。

そしてこれらの四衆は、いま私の教えを聴聞している跋陀婆羅《ばっだばら》などの五百人の菩薩であり、師子月《ししげつ》などの五百人の比丘尼、思仏《しぶつ》などの信男の人たちにほかならないことを明かされるのです（『法華経下』〈佛典講座7〉九五一頁）。

このように、この法華経は、大いなるさとりへの道を示す教えであることを力説され、最後に十九行半の詩頌が説かれて、この章は終わるのです。

以上、この章には、いかなる迫害を受けても、それらを乗り越え、ただ愚直《ぐちょく》に法華経信仰に生きる一人の菩薩の姿が描かれています。鎌倉時代の日蓮聖人《にちれんしょうにん》は、多くの法難《ほうなん》を受けられましたが、一人一人はもちろんのこと、社会全体、そして国土に至るまで安穏《あんのん》であることを切望して、その生涯をまっとうされました。その生きる姿は、この常不軽菩薩の生き方と重なりますし、事実、常不軽菩薩の跡《あと》を継承することを明示《めいじ》されています（取意・『聖人知三世事《しょうにんちさんぜじ》』・『昭和定本』八四三頁）。

また、童話作家で詩人でもあります宮沢賢治《みやざわけんじ》（一八九六〜一九三三）は、「雨ニモマケズ手帳」に記した「雨ニモマケズ」の詩の一節に「デクノボー」と記していますが、その理想像が、この常不軽菩薩であることが知られます。そして、その手帳の「鉛筆さし」の部分に入れた小さな紙片に、常不軽菩薩品の詩頌を基とする短歌が記されています。

塵点《じんでん》の　劫《こう》をし　過《す》ぎて　いましこの　妙《たえ》のみ法《のり》に　あひまつ　りしを

（『［新］校本　宮澤賢治全集』第十三巻〈上〉五八〇頁）

という、法華経に出会えた感動をうたった短歌です。この短歌は、常不軽菩薩品に「億億万劫《おくおくまんこう》　至不可議《しふかぎ》　時乃得聞《じないとくもん》　是法華経《ぜほっけきょう》（億億万劫より不可議に至って、時に乃《いま》し、是の法華経を聞くことを得《う》）」（『開結』四九六頁）という経文です。ここには、はるかな過去世から心もおよばない長い時間を経たのち、ようやく出会えることの困難な法華経に、ただいま今世において出会えることの尊さが示されているのです。

宮沢賢治

第二十五章 久遠《くおん》のみ仏による妙法《みょうほう》の伝授
――如来神力品《にょらいじんりきほん》第二十一①

功徳の流通

天台大師智顗《てんだいだいしちぎ》（五三八～九七）の法華経解釈にしたがいますと、ゴータマ・ブッタ（釈尊《しゃくそん》）が、みずから歴史的・有限的存在を超越して、三世《さんぜ》（現在・過去・未来）にわたる久遠のいのちを明かされる如来寿量品《にょらいじゅりょうほん》を基《もと》として、その広大無辺《こうだいむへん》の福徳《ふくとく》（功徳）を与えられるのが分別功徳品《ふんべつくどくほん》の後半部分、随喜功徳品《ずいきくどくほん》、法師功徳品《ほっしくどくほん》であり、そして法華経の修行によって得られる六根清浄《ろっこんしょうじょう》の功徳と、その教えに背《そむ》くことの罪過を示されるのが、常不軽菩薩品《じょうふきょうぼさつぽん》であると、その連関性を明確にされています。

すなわち、久遠のみ仏（本仏《ほんぶつ》）の体得《たいとく》されている無限の大慈悲《だいじひ》が法華経の一句一偈《いっくいちげ》に備わり、また題目《だいもく》の五字（妙法蓮華経《みょうほうれんげきょう》）に具有されていることが明かされることによって、釈尊の入滅《にゅうめつ》後の人々を救済する教えとして伝承されるべきことが説き示されていると解釈できます。

そのことは、釈尊の救いは、直接的にその教えを聴聞《ちょうもん》している人々にとどまるのではなく、未来の私たちにまで変わることなく及ぶことを意味していることが知られます。

以上のことを天台大師は、法華経の功徳が、未来の世に伝え広まる章（功徳流通《くどくるつう》）として位置づけられているのです。つまり、功徳流通が、分別功徳品後半から常不軽菩薩品の主旨であるという解釈です。

妙法の付嘱について

ところで前章において、私たちは、常不軽菩薩がいかなる迫害をも乗り越えて、人々が菩薩としてさとりを成就《じょうじゅ》することを説きつづけたことに触れました。そして、如来神力品第二十一へと移ることになります。

天台大師の解釈では、如来神力品とつぎの嘱累品《ぞくるいほん》は、付嘱流通《ふぞくるつう》の内容を説くものと解釈されています。それは、釈尊みずから如来寿量品で説き明かされた久遠の妙法を、久遠の弟子、さらに法華経の会座にある聴衆に伝授して、その教えをのちの未来世に伝えるように委託されている、という認識によるものです。つまり、久遠のみ仏が、弟子たちにその教えの奥義《おうぎ》を手渡して、未来の世に伝えるように委嘱《いしょく》されているのです。これを「付嘱《ふぞく》」と称しますが、その手渡しの儀式をとおして妙法が伝授されていることから、「付嘱流通」と解釈され、さらに「嘱累流通《ぞくるいるつう》」と見なされています。「嘱」とは、釈尊の深い教法が、弟子の菩薩方《がた》にしっかりと手渡されることを意味し、「累」とは未来世に広く伝えられること、教法を弟子に委嘱してその教えを相伝することを指しています。

ところで、「付嘱」という表記に注目してみますと、「附嘱」あるいは「付属」とも記されますが、それは同音として用いられ、「付嘱」の意味に違いはないようです。『開結』では、「付嘱」の文字が用いられていますから、ここでは、「付嘱」の表記を用いておきたいと思います。

このように、釈尊の尊い教えが、如来神力品、嘱累品において仏弟子に手渡され、付嘱の儀式が展開していますが、この「付嘱」がなされるさきがけは、すでに見宝塔品《けんほうとうほん》においてであることが指摘できます。

見宝塔品の概要

ふり返って、見宝塔品の経文《きょうもん》を拝読《はいどく》してみますと、法華経の説法がなされている霊鷲山《りょうじゅせん》の空中に、広大で、美しい七宝《しっぽう》で造られた塔廟《とうみょう》（宝塔）が涌現《ゆげん》し、その閉じた宝塔の中から大音声《だいおんじょう》をもって、釈尊の説法が真実であるとの称讃がなされます。法華経の会座《えざ》にある人々は、いったいどのようないわれがあって、宝塔が大地より涌出《ゆじゅつ》し、大音声が発せられるのかを疑うのです。その疑問は、大楽説《だいぎょうせつ》菩薩が代表して釈尊に対して発せられます。すると、み仏はこの宝塔の中には、過去世の東方世界の宝浄国《ほうじょうこく》の多宝如来《たほうにょらい》の全身がましまし、その多宝如来の誓願は、十方《じっぽう》世界において法華経が説かれることがあれば、つねに出向いて、その説法の真実を証明することにあることから、いまこの法華経の説法の場に涌現されているとの理由が明かされるのです。

そこで大楽説菩薩は、是非とも宝塔の中の多宝如来のお姿を拝見し、供養を捧げたい旨《むね》を告げることになります。

けれども、その扉が開かれるためには、一つの条件が達成されなければなりません。それは、いま法華経を説法されている釈迦牟尼仏《しゃかむにぶつ》が、すでに十方世界において人々を導き、教化活動されるうえで、化身としてお姿を示されている分身仏《ふんじんぶつ》が、この娑婆世界《しゃばせかい》に集合されなければならない、というのです。つまり、多宝塔の開扉《かいひ》の絶対条件が「十方分身諸仏の娑婆世界への来集《らいしゅう》」にあることが説き示されるのです。当然、大楽説菩薩は、

「世尊《せそん》（釈尊）、我等また願わくは、世尊の分身《ふんじん》の諸仏を見たてまつり、礼拝《らいはい》し、供養せんと欲す」（『開結』三二七頁）

と申し出ました。

釈尊はこの要請を受けて、み仏の眉間白毫相《みけんびゃくごうそう》より大光明を放って、十方世界において活動されている分身仏《ふんじんぶつ》に対して、この娑婆世界へ来集するようにと指示されます。そして、無量のみ仏たちがこの娑婆国土に来集され、宝樹の下の師子座《ししざ》に着座され、八方にお坐りになりました。

この絶対条件が叶えられると、釈尊は神通力《じんづうりき》をもって虚空《こくう》へと移られ、七宝塔の扉を開かれることになります。すると、多宝如来は、ご自身の座席を半分おあけになり、釈尊を宝塔の中に招き入れられます。そこで釈迦牟尼仏と多宝仏とが並坐《びょうざ》され、また、娑婆世界の大地には、十方分身諸仏が八方

に列座されています。ここに「三仏」がそろわれたことになります。そして、霊鷲山の大衆も、虚空へと移され、法華経説法の会座が霊鷲山から虚空へと移るのです。そして発せられる釈尊の第一声が、つぎのことばであります。

「誰《たれ》か能《よ》く、此《こ》の娑婆国土に於いて、広く妙法華経《みょうほけきょう》を説かん。今正《まさ》しく是《こ》れ時《とき》なり。如来久しからずして当《まさ》に涅槃《ねはん》に入るべし。仏、此の妙法華経を以《もっ》て、付嘱して在ること有らしめんと欲す」

（『開結』三三五頁）

つまり、釈尊は聴聞の人々に対して、誰かこの娑婆世界において、最上の教えである妙法蓮華経を説く人はありませんか、いままさに説くべき時なのです。私は間もなく入滅を示すでしょう。私は、深法である妙法蓮華経を、しっかりあなた方に伝授して、未来の人々の救いの教法としてとどめ置きたいのです、と宣言されていることを知るのです。

天台大師の解釈

以上、見宝塔品における多宝塔の涌現、十方分身諸仏の来集、多宝塔の開扉、虚空会の説法、そして釈尊の第一声（勅命《ちょくめい》）をたどって参りました。

この経説に対して、天台大師は『法華文句《ほっけもんぐ》』巻第八下の「釈見塔品《しゃくけんとうほん》」において、「付嘱」という視点からつぎのような解釈を示されていることが知られます。

「塔を開かんと欲《ほっ》せば、須《すべから》く仏を集むべし。仏を集むれば即《すなわ》ち付嘱す。付嘱すれば即ち下方《げほう》を召《め》す。下方出《い》づれば、応《まさ》に近《ごん》を開して、遠《おん》を顕《あら》わすべし。此《こ》れは是《こ》れ、大事の由《よし》なり」

（『大正蔵経』第三十四巻 一一四頁ａ）

すなわち、多宝塔の扉が開かれるためには、十方分身仏が娑婆世界に来集されなければなりません。十方分身仏がお集まりになれば、釈迦牟尼仏・多宝如来・十方分身仏の三仏がそろわれますから、深遠なる妙法が未来へ伝授されるという付嘱の儀式が展開します。その付嘱の要法《ようぼう》は、久遠の妙法ですから、当然、従地涌出品《じゅうじゆじゅっぽん》において、娑婆世界の下方世界で修行されている久遠の仏の弟子である地《じ》涌《ゆ》の菩薩の涌現《ゆげん》が必要です。久遠の弟子が涌現されれば、それを教導されてきた久遠本仏の開顕《かいけん》となり、如来寿量品へと直結します。ここにこそ、法華経の大切な法門が秘められていることになる、という解釈です。

さらに、天台大師は、釈尊の虚空会上での第一声である、

「仏欲以此《ぶっちょくいし》　妙法華経《みょうほけきょう》　付嘱有在《ふぞくうざい》（仏、此の妙法華経を以て、付嘱して在ること有らしめんと欲す）」

（『開結』三三五頁）

の文に対して、この「付嘱有在」には二つの意味があって、一には「近く在ること有らしむ」（近令有在）と、二には「遠く在ること有らしむ」（遠令有在《おんりょう》）というのです（『大正蔵経』第三十四巻　一一四頁b）。一の近く在ることとは、み仏の入滅により近い時代に対する委嘱で、その教法の担《にな》い手《て》は、法師品《ほっしほん》に登場される薬王《やくおう》菩薩をはじめとする八万の菩薩、あるいは勧持品《かんじほん》の薬王菩薩・大楽説菩薩等の二万の菩薩であるというのです。これらは、迹仏《しゃくぶつ》に教化された迹化《しゃっけ》の菩薩方なのです。これに対し、二の遠くに在らしめるとは、遥《はる》かな未来、すなわち末法《まっぽう》万年ののちまでこの深法《じんぽう》を娑婆世界に弘める、その流布《るふ》の担い手は、まさに久遠本仏の弟子であり従地涌出品に登場される本化《ほんげ》の菩薩であるのです。つまり、天台大師によれば「下方千界微塵《げほうせんがいみじん》の菩薩」が、久遠の深法を弘める担い手である、と解釈されるのです。

再説いたしますと、その下方の千界の微塵の菩薩とは、まさに従地涌出品に登場される本化の菩薩であり、その付嘱の儀式が、この如来神力品において展開していることが知られるのです。

如来神力品の説示

如来神力品は、つぎの文にはじまります。

「爾《そ》の時に、千世界微塵等《せんぜかいみじんとう》の菩薩摩訶薩《ぼさつまかさつ》の地より涌出《ゆじゅつ》せる者《もの》、皆《みな》仏前に於《お》いて一心に合掌《がっしょう》して、尊顔《そんげん》を瞻仰《せんごう》して、仏に白《もう》して白《もう》さく、世尊、我等《われら》、仏の滅後、世尊分身《ふんじん》所在の国土、滅度の処《ところ》に於いて、当《まさ》に広く此《こ》の経を説くべし。所以《ゆえ》は何《いか》ん。我等も亦《また》、自ら是《こ》の真浄《しんじょう》の大法《だいほう》を得て、受《じゅ》持《じ》・読誦《どくじゅ》し、解説《げせつ》・書写《しょしゃ》して、之《これ》を供養せんと欲す」（『開結』四九八頁）

〈そのとき、娑婆世界の三千大千《さんぜんだいせん》の国土が震裂《しんれつ》して無量の大地から涌出された方々・菩薩大士《だいじ》、すなわち千の世界を微塵にした、その微塵の数に等しい菩薩大士がみな釈尊のみ前において、一心に合掌して、偉大なる尊いお顔をあおぎ見て、み仏に申し上げました。偉大なる尊師さま、私たちは、分身仏が活躍されている国土、あるいはみ仏がご入滅になられた場所において、広くこの妙法蓮華経の教えを説きましょう。なぜかといえば、私どももまた、釈尊の深遠なる教え、真実にして最勝《さいしょう》の教えを頂戴し、受け持《たも》ち、読誦し、解説し、書写し、供養をささげたいとおもうからです〉

このように、如来神力品の冒頭には、従地涌出品のはじめに、他の国土から娑婆国土にやってこられた八つのガンジス河の砂（八恒河沙《はちごうがしゃ》）の数の菩薩方の弘経《ぐきょう》の誓いをとどめられて、娑婆世界の下方において修行されている菩薩方の任務であるとされたのを受けて、涌出された本化の菩薩たちが、その誓いを申し出ていると理解することができます。すなわち、釈尊の要請に応えるべく、地涌の菩薩方が未来世において、娑婆国土で、真実のすぐれた教え、深遠なる教えである法華経を弘めることを誓願されるのです。

けれども、釈尊は、ただちに地涌の菩薩方に妙法を付嘱されることはありません。その付嘱がなされる前に、み仏（如来）は、偉大なる神通力《じんづうりき》を示現されるのです。それは十種の神通力であり、この章が「如来神力品」と命名される由来ともなっています。その経緯がつぎのように説かれています。

「そのとき、世尊は、文殊師利《もんじゅしり》菩薩などの百千万億の無量倍という無数の、昔からこの娑婆世界で修行している菩薩（旧住《くじゅう》の菩薩）大士や、出家の男女、在家の男女、天の神々・龍神・夜叉《やしゃ》・乾闥婆《けんだつば》・阿修羅《あしゅら》・迦楼羅《かるら》・緊那羅《きんなら》・摩睺羅伽《まごらが》等の仏法守護の鬼神等、あるいは人間や人間以外のものたちなどの前で、偉大な神通力をあらわされました」（現代語訳『開結』四九八～九頁）

付嘱のために示される大神力《だいじんりき》を、天台大師は『法華文句』巻第十下の「釈如来神力品《しゃくにょらいじんりきほん》」において、十種数えられています（『大正蔵経』第三十四巻 一四一頁c～二頁a）。それは以下の十神力です。

①　吐長舌相《とちょうぜっそう》（仏の三十二相の一つである広くて長い舌を、梵天宮《ぼんてんぐう》までとどかせるということ）
②　通身放光《つうしんほうこう》（み仏の全身の毛孔《もうく》から光が放たれて、十方世界を照らし出すということ）
③　謦欬《きょうがい》（釈尊および十方諸仏が同時に欬払《せきばら》いをし、真実が語られる予兆を示すということ）
④　弾指《たんじ》（み仏たちがそろって指を弾《はじ》いて、地涌の菩薩が深法を受持すると誓ったのに対して喜びを表現されるということ）
⑤　六種震動《ろくしゅしんどう》（地動。謦欬と弾指の音が十方世界に響きわたり、大地が六種に震動するということ）
⑥　普見大会《ふけんだいえ》（六種に震動した十方世界の人々が、法華経の虚空会の説法の場面を見るということ）
⑦　空中唱声《くうちゅうしょうしょう》（天の神々たちによって、娑婆世界において釈迦牟尼仏《しゃかむにぶつ》＝釈尊というお方が、法華経という最

上の教えを説かれています。そのみ仏を礼拝し、供養をささげなさい、という声が空中に響きわたるということ）

⑧咸皆帰命《げんかいきみょう》（天の神々の声を聞いたすべての人々が娑婆世界に向かって合掌し、「釈迦牟尼仏に帰命《きみょう》〈信仰をささげること〉します」と、くり返し唱えるということ）

⑨遥散諸物《ようさんしょもつ》（帰依《きえ》のことばを発した人々は、種々の供養物を娑婆世界に向けて散らし、それらはあたかも雲が集まるように、法華経の会座にある人々の上をおおったということ）

⑩通一仏土《つういちぶつど》（十方世界は一つの仏国土のように通じ合い、一仏土のようになるということ。「同一《どういち》仏土」とも「十方通同《じっぽうつうどう》」とも称する）

以上のように、不可思議な神通力が示され、いよいよ本化地涌の菩薩に対し、深法の付嘱がなされることになります。そのことは、次章で触れることにいたしましょう。

第二十六章

久遠《くおん》の深法《じんぽう》は本化《ほんげ》の弟子に付嘱《ふぞく》される

——如来神力品《にょらいじんりきほん》第二十一②

久遠の深法は久遠の弟子へ

如来神力品のはじめは、三千大千世界《さんぜんだいせんせかい》の下の虚空《こくう》（下方《げほう》の世界）にあって修行している久遠の菩薩《ぼさつ》（本化《ほんげ》の菩薩、地涌《じゆ》の菩薩）方《がた》が、虚空会《こくうえ》において、釈尊《しゃくそん》ご入滅《にゅうめつ》ののちの時代にその深法を弘めるという誓いを申し述べることにはじまりました。そのことから、この章の主旨は、久遠の釈尊が久遠の深遠なるさとり（深法）を、久遠の弟子へと手渡される付嘱《ふぞく》（委嘱《いしょく》、委任《いにん》）の儀式にあることが知られるのです。

この地涌の菩薩方が、釈尊に対して、未来世において広くその教えを伝えます、と誓言《せいごん》を述べたことは当然のこととして、釈尊に対する付嘱の要請と解釈できます。では、釈尊はただちにその深法を手渡されているかとたずねてみますと、その付嘱の儀式の前に、釈尊および十方分身《じっぽうふんじん》の諸仏方《しょぶつがた》が十種の神力《じんりき》を示現《じげん》されていることを前回確認いたしました。そして、これらの十神力が示されていることから、この章が「如来神力品」と名づけられることを知ったのです。

娑婆世界を中心とする仏教観

ところで、私は幼い頃から毎朝、法華経の如来神力品と、そのつぎの章である嘱累品《ぞくるいほん》を拝読して参りました。そして、師範から、如来神力品は「別付嘱《べっぷぞく》」（地涌の菩薩に対する特別な付嘱）が主題であり、本化地涌《ほんげじゆ》の菩薩にのみ、深法が手渡されているということ。つぎの嘱累品は、法華経説法の虚空会に列座《れつざ》されているすべての菩薩方や、仏法を護持《ごじ》される天の神々、龍神や鬼神等への付嘱がなされ、これが「総付嘱《そうふぞく》」と称されるということを学びました。

また、立正大学において日蓮聖人《にちれんしょうにん》の教えを学ぶようになると、聖人は法華経の従地涌出品《じゅうじゆじゅっぽん》第十五から嘱累品第二十二までの「本門八品《ほんもんはっぽん》」を重視され、みずから末法《まっぽう》の世に、如来の勅命《ちょくめい》を受けてこの世に誕生された、本化上行菩薩《じょうぎょうぼさつ》の応現《おうげん》であるとの宗教的ご自覚に到達されていることを知ったのです。しかも、この本門法華経を中心とする法華経観が、日蓮聖人教学の独自性となり、日蓮宗《にちれんしゅう》が成立する根拠となっていることを学んだのです。

いま、このことを少し整理してみますと、この法華経という教えは、娑婆《しゃば》世界の教主《きょうしゅ》を久遠の釈尊として仰《あお》ぎ、そのみ仏は主徳《しゅとく》・師徳《しとく》・親徳《しんとく》の三徳を具備《ぐび》されているということ。そのみ仏の寿命は久遠であるということ。しかし、人々を教化《きょうけ》するために、方便《ほうべん》として入滅を示されているということ。

さらに、その入滅に当たって久遠の深法を仏弟子たちに付嘱されますが、その担《にな》い手《て》の中心となる菩薩方は、久遠の弟子である本化地涌の菩薩である、ということなどであります。

一般的な考え方からすれば、み仏の教えが、未来のすべての人々を救済する尊い教えであれば、その教法《きょうぼう》の担い手についての上下関係や、付嘱の順序次第を論じ、また担い手である菩薩方の資格やその区別を論じる必要は存《そん》しないのではないか。そして、この法華経本門の深法の付嘱は、特別に地涌の菩薩が中心となる必要性は存しないのではないか、という考え方が提示されるかも知れません。

日蓮聖人は、本化地涌の菩薩のリーダー・上行菩薩の応現と位置づけられる。（東京・池上本門寺蔵）

けれども、法華経には、釈尊の仏格性《ぶっかくせい》とその弟子の菩薩との関係性が重視され、しかも仏教的世界観については、娑婆世界を中心として、十方世界を位置づけていることが知られるのです。

そこで、法華経に登場される菩薩方の具有している属性をたずねてみますと、天台大師智顗《てんだいだいしちぎ》は、『法華文句《ほっけもんぐ》』において、菩薩方には三種があると解釈され、それぞれの菩薩方には、それぞれに異なる任務があることを示されているのです。

そこで、法華経に登場される三種の菩薩のお働きを確認し、ついで、如来神力品における「別付嘱」の儀式についてたずねることにいたしましょう。

下方・他方・旧住の菩薩方

天台大師は、法華経に登場される菩薩方をどのように性格づけられ、三種の菩薩について解釈されているのでしょうか。

『法華文句』巻第九下の「釈寿量品《しゃくじゅりょうほん》」では、菩薩に三種があると指摘されています。それは、

① 下方《げほう》の菩薩
② 他方《たほう》の菩薩
③ 旧住《くじゅう》の菩薩

であるというのです（『大正蔵経』第三十四巻 一二九頁c）。

日蓮聖人が、経典や注釈書などの要文を抜粋されたものの一つに、下総国《しもうさ》（現在の千葉県市川市中山）の檀越《だんのつ》である富木常忍《ときじょうにん》（一二一六～九九）のもとに護持されていた要文集が確認できますが、その要文に、常忍みずから「下方他方旧住菩薩の事」と命名しています。その冒頭には、『法華文句』

の一節が記され、以下『法華文句輔正記《ふしょうき》』『大智度論《だいちどろん》』等の要文が記されています（『昭和定本《ていほん》』二三二三頁）。

それによりますと、「下方の菩薩」というのは、娑婆世界の下の虚空において修行されている菩薩方であり、虚空会に涌現《ゆげん》されているのですが、それは六万恒河沙《ごうがしゃ》（ガンジス河の砂の数の六万倍）の地《じ》涌《ゆ》の菩薩を指しています。そして、その六万恒河沙の地涌の菩薩方の四人の上首《じょうしゅ》（リーダー）は、上《じょう》行《ぎょう》菩薩・無辺行《むへんぎょう》菩薩・浄行《じょうぎょう》菩薩・安立行《あんりゅうぎょう》菩薩の四大菩薩にほかなりません。

つぎに、「他方の菩薩」でありますが、これらの菩薩の多くは、見宝塔品《けんほうとうほん》において、十方分身諸仏とともに、釈尊の法華経説法が行われている娑婆世界に、他土（娑婆世界ではない他の国土）より来集されています。すなわち、十方分身諸仏にお仕《つか》えする侍者《じしゃ》としての役割りを担われている菩薩方です。また、提婆達多品《だいばだったほん》に登場される智積《ちしゃく》菩薩も、多宝《たほう》如来の侍者でありますから、娑婆世界以外の国土の菩薩と言えましょう。

ことに、従地涌出品の冒頭では、他方の国土から娑婆世界に来集された「八恒河沙の数を過ぎたる」（ガンジス河の砂の数を八倍するよりも多い）多くの菩薩方が、釈尊の滅後に、この娑婆世界で法華経を弘《ひろ》めること（弘経《ぐきょう》、弘通《ぐづう》）を申し上げる（『開結』三九三頁）のです。

しかし、釈尊はその申し出を採用されず、むしろ却下されています。もちろん、娑婆世界の教主である釈尊の深法は、釈尊の久遠の弟子が担うべきであるとの立場から、その申し出を制止されているのです。

このように、従地涌出品では、釈尊の他方の菩薩に対する厳しいお言葉がみられますが、同時に娑婆世界の三千大千の国土が震裂《しんれつ》して、量《はか》り知れない無数の菩薩（六万恒河沙の菩薩）が涌出《ゆじゅつ》されるのです（『開結』三九四頁）。

天台大師の「釈従《しゃく》地涌出品」では、釈尊が他方の菩薩の申し出を採用されることなく、下方の地涌の菩薩を召喚《しょうかん》されたことについて、それぞれ三つの解釈をほどこされています。ここに、他土の菩薩と下方の菩薩の任務の違いが明らかとなります。

まず、釈尊が他方の菩薩方の、娑婆世界での弘経の要請を許されなかった理由を確認してみましょう。第一には、他方の菩薩は、十方分身諸仏に仕える侍者であり、その十方の国土において、その役割を果たすことが大切であり、もし娑婆国土において法華経を弘めることがあれば、他土での任務を放棄し、他土の人々をさとりへと導く手だてがなくなってしまうということです。

第二には、他土の菩薩方と娑婆世界の人々とは、国土を異にしていることから関係性が稀薄であり、仮りに人々を導こうとされても、大いなる果報が得られないということです。

第三には、釈尊がもしも他方の菩薩方に弘通の許可を下されたならば、下方の菩薩方を召喚されることはなく、そのことは久遠の弟子が登場されないこととなり、延《ひ》いてはその本師《ほんし》たる釈尊の久遠性が顕《あらわ》されることがなくなってしまうから許可されなかった、というのです。

以上、三つの理由を示されているのです（大意『大正蔵経』第三十四巻一二四頁c）。

つぎに、天台大師は、下方の菩薩が虚空会に登場される由来を、三つの面から指摘されています。

まず第一には、下方の菩薩（地涌の菩薩）方は久遠の釈尊の最初の弟子ですから、本師（釈尊）と本弟子（地涌の菩薩）とは、久遠の昔から今日まで、深い結縁《けちえん》があるというのです。そこで、久遠の仏の教えは、久遠の弟子が弘めるべきであるという解釈です。

第二に、久遠の仏と久遠の弟子との深い関係性があれば、久遠の釈尊は娑婆世界だけでなく、十方世界、すなわち他土の世界においても教化活動をなされ、人々をさとりへと導かれるのですから、本弟子としての地涌の菩薩も、十分にその活動を展開され、大いなる功徳《くどく》が与えられるという解釈です。

たしかに、如来神力品のはじめにおいて、地涌の菩薩方は、

「私たちは、仏の入滅された後に、み仏の分身仏がおられる国土、あるいはみ仏がご入滅を示されたあらゆる場所において、広くこの法華経を説きましょう」（現代語訳『開結』四九八頁）

と誓いを述べていることからも、この理由の意味が明らかです。

さらに、第三の理由は、下方の菩薩が涌現されることを契機として、如来寿量品《にょらいじゅりょうほん》では、始成正《しじょうしょう》覚《がく》の仏（歴史上の釈尊）が、その真実のさとりは久遠であるということ（開近顕遠《かいごんけんのん》——近き成仏を開顕《かいけん》して、久遠の寿命を顕《あらわ》す——）を明らかにされることになる、という解釈です（大意『大正蔵経』第三十四巻　一二四頁c）。

以上のように、法華経に登場される下方の菩薩方と他方の菩薩方について、確認をいたしました。

ついで、第三の「旧住の菩薩」でありますが、これらの菩薩方は、久遠の仏が垂迹仏《すいじゃくぶつ》としてその姿を顕された有限な仏（迹仏《しゃくぶつ》）の弟子であり、それらの仏を支え、そのみ仏が説法を開始され、人々に感動を与えられる場面において、重要な役割りをもった菩薩方です。たとえば、法華経の序品《じょほん》で

は、法華経の説法がはじまるうえで、弥勒《みろく》菩薩と文殊師利《もんじゅしり》菩薩が重要な役割りを担われています。また、法師品《ほっしほん》における八万の大菩薩方、さらに勧持品《かんじほん》における二万の菩薩方などが旧住の菩薩であります。けれども、地涌の菩薩と対比いたしますと、たしかに法華経の教えを担われる菩薩ではありますが、その活動期間は有限的であり、遥《はる》かな無限の未来にまで、この深法を担われる下方の菩薩とは異なることが知られるのです。

地涌の菩薩への付嘱――結要付嘱

以上、如来神力品において、釈尊の深法が、下方の地涌の菩薩に対して付嘱されているという点に着目し、その深法の担い手である「菩薩方」について確認して参りました。

では、いよいよ釈尊の付嘱について見て参りましょう。

天台大師は、以下の経文の説示を「結要《けっちょう》付嘱」（別付嘱と同義）と見なされています。

「爾《そ》の時《とき》に仏、上行《じょうぎょう》等の菩薩大衆《だいしゅ》に告《つ》げたまわく、諸仏の神力《じんりき》は、是《かく》の如《ごと》く無量無辺不可思議《むりょうむへんふかしぎ》なり。若《も》し我《わ》れ、是《こ》の神力を以《もっ》て、無量無辺百千万億阿僧祇劫《ひゃくせんまんのくあそうぎこう》に於《お》いて、嘱累《ぞくるい》の為《ため》の故に、此《こ》の経の功徳を説かんに、猶《なお》尽《つ》くすこと能《あた》わじ。

要《よう》を以て之《これ》を言わば、如来の一切の所有《しょう》の法、如来の一切の自在《じざい》の神力、如来の一切の秘要《ひよう》の蔵《ぞう》、如来の一切の甚深《じんじん》の事、皆《みな》此《こ》の経に於いて宣示顕説《せんじけんぜつ》す」（『開結』五〇二頁）

〈そのときに釈尊は、上行菩薩をはじめとする大勢の地涌の菩薩方に告げられました。み仏たちの神通の力は、いま十種の神力を示したように、量《はか》ることができないほどであり、また際限もなく、大変不可思議なものです。もしも、私（釈尊）がこの神通力によって、果てしない無限の時間にわたって、この経を付嘱することを目的として、法華経が広大な功徳を具有していることを説きつづけたとしても、なおそれでも尽くすことはできないでしょう。

そこで、最も大切な教えを簡潔に要約して表現してみますと、如来のあらゆる一切の教え、如来の一切の自由自在なる神通のはたらき、如来の一切の重要な肝心の教えの蔵、如来の一切の奥深い真理、これらのすべてを、私（釈尊）はこの法華経に宣《の》べ示し、明らかに説いているのです〉

このように、み仏たちの偉大な働きが十種にわたり示されたとしても、それ以上に、この法華経の具有している功徳は無限であると説き示され、ついで、五つに結んで、法華経の深法の尊さが示されるのです。これを天台大師は、「名《みょう》・体《たい》・宗《しゅう》・用《ゆう》・教《きょう》」の五重玄義《ごじゅうげんぎ》をもって解釈されています（『大正蔵経』第三十四巻 一四二頁a）。

①「如来の一切の所有《しょう》の法」とは、如来の所有される仏法の真理は、妙法蓮華経《みょうほうれんげきょう》の題目《だいもく》（題名）に込められていることから「名玄義《みょう》」。

②「如来の一切の自在《じざい》の神力」とは、如来の自由自在なる神通力《じんづうりき》のもと、人々への導きがなされることから「用《ゆう》玄義」。

③「如来の一切の秘要《ひよう》の蔵《ぞう》」とは、如来が悟られている諸法実相《しょほうじっそう》の真理が、法華経に秘蔵されていることから「体《たい》玄義」。
④「如来の一切の甚深《じんじん》の事《じ》」とは、如来が修得される因果の原理は、深いさとりを具《そな》えていることから「宗《しゅう》玄義」。
⑤「此《こ》の経に於いて宣示顕説《せんじけんぜつ》す」とは、如来の教えは、法華経において説き尽くされ、一経に結ばれていることから「教《きょう》玄義」。

このように、如来神力品の「結要付嘱」(別付嘱)の文に注目してみますと、妙法蓮華経の五字の玄題(題目)に深遠なる教えが包含され、上行菩薩をはじめとする本化の菩薩方へ付嘱されていることを知るのです。

第二十七章　法華経の会座《えざ》にあるすべての人々への付嘱《ふぞく》
——嘱累品《ぞくるいほん》第二十二

日蓮聖人における上行菩薩の自覚

前章において、鎌倉時代に誕生された日蓮聖人《にちれんしょうにん》（一二二二〜八二）は、種々の法難《ほうなん》を体験されることによって、如来神力品《にょらいじんりきほん》における釈尊《しゃくそん》から地涌《じゆ》の菩薩に対する「結要付嘱《けっちょうふぞく》」（別付嘱《べっぷぞく》）の儀式を基《もと》として、みずから地涌の菩薩の四大上首《しだいじょうしゅ》（リーダー）の一人である「上行菩薩《じょうぎょうぼさつ》」の応現《おうげん》であるとの自覚を表明されていることを紹介いたしました。そのことは、聖人が虚空会における、法華経本門《ほんもん》の従《じゅう》地涌出品《じゆじゅっぽん》から嘱累品《ぞくるいほん》までの本門八品《はっぽん》の説相《せっそう》を規範として、自己は日本の末法《まっぽう》の世に久遠《くおん》の釈尊が遣《つか》わされた如来使《にょらいし》（仏の使者）である、と宗教的使命感を表明されていることを意味しています。

聖人のインド・中国・日本の三国にわたる仏教史観、わけても法華経流通《るづう》の歴史観というのは、法華経の真実の教えを開示《かいじ》されたインドの釈尊、その教えを中国において明らかにされた天台大師智顗《てんだいだいしちぎ》、そして日本にその一乗《いちじょう》仏教を伝承された伝教大師最澄《でんぎょうだいしさいちょう》の法脈《ほうみゃく》をうけついでいる「三国四師《さんごくしし》」として表明されます。天台大師や伝教大師は、法華経の方便品《ほうべんぽん》を中心とする迹門《しゃくもん》中心の立場（仏の智慧によるさとりである諸法実相《しょほうじっそう》を中心とする）であるのに対して、日蓮聖人は、法華経本門の久遠実成《くおんじつじょう》の釈尊の大慈悲《だいじひ》、すなわち釈尊の救済を基とする立場を選取《せんしゅ》されていることが知られるのです。

しかも、聖人は、釈尊の救いの重要な教えが、「結要付嘱」の儀式をとおして、地涌の菩薩に手渡されていることを重視されているのです。その内容は、すでに触れましたように、

①「如来の一切《いっさい》の所有《しょう》の法」（名玄義《みょうげんぎ》）
②「如来の一切の自在《じざい》の神力《じんりき》」（用《ゆう》玄義）
③「如来の一切の秘要《ひよう》の蔵《ぞう》」（体《たい》玄義）
④「如来の一切の甚深《じんじん》の事《じ》」（宗《しゅう》玄義）
⑤「此《こ》の経に於《お》いて宣示顕説《せんじけんぜつ》す」（教《きょう》玄義）

と示され（五重玄義《ごじゅうげんぎ》）、それらをすべて具有《ぐゆう》し、統一されている教法《きょうぼう》が、「南無妙法蓮華経《なむみょうほうれんげきょう》」の題目《だいもく》である、というのが聖人の受けとめ方です。

このことを、聖人の『観心本尊抄《かんじんほんぞんしょう》』の説示《せつじ》をもとに確認いたしますと、聖人はこの題目を、如来寿量品《にょらいじゅりょうほん》の「良医治子《ろういじし》の喩《たと》え」との連関のもとに、

「是好良薬《ぜこうろうやく》とは、寿量品の肝要たる名《みょう》・体《たい》・宗《しゅう》・用《ゆう》・教《きょう》の南無妙法蓮華経是《こ》れなり」

（原漢文『昭和定本』七一七頁）

と端的《たんてき》に表現されています。すなわち、如来寿量品の譬喩《ひゆ》として説かれる段に、父である久遠の仏は、色（かたち）・香（かおり）・美味（あじわい）の三つを備えた大良薬を、誤って毒薬を飲んで苦しむわが子どもたち（末法の私たち）に与えられています。ここに、久遠のみ仏（本仏《ほんぶつ》）と、仏の調合された大良薬（久遠のみ教え・五重玄義を具備した題目・本法《ほんぽう》）との不二・一如が明らかとなります。

そして、その大良薬の存在を子どもたちに知らせ、それを服《の》ませるきっかけとなる大切な役目は、他国におもむいた父が派遣して、「あなた方の父は死去された」と告げる（遣使還告《けんしげんごう》）使者であり、その使者が本化《ほんげ》の菩薩（地涌の菩薩）にほかならない、という受けとめ方です。ここに、久遠の釈尊（本仏）と、久遠の教法（要法《ようぼう》・本法）と、久遠の弟子（本化の弟子）との三者の有機的連関性が開示されることになります。

末法の私たちの題目受持

日蓮聖人は、建長《けんちょう》五（一二五三）年四月二十八日、三十二歳の法華経弘通《ぐづう》の開始（立教開宗《りっきょうかいしゅう》）以来、一貫して私たちに対し、題目を唱えることをとおして、釈尊の救いにあずかることを示されてきました。それは、末法の私たちは、宗教的能力（機根《きこん》）を豊かに備えた「智者《ちしゃ》」ではなく、宗教的能力の劣《おと》った「愚者《ぐしゃ》」であるという認識によるものです。しかも、如来寿量品の教えを明鏡《めいきょう》として私たちを映し出すとき、久遠の仏に違背《いはい》し、主《しゅ》・師《し》・親《しん》三徳を具《そな》えた仏の存在を忘失している者、という認識に立脚されるのです。それゆえに、聖人は、末法の人々が「愚者」であると同時に、宗教的な「五《ご》逆罪《ぎゃくざい》」や「謗法罪《ほうぼうざい》」を犯している人々である、と規定されるのです。そして、それらの宗教的罪を犯し、重い病気に冒《おか》されている人々にとって必要不可欠な大良薬（要法）が、南無妙法蓮華経であり、それを受持《じゅじ》することが、信仰の実践に欠かせない行為（信行《しんぎょう》）であると説き示されることになります。

つまり、聖人は法華経という教えに絶対随順《ずいじゅん》（信心の絶対性）することを説かれ、その信仰的行為（信行）は、題目受持の一行《いちぎょう》にあることを力説されているのです。

たとえば、文永《ぶんえい》三（一二六六）年、四十五歳のときに著《あら》わされた『法華題目鈔《ほっけだいもくしょう》』の一節には、法華経の信行において、「広《こう》・略《りゃく》・要《よう》」の三種があると明かされています。そして、法華経の一部八巻二十八品を受持・読誦《どくじゅ》する行為は「広」の信行であり、方便品・寿量品等を受持し、護持《ごじ》するのは「略」の信行であり、法華経の一句、一偈《げ》、さらに題目だけを唱えるのが「要」の信行であるというのです。その結論としては、

「広・略・要の中には題目は要の内なり」（『昭和定本』三九五頁）

と断定されています。

さらに、聖人の佐渡流罪《さどるざい》以後の記述を確認いたしますと、文永十一（一二七四）年、五十三歳のと

きに著された『法華取要抄《しゅようしょう》』には、

「日蓮は広・略を捨てて肝要を好む。所謂《いわゆる》上行菩薩所伝《しょでん》の妙法蓮華経の五字なり」

（原漢文『昭和定本』八一六頁）

さらに、翌文永十二（一二七五）年三月に著された『曽谷入道殿許御書《そやにゅうどうどのがりごしょ》』には、

「爾《そ》の時に、大覚世尊《だいかくせそん》、寿量品を演説して、然《しか》して後に、十神力を示現《じげん》して、四大菩薩に付嘱したまふ。其《そ》の所嘱の法とは何物《なにもの》ぞや。法華経の中にも、広を捨てて略を取り、略を捨てて要を取る。所謂妙法蓮華経の五字、名・体・宗・用・教の五重玄なり」（原漢文『昭和定本』九〇二頁）

と明示されています。

このように、日蓮聖人が題目中心の教義を主張される根底には、くり返しになりますが、如来神力品における釈尊からの「結要付嘱」の儀式が存していることが明らかです。ここに、天台大師・伝教大師と立場を異にする、聖人独自の「本化上行菩薩《ほんげ》の自覚のもとに確立された教学」（本化別頭《ほんげべつず》の教学）が成立し、聖人の教えが今日《こんにち》継承されている理由が明らかとなります。

以上、私たちは如来神力品の教えを、み仏の十神力の面から、さらには「結要付嘱」の内容の面からたどってきました。ことに、この「結要付嘱」の法門が、日蓮聖人教学の根幹に関わっていること

から、聖人の上行菩薩のご自覚、そして聖人が題目を要法として認識され、それを受持することが、久遠のみ仏の救いにあずかるうえで、末法の私たちの重要な信行（宗教行為）であるという教義内容を、少し詳しく確認したのであります。

如来神力品の科段

ところで、天台大師の『法華文句』に従いますと、如来神力品の長行《じょうごう》（散文）の部分は、

①地涌の菩薩の誓い
②如来の十神力の示現
③結要付嘱

の三段に分けられています。そして、第三の結要付嘱の段には、

①称歎《しょうたん》付嘱
②結要付嘱
③勧奨《かんしょう》付嘱
④釈《しゃく》付嘱

の四科《か》があると解釈されています。そののち、十六行の詩頌《しじゅ》（偈頌《げじゅ》）が示されるというのです。その詩頌の最初の四行は、如来の十神力が称歎され、つぎの十二行は、結要付嘱の内容が「名・体・宗・用」の四法の面から称歎され、最後にその功徳が示されて、如来神力品は終わりを迎えるのです（『法華文句《もんぐ》』巻第十下・『大正蔵経』第三十四巻 一四二頁b）。

では、つぎの嘱累品の教えをたずねることにいたしましょう。

嘱累品の説示

嘱累品第二十二は、つぎの文からはじまります。

「爾《そ》の時に釈迦牟尼仏《しゃかむにぶつ》、法座《ほうざ》より起《た》って大神力《だいじんりき》を現《げん》じたもう。右の手《みて》を以《もっ》て、無量の菩薩摩訶薩《まかさつ》の頂《いただき》を摩《な》でて、是《こ》の言《ことば》を作《な》したまわく、『我《われ》、無量百千万億阿僧祇劫《あそうぎこう》に於《お》いて、是の得難《えがた》き阿耨《あのく》多羅三藐三菩提《たらさんみゃくさんぼだい》の法を修習《しゅじゅう》せり。今、以て汝等《なんだち》に付嘱す。汝等応当《まさ》に一心に此《こ》の法を流布《るふ》して、広く増益《ぞうやく》せしむべし』

是《かく》の如く三たび諸《もろもろ》の菩薩摩訶薩の頂を摩でて、是の言を作したまわく、『我、無量百千万億阿僧祇劫に於いて、是の得難き阿耨多羅三藐三菩提の法を修習せり。今、以て汝等に付嘱す。汝等、当《まさ》に受持・読誦し、広く此の法を宣《の》べて一切衆生《しゅじょう》をして、普《あまね》く聞知《もんち》することを得《え》せしむべし』」

〈その時に、釈迦牟尼仏は、法華経説法の座から立ち上がられて、偉大なる神通《じんづう》の力を示されました。すなわち、み仏は右の手をもって、量《はか》り知れないほどの菩薩方《がた》の頭をなでながら、つぎのように述べられたのです。「私は、量り知れない百千万億の無数倍という無限の年月にわたって、得ることのむずかしい無上の正しいさとりの真理を修得したのです。あなた方に、その最上の教えである法華経の教えを手渡しましょう。あなたたちは、一心にこの妙法を受けとめ、そしてその教えを広く伝えて、世の人々に大いなる恵みを与えられるようにしていただきたい」

（『開結』五〇七～八頁）

このように、み仏は三度にわたってすぐれた菩薩方の頭をなでながら、つぎのように言われたのです。「私は量り知れない百千万億を無数倍する無限の年月にわたって、得ることのむずかしい無上の正しいさとりの真理を修習いたしました。いま、あなた方に、その最上の教えである法華経の教えを手渡しましょう。あなたたちはこの正法《しょうぼう》を受けたもち、読誦して、広く人々のために説き示し、あらゆるいのちある人々が、すべて残らずその教えを聞いて知ることができるようにいたしなさい」〉

このように釈尊は、見宝塔品《けんほうとうほん》において虚空《こくう》に浮かんでいる宝塔の中に入られて、多宝《たほう》如来と並坐《びょうざ》されている座席から立ちあがり、宝塔の外へと歩み出て、右の手をもって、量り知れないほどの無数の偉大な菩薩方の頭を三度にわたってなでられるという神通力を示されます。そして、教法を手渡されるのです。このことを「摩頂《まちょう》付嘱」とも、あるいは「塔外《とうげ》付嘱」とも称します。

このように、釈尊が菩薩方の頭をなでられる目的は、菩薩方に対して、釈尊が最上の教えを委嘱《いしょく》し、その教えが広く伝えられることによって、世界の人々が釈尊のさとりと同じく最上のさとりへと到達するように、との願いにほかならないからです。すなわち、み仏は三千大千世界《さんぜんだいせんせかい》の人々はもちろんのこと、遥《はる》かな未来世の人々が、み仏の大慈悲をもととして最上のさとりへ到達することを根本の願いとしておもちであるからなのです。つまり、み仏は、私たち一切の人々に対する平等なる大慈悲の体現者であり、最上の福徳《ふくとく》を与えられる慈悲者なのです。そのことから、この嘱累品の一節に、

「如来は是《こ》れ一切衆生の大施主《だいせしゅ》なり」（『開結』五〇八頁）

と明示されることになります。このように釈尊の尊いお言葉を受けた菩薩方は、大いなる歓喜《かんぎ》が全身に満ちあふれ、いよいよみ仏に対する敬いの心が増し、そこでみずからその身体を曲げ、頭をたれて、み仏に対して合掌《がっしょう》し、つぎのように三度にわたって誓いのことばを申し述べるのです。

「世尊《せそん》の勅《ちょく》の如く、当《まさ》に具《つぶさ》に奉行《ぶぎょう》すべし。唯然《ゆいねん》、世尊、願わくは慮《うらおもい》したもうこと有《いま》さざれ」（『開結』五〇九頁）

〈私たちは、み仏の仰《おお》せ＝ご命令のように、遺漏《いろう》なくこの教えを人々に伝えるという任務を実行いたします。たしかに、承知いたしました。世尊よ、どうかお願いいたしたいことは、ご心配なさいませんよう〉

この文から、釈尊の願いが込められた法華経の委嘱と、それに対する菩薩方の誓いとが、しっかりと重ね合っていることが知られるのです。つまり、釈尊にはこの妙法の教えを未来世の人々に伝えたいという願望があり、そのことを菩薩方に委嘱されることによって、その言葉を受けとめた菩薩方が誠実に実行することを誓っているのです。

このように、嘱累品の教えをたどってきますと、釈尊が妙法を手渡されるという「嘱《ぞく》」の意味と、弟子がそれを受けとめて広く伝承するという「累《るい》」の意味とが現実化し、「嘱累品」という題号《だいごう》の意味が明確になるのです。

ついで、この尊い委嘱の儀式が終わりますと、釈尊は見宝塔品において十方《じっぽう》世界からお集まりの分《ふん》身諸仏《じんしょぶつ》に対して、それぞれ活動教化されている国土にお還《かえ》りくださるようにと告げられ、また、多宝塔の扉が閉じられることによって、釈尊はもとの霊鷲山《りょうじゅせん》へと移られることになります。

この、嘱累品の結びの文は、つぎのとおりです。

「み仏が、それぞれの世界にお帰り下さいとおっしゃったとき、十方世界の無量のみ仏たちは、宝樹下の師子座《ししざ》にあり、また、多宝仏をはじめ上行等の量り知れない地涌の菩薩方、さらには仏弟子たち、舎利弗《しゃりほつ》などの出家の男女、あるいは信者である男女、さらにすべての天の神々や人間たち、阿修羅《あしゅら》たちのあらゆるものたちは、み仏のことばを聞いて、大いに喜んだのです」

（現代語訳『開結』五一〇頁）

以上のことから、如来神力品においては、法華経の付嘱が地涌の菩薩を対象としているために「別付嘱」と称し、この嘱累品では、迹化《しやっけ》や他土《たど》の菩薩方への付嘱であり、さらに末尾では、法華経説法の会座《えざ》にあるすべての人々が歓喜していることから、この会座にあるすべての人々への付嘱であると解釈できます。そのことから「総《そう》付嘱」と称するのです。

第二十八章　薬王菩薩《やくおうぼさつ》の登場

――薬王菩薩本事品第二十三《やくおうぼさつほんじほん》①

嘱累品ののちの教え

如来神力品《にょらいじんりきほん》、嘱累品《ぞくるいほん》はともに、未来世の人々が深遠なる妙法の教えによって、大いなる果報を得るようにとの願いのもとに、釈尊が、仏弟子、あるいは法華経説法の会座《えざ》にある大衆《だいしゅ》に、その教えを手渡されるという儀式（付嘱《ふぞく》）であったことを学びました。そして、神力品は「別付嘱《べつぷぞく》」（結要《けっちょう》付嘱）、嘱累品は「総《そう》付嘱」と名づけられる儀式でありました。

ところで、この両品は、釈尊滅後の未来世における人々の信仰のあり方や、その功徳について主眼が置かれていますから、「流通《るつう》」と称するのです。天台大師《てんだいだいし》の解釈では、この両品は、釈尊が聴衆に対して妙法の教えを弘めるようにと委嘱《いしょく》され、それを聴衆がしっかりと受けとめ、未来世に弘めることを誓っていますので、「嘱累流通」と解釈されています。

ここで、一つの考え方が提示されます。一般的な立場からすれば、このように釈尊が未来世の人々の宗教に安らかな救いを願われて、法華経会座の聴衆に対して尊い教えを委嘱されているのですから、説法の儀式としては一応の終止符が打たれてもよいのではないか。法華経全体の構成の立場から、これらの章を終わりとして、両品を位置づけることが可能ではないか、ということです。

しかし、この鳩摩羅什訳の『妙法蓮華経』においては、嘱累品につづいて、薬王菩薩本事品第二十三、妙音菩薩品《みょうおんぼさつぼん》第二十四、観世音菩薩普門品《かんぜおんぼさつふもんぼん》第二十五、陀羅尼品《だらにほん》第二十六、妙荘厳王本事品《みょうしょうごんのうほんじほん》第二十七、普賢菩薩勧発品《ふげんぼさつかんぼっぽん》第二十八の六品が説かれています。

では、これらの六章を、如来神力品・嘱累品との関連において、どのように考えたらよいのでしょうか。

天台大師は、薬王菩薩本事品（以下、薬王品と略称）から妙荘厳王本事品までの五章の教えは、菩薩方《がた》や仏法を守護する天の神々が妙法を広く伝え、未来世の人々が大いなるめぐみを得るために、その偉大な力を示すことに中心があると解釈されています。

そのことから、薬王品以下の五章は、

「皆《み》なこれ化他《けた》（他者を教化することを中心とした）流通なり」（『大正蔵経』第三十四巻　一四三頁ａ）

と解釈されているのです。すなわち、それぞれの菩薩方の導きの力がすぐれていることに主眼が置かれている（同上書　一四八頁ａ）と見なされているのです。

日蓮聖人像（神奈川・妙本寺蔵）

そして、最後の普賢菩薩勧発品は、娑婆《しゃば》世界より東方の宝威徳上王仏《ほういとくじょうおうぶつ》の国土に居住されている普賢菩薩が、娑婆世界の霊鷲山《りょうじゅせん》で説法されている釈尊のもとを訪ねて、法華経の教えを恋《れん》慕《ぼ》するゆえにその教えを聴聞《ちょうもん》し、合わせてみずから法華経を護持《ごじ》し、その誓願の力をもって、法華経の教えを伝えることに主眼が置かれている、と解釈されています（『大正蔵経』第三十四巻一四八頁ａ）。すなわち、普賢菩薩、および所従の菩薩方が、法華経を護持するために、自由自在なる力によって未来の人々の法華経信仰を勧奨《かんしょう》することに中心が置かれていることを知るのです。

以上のことから、如来神力品、嘱累品ののちに、さらに六章にわたって法華経の教えが説かれている理由を知るのです。

ところで、嘱累品以下、菩薩方の自行と化他にわたるはたらきによって、法華経の教えが未来世に伝えられることが説かれているという解釈を、「付嘱」という視点から「捃拾遺嘱《くんじゅういぞく》」と解釈されているのが、中国・唐の時代の妙楽大師湛然《みょうらくだいしたんねん》であり、鎌倉時代の日蓮聖人《にちれんしょうにん》であります。

すでに前章で紹介いたしましたように、日蓮聖人は如来神力品の「結要付嘱」（別付嘱）の教えをもとに、ご自身が「上行菩薩《じょうぎょうぼさつ》」の応現であるとの自覚を表明されていることを述べました。

では、このように、如来神力品の結要付嘱を重視される聖人が、嘱累品、そしてつぎの薬王品以下の諸品を、どのように解釈されているのかを、見ておきたいと思います。

日蓮聖人遺文に見る「捃拾遺嘱」

日蓮聖人が、ご自身の著作中、最も大切な書と見なされている『観心本尊抄《かんじんほんぞんしょう》』の一節に、如来神力品から嘱累品、そして薬王品以下の教説について、つぎのように記されています。

「（釈尊は地涌《じゆ》の菩薩に、妙法蓮華経《みょうほうれんげきょう》を付嘱するために、）神力品の偈頌《げじゅ》の文《もん》に、『み仏の滅後ののち、この経典をよく持《たも》っているからこそ、み仏たちはみな歓喜されて、はかり知れない神通力《じんづうりき》を示現されているのです』と説かれています。

また、つぎの嘱累品では、以下のように説かれています。『そのときに、釈迦牟尼仏《しゃかむにぶつ》は、法華経の説法の座から起《た》ちあがって、大いなる神通の力を示されました。そして、仏みずから右の手ではかり知れないほどのすぐれた菩薩方の頭をなでられ、みずから体得された最上の教えをあなた方に委嘱しよう』とおっしゃいます。

この経文は、本化《ほんげ》地涌の菩薩をはじめとして、迹化《しゃっけ》の菩薩、他の国土からこられた菩薩、梵天《ぼんてん》王《のう》・帝釈天《たいしゃくてん》・四大天王《しだいてんのう》等の神々にこの経を手渡されている文です。そののち、釈尊はつぎのようにおっしゃいました。『十方《じっぽう》世界からこの娑婆世界にお出かけになられたみ仏たちは、それぞれもとの国土におかえり下さい。多宝仏《たほうぶつ》の宝塔は、もとのように扉をお閉じ下さい』と。

ついで、薬王品から普賢菩薩勧発品が説き終えられ、さらに法華三部経の結経《けっきょう》に当たる『仏説《ぶっせつ》観普賢菩薩行法経《かんふげんぼさつぎょうぼうきょう》』、そして、釈尊最後の説法である『大般涅槃経《だいはつねはんぎょう》』においては、地涌の菩薩は法座より去ってもとの娑婆世界の下の虚空《こくう》へともどられ、この間、法華経、涅槃経の法座に列座している迹化の菩薩方、他方の菩薩方のために、釈尊は重ねてこの法華経を付嘱されたのです。これを捃拾の遺嘱というのです」（現代語訳『昭和定本』七一八頁）

「捃拾」という用語は、ひろいとる、さがし集める（『漢和大辞典』第五巻 一四三頁参照）の意味ですが、天台大師の仏教観では、法華経の教えによって多くの人々の成仏が示され、その救いにあずかることができたという解釈です。これを稲穂の収穫にたとえて、「大収《だいしゅう》」といいます。けれども、その救いに漏れた人々に対して、ふたたび『大般涅槃経』が説かれて、すべての人の成仏がかなうように拾い取られているというのです。つまり、落ち穂が拾われるように、この教えを「捃拾教」と位置づけられるのです。

この立場から「捃拾の遺嘱」という用語を解釈してみますと、法華経の神力品・嘱累品において、別付嘱、総付嘱として、その大半の人々に妙法の付嘱がなされているのですが、その付嘱に漏れた人々に対して、さらに委嘱がなされていることから「捃拾の遺嘱」と見なされていることが知られるのです。

また聖人は、この「捃拾遺嘱」について、佐渡流罪後の文永《ぶんえい》十二（一二七五）年三月十日、信徒の曽谷氏および太田氏に与えられた手紙である『曽谷入道殿許《がり》御書』の一節につぎのように記されています。

「釈尊はそののち、正像《しょうぞう》二千年の衆生《しゅじょう》の為《ため》に、宝塔より出《い》でて、虚空に住立《じゅうりゅう》し、右の手を以《もっ》て、文殊《もんじゅ》・観音《かんのん》・梵《ぼん》・帝《たい》・日月《にちがつ》・四天《してん》等の頂《いただき》を摩《な》でて、是《かく》の如く三反《さんべん》して、要《よう》（題目）より外の、広《こう》（法華経全体）・略《りゃく》二門並びに前後の一代の一切経を此等《これら》の大士《だいし》に付属したまへり。正像二千年の機《き》の為なり。其《そ》の後《のち》、涅槃経の会《え》に至って、重ねて法華経並びに前四味《しみ》の諸経を説きて、文殊等の諸大菩薩に授与したまふ。此等は捃拾遺嘱なり」（原漢文『昭和定本』九〇四頁）

以上のことから、聖人が別付嘱・総付嘱以後の教説を「捃拾の遺嘱」と認識され、また、『大般涅槃経』の教えをも、そのように捉えられていることが確認できるのです。

ところで、このように日蓮聖人が解釈される根拠は、いったいどこにあるのかたずねてみますと、妙楽大師が『法華文句記《ほっけもんぐき》』巻第十下《げ》の「釈《しゃく》嘱累品」において記される用語であることが知られます。

妙楽大師は嘱累品の摩頂《まちょう》付嘱（総付嘱）に触れながら、法華経ののちの涅槃経においては、仏法久《く》住《じゅう》のために出家・在家の人々にその教えが付嘱されていることを釈され、これを「捃拾之《の》遺嘱」（『大正蔵経』第三十四巻 三五三頁c）と称されているのです。日蓮聖人は『注法華経』に、妙楽大師のこの釈文を引用されています（山本喜八編著『定本　注法華経』四八七頁）から、このように「捃拾の遺嘱」の解釈を継承されているものと考えられます。

宿王華菩薩の問い

それでは、嘱累品ののちの薬王品を拝読することにしましょう。

薬王品は、宿王華菩薩《しゅくおうけぼさつ》と称するすぐれた求道者が、釈尊に対して、つぎのように問いを発することからはじまります。

「世尊《せそん》よ、薬王菩薩は云何《いかん》してか娑婆世界に遊《あそ》ぶ。世尊よ、是《こ》の薬王菩薩は若干《そこばく》百千万億那由他《なゆた》の難行苦行有らん。善《よ》き哉《かな》、世尊よ、願わくは少し解説《げせつ》したまえ。諸《もろもろ》の天・龍・夜叉《やしゃ》・乾闥婆《けんだつば》・阿修羅《あしゅら》・迦楼羅《かるら》・緊那羅《きんなら》・摩睺羅伽《まごらが》・人非人《にんぴにん》等、又《また》他の国土より諸《もろもろ》の来《きた》れる菩薩、及び此《こ》の声聞《しょうもん》衆《じゅう》、聞いて皆、歓喜せん」（『開結』五一一頁）

〈偉大なる尊師よ、薬王菩薩というお方は、どうしてこの娑婆世界にあって、人々を導かれているのでしょうか。尊師よ、この薬王菩薩は、すでに百千万億ナユタもの、私どもの想像を絶する艱難《かんなん》・辛苦《しんく》の修行をなさったのではありませんか、それはどういうことでしょうか。偉大なるお方よ、お願いしたいことは、そのことを私どもに解説してください。仏法を護る多くの天の神々や龍神・夜叉・乾闥婆・阿修羅・迦楼羅・緊那羅・摩睺羅伽・人間や人間でないものたちと、ま

た他土《たど》からやってきた菩薩たちと、これらの弟子である声聞の人たちは、そのことを聴聞することで、みな喜ぶことでしょう〉

このように、宿王華菩薩が、娑婆世界において釈尊の教化を助けて、人々を導かれている薬王菩薩がこれまでに積まれてきた難行・苦行のありさまを問うのです。そこで釈尊は、仏眼《ぶつげん》によって、はるかな昔この菩薩の修せられた苦行を説き明かされます。そうすることによって、いまの薬王菩薩のはたらきがより鮮明になり、ついで、法華経の尊さが説き明かされることになります。

ところで、釈尊に問いを発している宿王華菩薩は、はじめてこの章で登場する菩薩です。サンスクリット語では、ナクジャトラ＝ラージャサンクスミタ＝アビジュニャと称し、「星宿《せいしゅく》の王者（月）によって開華された神通を有する者」（『法華経 下』〈岩波文庫〉四〇五頁、『法華経 下』〈佛典講座7〉九九七頁参照）という名であります。この菩薩が、薬王菩薩（バイシャジヤ＝ラージャ・薬の王者の意。同上書参照）の過去世における修行の内容を説き明かすように、と要請しているのです。

この薬王菩薩は、法華経では、すでに序品《じょほん》（『開結』五七頁）、法師品《ほっしほん》（『開結』三〇五頁）、勧持品《かんじほん》（『開結』三五七頁）にその名が見られますし、法華経の開経《かいきょう》に位置している『無量義経《むりょうぎきょう》』（『開結』二頁）にもこの菩薩が登場されています。

このように、この品名が「薬王菩薩本事品」と命名されるのは、薬王菩薩が前世において修行されてきたありさまや、前世の因縁が明かされていることによるからなのです。

では、薬王菩薩の修行の内容がどのようなものであるかをたずねてみたいと思います。この経では、くり返し薬王菩薩の苦行が説かれることになります。そこで、ここでは、まず過去世における日《にち》月浄明徳如来《がつじょうみょうとくにょらい》と、薬王菩薩の前身と見なされる一切衆生憙見菩薩《いっさいしゅじょうきけんぼさつ》との出会いについてみておきましょう。

「はるかな過去世、それはガンジス河の砂の数を無量倍したはるかな昔に、み仏がありました。日月浄明徳仏（月と太陽の汚れなき輝きによって吉祥《きっしょう》なるみほとけ）です。その仏には、弟子として八十億もの菩薩方と量り知れないすぐれた声聞たちがありました。その国土には悪しき人々は存在せず、大地は瑠璃《るり》の宝石ででき、七宝《しっぽう》の楼閣《ろうかく》や、宝樹があり、天の神々が音楽を奏《かな》で、歌をもってみ仏に供養を捧げていたのです。

そのとき、日月浄明徳仏は一切衆生憙見菩薩と多くの菩薩、声聞のために法華経の教えを説かれたのです」（大意『開結』五一一～三頁）

この一切衆生憙見菩薩とは、すべての人々によって好まれる姿をもった菩薩を意味していますが、この菩薩は、法華経を聴聞し、苦行を重ねて自由自在なる境地に到達されることになります。そして、その大恩に報いるための苦行を実践されるのですが、そのことは次章にたずねることにいたしましょう。

第二十九章

薬《やく》王《おう》菩《ぼ》薩《さつ》の苦《く》行《ぎょう》と法華経の功《く》徳《どく》

――薬《やく》王《おう》菩《ぼ》薩《さつ》本《ほん》事《じ》品《ほん》第二十三②

薬王菩薩の苦行

薬王品のはじめは、宿《しゅく》王《おう》華《け》菩薩が、釈迦牟尼仏（釈尊）に対して、薬王菩薩はいったいどのような理由があって、娑婆世界において人々を導き、釈迦牟尼仏の教化の手助けをされているのか。また、この薬王菩薩は、量《はか》り知ることのできない過去世から、多くの苦行を積まれているのではないか、ということを問うことからはじまります。

では、薬王菩薩がなぜ艱《かん》難《なん》辛《しん》苦《く》の修行を積まれたのか、その理由をたずねてみますと、菩薩として自己の身体を苦しめることによって、さとりの境地を求め、それを達成することによって、人々に対する導きの力を得ることにあるからだ、と言えましょう。すなわち、菩薩として、誓願を立て、目的を達成するために苦しい修行を実践することが「苦行」であると思われます。日本的な表現をいたしますと、「荒行《あらぎょう》」と言えましょう。

薬王菩薩は、前身である一切衆生憙見《いっさいしゅじょうきけん》菩薩として、はるかな過去世の日月浄明徳仏《にちがつじょうみょうとくぶつ》の時代にあって、法華経の教えを聴聞し、仏道修行に精励《せいれい》されていました。

「この一切衆生憙見菩薩は、みずから願望して苦行を修し、日月浄明徳仏の教えのもとに、精進《しょうじん》し、諸処《しょしょ》をへめぐり、一心にみ仏を求めつづけて、一万二千年を経過しました。その結果、あらゆる人々の姿・形を現わすことのできるさとりの境地（現一切色身三昧《げんいっさいしきしんざんまい》）を修得されたのです」

（現代語訳『開結』五一三頁）

このように、日月浄明徳仏から法華経を聴聞した一切衆生憙見菩薩は、みずからの身体を、あらゆる人々の姿・形として現わすことのできるさとりの境地へ到達されたことを知るのです。

薬王菩薩の焼身供養

一切衆生憙見菩薩は、尊い三昧を得られることがあっても、その修行がやむことはありません。つまり、「現一切色身三昧」に到達できたのは、すべて法華経の教えを聴聞することによる「法の力」に基づくものですから、その感謝のために、日月浄明徳仏と法華経の教えに対して、さらなる供養をささげようという決断をされるのです。そこで、さとりの境地（三昧）に入って、空中から天の華々や高価な栴檀《せんだん》の香《こう》を降らせることを供養の目的とされたのです。
けれども、一切衆生憙見菩薩にとっては、これらの供養だけで満足されることはありません。

「我《われ》、神力《じんりき》を以《もっ》て、仏を供養すと雖《いえど》も、身を以て供養せんには如《し》かじ」（『開結』五一四頁）

〈私は、神通力《じんづうりき》によって仏に供養をささげたけれども、自己の身体を供養することには及ばないでしょう〉

つまり、一切衆生憙見菩薩は、自己の身体をみ仏にささげることが、最上の供養であると考えられたのです。そこで、この世に存在する薫りのある香草や香木（栴檀香・沈香《じんこう》）等を服用し、さらに芳香のある香水や華香油《けこうゆ》を飲みつづけ、千二百年がたちました。そして、香油を身体に塗り、日月浄明徳仏のみ前において、天上の宝衣《ほうえ》を身にまとい、さらに種々の香油を身にそそいで、神通力の誓願によって己れの身体に火をつけて、灯火《ともしび》としてささげたのです。その光明は、ガンジス河の砂の数（恒河沙《ごうがしゃ》）の八十億倍する無数の世界を照らしました。その世界にましますみ仏たちは、

「すばらしいことです。すばらしいことです。善男子《ぜんなんし》（一切衆生憙見菩薩）よ、あなたの供養は、真の精進です。これを真実の法（法華経）によって如来を供養することと名づけるのです」

（現代語訳『開結』五一五頁）

と、称讃されたのです。このように、薬王菩薩の前身である一切衆生憙見菩薩は、みずからの身体を灯明として、日月浄明徳仏および法華経に供養をささげ、その供養に対して、み仏たちが、最上の供養であると称讃されていることが確認できるのです。

そして、このように、自己の身体を灯明として供養をささげられた年数は、千二百年にもおよびました。それを過ぎて、その身体は尽きたのです。

薬王菩薩の再生と焼臂の供養

焼身《しょうしん》供養をもって、最上の感謝をささげられた一切衆生憙見菩薩は、その生命を終えられたのち、再び日月浄明徳仏の国土に化生《けしょう》（人の姿として生まれること）されたのです。その家は浄徳王《じょうとくおう》という大王の家でした。そして、過去世に、日月浄明徳仏のもとで修行したことによって現一切色身三昧を得《え》、さらに精進し、この身を捨てたことなどを大王である父に告げられます。さらに、焼身供養によって、あらゆる生きた人たちの言葉を理解するさとりを得、法華経の八百千万億ナユタ倍、さらにそれを無数倍した詩頌《しじゅ》をさとられたのです。そして、大王に対して、再び日月浄明徳仏に供養をささげることを語られるのです。

するとただちに、この菩薩は七宝《しっぽう》でできた楼閣《ろうかく》に坐り、空中に上昇して、日月浄明徳仏のみもとへ到り、礼拝《らいはい》し、丁重なことばをもって挨拶されるのです。そして、つぎのようにおたずねしました。

「偉大なる尊師よ、世尊《せそん》はまだこの世にとどまっておられるでしょうか」
（現代語訳『開結』五一七頁）

そういたしますと、日月浄明徳仏は、

「一切衆生憙見菩薩よ、私は、いまや入滅《にゅうめつ》の時が近づき、この世の生命に終りがきました。菩薩よ、私が身を横たえる床《とこ》をととのえなさい。私は、今夜入滅するでしょう」
（現代語訳『開結』五一八頁）

と語られるのです。

ついで、み仏はこの菩薩に命令を下されました。それは、日月浄明徳仏の最上の教えである法華経を、この菩薩に委嘱《いしょく》（嘱累《ぞくるい》）され、さらにこのみ仏が教化される三千大千《さんぜんだいせん》世界の宝物《ほうもつ》を付嘱《ふぞく》され、さらにみ仏の舎利《しゃり》（遺骨）をも委嘱して、塔廟《とうびょう》を建てるように遺言されるのです。

やがて、み仏は入滅されました。この菩薩は遺言どおりに仏身を荼毘《だび》（火葬）に付し、舎利を収取《しゅうしゅ》して八万四千の宝の瓶に収め、八万四千の塔廟を建てたのです。

遺された一切衆生憙見菩薩は、これらの供養だけでは満足されませんでした。そして、さらなる供養を実践されることになります。

この菩薩は、つぎのように思ったのです。

「私は、以上のような供養をささげたけれども、なおいまだ満足できない。私は、さらにみ仏の舎利（遺骨）に対して、供養をささげましょう」（現代語訳『開結』五一九頁）

ついで、多くの菩薩方やすぐれた弟子たち、さらには仏法を護持する人々に対して、

「あなたたちは一心に受けとめなさい、私はいま、日月浄明徳仏の舎利を供養しましょう」

（現代語訳『開結』五二〇頁）

と告げられたのです。

そこで一切衆生憙見菩薩がなされた供養とは、八万四千の塔廟の前で、百の福徳によって飾られた自分の両腕を灯明とし、七万二千年の間、燃やしつづけられたのです。それによって、無数の人々に、無上の正しいさとりに向かう心をおこさせ、「現一切色身三昧」の境地に安住させたのです。

ところで、この菩薩の導きを受けた菩薩たち、天の神々、世間の人々、そして阿修羅たちは、一切衆生憙見菩薩の両腕がないのを見て、憂い悲しみ、つぎのように告げるのです。

「この菩薩は私たちを導いてくださる師範です。しかし、いまみずから両腕を焼いてささげられたことで、両腕がなくなってしまわれた」（現代語訳『開結』五二〇〜一頁）

この言葉を聞かれた一切衆生憙見菩薩は、大勢の弟子の集まりの中で、つぎのように誓われます。

「私は両腕を供養としてささげることによって、かならず仏の金色の身を得るでしょう。もしも、そのことが真実であって、いつわりでないならば、私の両腕はもとどおりになるでしょう」

（現代語訳『開結』五二一頁）

このように、誓いを立てられると同時に、両腕は自然にもとどおりになるのです。それは、この菩薩の福徳と智慧とが、純真で厚かったことによるからです。そのとき、三千大千世界は四方・上下の六種に揺れ動き、天から宝華が降りそそぎ、天の神々や人々は、いまだ経験しない思いをいたすことになります。

以上、一切衆生憙見菩薩が、その身を灯明として法華経や日月浄明徳仏へ供養し、さらに、日月浄明徳仏の舎利に対して、両腕を焼いて供養をささげ、人々を教化したことについて、釈尊が語られている内容をたどってまいりました。この菩薩が現一切色身三昧を基とする苦行のありさまは純粋で、み仏や法華経に対する帰命《きみょう》であることを知るのです。

むすびに、釈尊は、つぎのように宿王華菩薩に語られます。

「この一切衆生憙見菩薩とは、いまの薬王菩薩なのです。この菩薩は、無量百千万億ナユタの劫《こう》数の間、その身を捨てて布施行《ふせぎょう》を修したのです。もしも、さとりへの道を求めようとするならば、みずからの手や足の一指であってもそれをほどこすことが、広大な功徳となるでしょう」

（現代語訳『開結』五二一～二頁）

以上のように、薬王菩薩の前世における苦行のありさまを学ぶことによって、真摯《しんし》に仏道に精進することが、いかに尊い人生であるかを知るのです。

法華経の超勝性――十の譬喩

薬王菩薩の過去世のいわれ（本事）が明らかにされると、あらためて深遠なる法華経の教えが、いかに尊いものであるかを、三つの面から説き明かされることになります。それは、

(1) 法華経のわずかな一句であっても、受持《じゅじ》することによって、広大な福徳が与えられるということ。

(2) 法華経の教えがいかに深遠で勝《すぐ》れた教えであるかを十種の譬喩《ひゆ》によって示されるということ。

(3) この教えを持つことによる功徳（福徳）がいかに広大であるかということ。

などが示されるのです。

まず、(1)の法華経受持の功徳については、つぎのように説かれています。

「もしも、ある人が金・銀等の七宝をもって、三千大千世界を満たすほどの無量の品を、み仏や大菩薩等に供養したとしましょう。それによって得る功徳よりも、この法華経の四句の中の、一句の詩頌であってでも受持することによって得られる福徳のほうが、はるかに超えているのです」

（大意『開結』五二二頁）

ついで、(2)の法華経の超勝性《ちょうしょうしょう》が十の譬喩によって、語られることになります。これを「薬王品の十喩《じゅうゆ》」と称しますが、いまそれらを列示しておきましょう。

①すべての河川・大河などの水の流れの中で、大海が第一であるように、この法華経も如来が説かれた経典の中で、最も広大で深く、すぐれた経典である。

②この世界（一四天下《いっしてんげ》）には、土山《どせん》・黒山《こくせん》・小鉄囲山《しょうてっちせん》・大《だい》鉄囲山・および十宝山《じっぽうせん》など多くの山々がそびえているが、その中で須弥山《しゅみせん》が最高の山であるように、この法華経も多くの経典の中で、最上の経典である。

③夜空に輝く星々の中で、月の輝きが第一であるように、法華経も千万億という多くの経法の中で、最も輝かしい経典である。

④太陽が多くの闇を一瞬にして除くように、この法華経も、すべての不善の闇を破る教えである。
⑤この世界の国々を統治する多くの王の中で、転輪聖王《てんりんじょうおう》が第一であるように、この法華経も、多くの経典の中で、最も尊い教えである。
⑥欲界《よっかい》の三十三天の神々の中で、須弥山の頂上に居住する帝釈天《たいしゃくてん》が、その王であるように、この法華経も、諸経の中の王である。
⑦大梵天王《だいぼんてんのう》が生きとし生けるものの父であるように、この法華経もすべての仏道修行者の父である。
⑧私たち凡夫《ぼんぶ》の中で、仏道修行を志向する阿羅漢《あらかん》（声聞《しょうもん》）や辟支仏《ひゃくしぶつ》（縁覚《えんがく》）の聖者たちがもっともすぐれているように、この法華経も如来や菩薩・縁覚・声聞などの教えの中で第一である。
⑨仏道修行者の声聞・縁覚・菩薩の中で、菩薩が第一であるように、この法華経もあらゆる経法の中で第一である。
⑩み仏は、多くの教えの法王であるように、この法華経もあらゆる経典の王である。

以上のように、法華経の勝れていることを「十喩」によって示されています。

つぎに、(3)の功徳の広大さについては、釈尊は、この法華経は一切の人々を救い（抜苦《ばっく》）、一切の人々を多くの苦悩から離れしめる（与楽《よらく》）教えであり、その功徳の大いなることを、十二の喩《たと》えをもって示されています。さらに、この章の終わりにおいて、釈尊は対告者《たいごうしゃ》である宿王華菩薩にこの経典を付嘱され、私たちの世界に「広宣流布《こうせんるふ》」して断絶しないように命じられています。なぜなら、この法華経は、この世界（南閻浮提《なんえんぶだい》）の人々の「良薬《ろうやく》」であり、この経を聴聞することがあれば、病悩は癒《い》え、「不老不死《ふろうふし》」となることを予言されているのです。

日蓮聖人は、この薬王品の「広宣流布」の文、さらにこの法華経が南閻浮提のすべての人々の「良薬」であるという文に着目され、法華経弘通《ぐづう》（法華経を弘《ひろ》めること）に邁進されたのです。

第三十章

妙音菩薩《みょうおんぼさつ》の自由自在なるはたらき

――妙音菩薩品第二十四《みょうおんぼさつぽん》①

妙音菩薩の登場

前章において、薬王《やくおう》菩薩が前生の過去世において、法華経の教えを聴聞し、日月浄明徳仏《にちがつじょうみょうとくぶつ》のもとで難行苦行を積むことによって、あらゆる人々の姿を現わして人々を導くことのできるさとりの境地（現一切色身三昧《げんいっさいしきしんざんまい》）に到達されたことを確認いたしました。さらに、そのさとりを修得できたことについて、法華経の教えと、導き手である日月浄明徳仏に対し、報恩《ほうおん》感謝のために、薬王菩薩ご自身が両腕を灯明《とうみょう》として焼いて、供養としてささげられたことなどについて、たずねて参りました。そのことによって、薬王菩薩は、まさに「苦行」（荒行《あらぎょう》）をとおして修行を積み、人々を教化されてきたことを知るのです。

このように、薬王菩薩の過去世の苦行に主眼が置かれる薬王菩薩品が終わると、妙音菩薩品第二十四へと移ることになります。

この章の主人公は「妙音菩薩」です。サンスクリット語では、「ガドガダ＝スヴァラ」（『法華経 下』〈岩波文庫〉二二三頁）と称され、その意味は、ことばを「どもる人」（同上書 四〇七頁）と解釈されています。たしかに、「ガドガダ」というのは、オノマトペ（擬声語）で、ガラガラ、ゴロゴロなどの表現に相当し、雷鳴と解する説と、わかりにくい音声をあらわす意に捉《とら》えて、「わけのわからないことをしゃべる人（異邦人）」という解釈があると紹介されています（『法華経 下』〈佛典講座7〉一〇四一頁）。

鳩摩羅什《くまらじゅう》は、妙《たえ》なる音声を発する菩薩と解釈して、「妙音菩薩」と訳されています。では、何故に「妙音」と訳されたのかを考えてみますと、この菩薩が十六種の三昧《さんまい》（自由自在なるはたらき）を体得された一つに、「解《げ》一切《いっさい》衆生《しゅじょう》語言《ごごん》三昧（あらゆる人々の言語を理解するはたらき）」（『開結』五三三頁）があるというのです。すなわち、この菩薩は、すべての人々の使用する言語を十分に理解されるさとりに到達されているのでありますから、当然のこととして、あらゆる言語の壁を乗り越えて、自由自在なる言葉をもってすべての人々を導くはたらきをおもちである、と解釈できます。ことに、この菩薩は、薬王菩薩と同じように、「現一切色身三昧（すべての人々のすがたを現わすことのできるさとりの境地）」（『開結』五四五頁）を体得されていることが知られます。そして、この菩薩としての修行の徳目として、みずから、あらゆる人々を導くために三十四身の人々の姿を現わして、法華経を説かれることが力説されているのです。

そうであるならば、妙音菩薩は、老若男女という区別や社会的階層の違い、あるいは身分の差異や、さらにはあらゆる風習や民族や国々の違いの壁を乗り越えて、十方《じっぽう》世界の人々に対して、法華経の教えを広め、教化されるはたらきを所有されていると考えられます。そのことから、この菩薩を、鳩摩羅什は「妙音菩薩」と漢訳されていると思われるのです。なお、竺法護《じくほうご》の『正《しょう》法華経』では、「妙吼《みょうく》菩薩品」（『大正蔵経』第九巻　一二七頁ａ）と訳されているのは、この菩薩の不可思議な尊い音声を意味していると考えられます。

妙音菩薩の住所――東方の浄光荘厳国

ところで、この妙音菩薩品では、東方の太陽の輝きによって飾られている世界である「浄光荘厳《じょうこうしょうごん》国《こく》」で活躍されている妙音菩薩が、法華経が説かれている娑婆《しゃば》世界のインドの霊鷲山《りょうじゅせん》にまします、釈尊のもとへと出向いてくる、という構成になっています。そして、その物語に注目してみますと、娑婆世界と東方の浄光荘厳国との違いや、み仏たちの身体的違いについて記されています。

この経文の描写から私は、十七・八世紀に活躍したイギリスのジョナサン・スウィフトの『ガリバー旅行記』に描かれる小人国・巨人国が想起されてくるのです。もちろん、これはあまりにも皮相的な見方であることは否定できません。

では、妙音菩薩品の教えをたどることにいたしましょう。

はじめは、つぎの経文からはじまります。

「爾《そ》の時に、釈迦牟尼仏《しゃかむにぶつ》、大人相《だいにんそう》の肉髻《にっけい》の光明を放ち、及び眉間白毫相《みけんびゃくごうそう》の光を放って、遍《あまね》く東方百八万億那由他恒河沙等《なゆたごうがしゃとう》の諸仏の世界を照らしたもう」（『開結』五三二頁）

〈そのときに、釈迦牟尼仏（釈尊）は、み仏の備えられている偉大な三十二相の一つである、頭の頂上の隆起《りゅうき》（肉髻）から光明を放ち、合わせて眉間の白い巻き毛（白毫）から光を放射されて、遥かな東方の世界へ向けて、ガンジス河の砂の数の百八万億ナユタ倍という、量り知れないみ仏たちの世界を照らされました〉

このように、釈尊は東方世界に向かって、頭の頂上にある肉髻の相と、眉間白毫相から大光明を放たれたのです。その百八万億ナユタ倍した国の、さらにその先に浄光荘厳国（太陽の輝きの光によって飾られた国）という世界があり、その国には浄華宿王智如来《じょうけしゅくおうちにょらい》（蓮華の花弁のように汚れのない星宿《せいしゅく》〈星座〉王によって開かれた神通力《じんづうりき》を有するみ仏）という仏がましましたのです。その仏には、量《はか》り知れない弟子の菩薩方があり、敬われ、その菩薩の集まりに囲まれて、教えを説かれていました。すると、西方の娑婆世界にまします釈尊の白毫からの光明が、その国をくまなく照らし出したのです。

そのとき、浄光荘厳国に、一人の菩薩がありました。名を妙音と言ったのです。

ついで、この妙音菩薩が、浄華宿王智如来のもとで、長い間菩薩としての善根《ぜんごん》を積み、さらに量り知れない多くのみ仏たちに供養をささげ、お仕《つか》えし、奥深い智慧を修得されたことが語られるのです。すなわち、これまでに、妙音菩薩は、尊い仏道修行を積んで、偉大なはたらきを修得されているというのです。そのさとりの境地を十六種の「三昧」として列示されています。

いまそれらを挙げてみましょう。

① 妙幢相《みょうどうそう》三昧（幢《はたぼこ》の先端に環《わ》飾りがあるように、最もすぐれたさとりの境地）
② 法華三昧（正法《しょうぼう》蓮華の花が咲くように、功徳の花を咲かせる境地）
③ 浄徳《じょうとく》三昧（浄《きよ》らかな徳が与えられるような境地）
④ 宿王戯《しゅくおうけ》三昧（星宿王＝月のように、自在に観察する境地）
⑤ 無縁三昧（心のはたらきが滅し尽くされ、無執着の境地）
⑥ 智印《ちいん》三昧（智慧のしるしが明らかなる境地）
⑦ 解一切衆生語言《ごごん》三昧（あらゆる人々の言語を理解する境地）
⑧ 集《しゅう》一切功徳三昧（あらゆる功徳を集める境地）
⑨ 清浄三昧（清らかさを有し、すべてを清浄ならしめる境地）
⑩ 神通遊戯《ゆけ》三昧（神通力を自由自在にはたらかせ、ゆとりの中で人々をみちびくことのできる境地）
⑪ 慧炬《えこ》三昧（智慧がたいまつのようにかかげられる境地）
⑫ 荘厳王《のう》三昧（すべての功徳をもって荘厳される最上王の境地）
⑬ 浄光明三昧（汚れのない光明をもって、人々の心を清浄ならしめる境地）
⑭ 浄蔵三昧（功徳の集まりを浄める境地）
⑮ 不共《ふぐ》三昧（声聞《しょうもん》や縁覚《えんがく》を超えた境地）
⑯ 日旋《にっせん》三昧（日天子《にってんじ》＝太陽が、あまねく人々を照らすはたらきをもつ境地）

以上の十六種の三昧が列挙されると、経文にはつぎのように説かれているのです。

「（妙音菩薩は）このような、ガンジス河の砂の数の百千万億倍もの数に等しい、多くのすぐれた三昧（さとりの世界）を獲得されていました」（現代語訳『開結』五三三頁）

つまり、妙音菩薩のすぐれた菩薩としての修行は、偉大な功徳をもたらし、一切の人々を救い導くのにふさわしいはたらきを具有されていることが明かされているのです。

そして、このようなすぐれたはたらきを有している妙音菩薩は、西方の娑婆世界にまします釈迦牟尼仏の放たれた光明を、全身で受けることになります。つまり、釈迦牟尼仏の光明は、この菩薩の全身を照らすのです。そういたしますと、妙音菩薩は、ただちに浄光荘厳国の主であり、師範でもある浄華宿王智仏に対して、つぎのように申し上げました。

「偉大なる世尊《せそん》（＝浄華宿王智仏）よ、私はこれからただちに娑婆世界に出向いて、釈迦牟尼仏を礼拝し、そのおそばに近づいて供養をささげ、さらに、そのお弟子方である文殊師利《もんじゅしり》菩薩、薬王菩薩、勇施《ゆぜ》菩薩、宿王華菩薩、上行意《じょうぎょうい》菩薩、荘厳王菩薩、薬上《やくじょう》菩薩方にお会いいたしたいと思います」（現代語訳『開結』五三二～四頁）

この妙音菩薩の言葉に注目してみますと、娑婆世界の釈尊が放たれる肉髻相、や眉間白毫相からの光明は、すぐれたはたらきを具有されている妙音菩薩を、法華経説法の場にお招きし、合わせて仏弟子の菩薩方との出会いのためであったことを知るのです。

浄華宿王智仏のいましめ

このように、妙音菩薩は、娑婆世界へ赴《おもむ》くことの許可を浄華宿王智仏に申し出るのですが、み仏は、ただちに許可されていないことに気づきます。すなわち、浄華宿王智仏は、妙音菩薩が娑婆世界において、けっして想いを懐《いだ》いてはならないことがらを指摘されているのです。そのことを、つぎのように説かれています。

「あなたは、(この浄光荘厳国と比較して)娑婆世界を軽蔑し、非常に劣っている世界であるという想いを懐いてはなりません。

妙音菩薩よ、彼《か》の娑婆世界は、大地は高低があって、けっして平らではありません。土や石、多くの山々があり、さらに汚れが充満しています。

また、仏の身体は小さく、多くの菩薩たちの身体も同様に小さいのです。しかし、あなたの身体は四万二千由旬《ゆじゅん》あり、私(浄華宿王智仏)の身体は、さらに六百八十万由旬もの高さを有しているのです。さらに、あなたの身体は最もすぐれて端正《たんせい》であり、百千万もの福徳がそなわり、その身体は、光り輝き、ことのほかすぐれています。

それゆえに、あなたが娑婆世界に出向いても、彼の国のありさまを軽んじて、み仏や菩薩方、さらにその国土に対して、劣っているという想いをけっして懐いてはなりません」

（現代語訳『開結』五三四～五頁）


このように、浄華宿王智仏の言葉として、娑婆国土はけっして平坦ではなく、汚濁《おじょく》に満ち、さらに仏・菩薩のお姿がいかに卑小《ひしょう》であるかが語られています。

これに対して、妙音菩薩の身体は四万二千由旬（ヨージャナ）もあり、浄華宿王智仏はさらに、六百八十万由旬であるというのです。仮りに一ヨージャナを、十キロメートルといたしますと、妙音菩薩のお姿は、四十二万二千キロメートルの高さになりますし、浄華宿王智仏は、十キロメートルを六百八十万倍する高さになるのです。また、娑婆世界におけるみ仏（釈迦牟尼仏）のすぐれた荘厳のすがたとして、三十二相八十種好《しゅごう》が備わっていると称し、またみ仏は百福の相をもって荘厳されている、と表現されています。

それに対して、妙音菩薩には、百千万の福徳があり、その全身は光明につつまれ、ことのほかすぐれているというのです。

ところで、このような浄華宿王智仏のいましめに対して、妙音菩薩は、けっして軽慢心《きょうまんしん》に支配されることなく、謙虚に、つぎのようにお答えするのです。

「偉大なる尊師よ、私がいま娑婆世界に出向くことは、私自身のはたらきによるものではありません。すべて、如来のはたらきによるお力であり、如来の自由自在なる神通力のはたらきによるものであり、如来の大いなるめぐみと、智慧の力と、おごそかな飾りとによって、なされるものなのです」（現代語訳『開結』五三五頁）

このように、妙音菩薩の長きにわたる修行の功徳によるはたらきは、けっして已れ自身によって獲得されたものではなく、すべてはみ仏から与えられた偉大な功徳とはたらきとによると告白されているのを知るのです。

つまり、娑婆世界の釈尊のみもとへと出向くことができるのは、浄華宿王智仏のはたらきと、法華経の力によることが明かされているのです。

以上のことから、妙音菩薩品の冒頭に説かれている釈尊の肉髻と眉間白毫からの光明は、東方世界で活躍されている妙音菩薩を、娑婆世界に招請《しょうせい》されるものであったことが知られます。

しかし、妙音菩薩は、ただちに娑婆世界へ出発されることはありません。そのための準備が必要なのです。

そのことは、次章にたずねることにいたしましょう。

第三十一章　妙音菩薩《みょうおんぼさつ》の釈尊訪問
――妙音菩薩品第二十四《みょうおんぼさつぼん》②

妙音菩薩の釈尊訪問の瑞兆

娑婆《しゃば》世界から遥《はる》かな東方の世界にある浄光荘厳国《じょうこうしょうごんこく》に、浄華宿王智如来《じょうけしゅくおうちにょらい》という仏がありました。その仏には妙音菩薩という、すぐれた能力をもつ一人の菩薩があったのです。この菩薩は、娑婆世界の釈尊が放たれる肉髻《にっけい》と眉間白毫相《みけんびゃくごうそう》からの大光明《だいこうみょう》を全身に受けました。菩薩は、この大光明を、霊鷲《りょうじゅ》山《せん》で法華経を説かれている釈尊の説法の会座《えざ》に出向くように、との要請として理解したのです。

ただちに、妙音菩薩は、師の浄華宿王智如来に対して、西方《さいほう》の娑婆世界へ行って、釈尊ならびにそのお弟子方にお会いすることの許可を願い出ました。もちろん、浄華宿王智如来は妙音菩薩の願いを受け入れられました。が、浄華宿王智如来は、妙音菩薩が娑婆世界に出向くうえで、その国土のありさまや、み仏や弟子方のお姿に対して、けっして差別的な思いを抱いてはならない、との訓誡《くんかい》（いましめ）を示されたのです。
以上のことを、前章において少しく確認しました。
ところで、師の浄華宿王智如来から許可を受けられた妙音菩薩は、ただちに娑婆世界へ出向かわれることはありません。娑婆世界へ出向く予兆として、妙音菩薩が長い修行の結果として習得された神《じん》通《づう》の力をもって、霊鷲山の法華経説法の座の近くに、不思議な現象を示されるのです。そのことを経文には、つぎのように説かれています。

「是《ここ》に於《お》いて、妙音菩薩、座を起《た》たず、身《み》動揺せずして三昧《さんまい》に入《い》り、三昧力《りき》を以《もっ》て、耆闍崛山《ぎしゃくっせん》に於いて、法座を去ること遠からずして、八万四千の衆宝《しゅほう》の蓮華を化作《けさ》せり。閻浮檀金《えんぶだんごん》を茎《くき》と為《な》し、白銀《びゃくごん》を葉と為し、金剛《こんごう》を鬚《しべ》と為し、甄叔迦宝《けんしゅくかほう》を以て、其《そ》の台《うてな》と為せり」（『開結』五三五頁）

〈このときに、妙音菩薩は浄華宿王智如来のもとで、座から立たれることなく、不動のまま三昧（瞑想の世界）へと入り、そのさとりの力をもって、娑婆世界の霊鷲山の法華経説法の会座から、それほど離れていない場所に、八万四千もの多くの宝玉でできた蓮華を現出されたのです。その蓮華は、茎は閻浮檀金という最上の黄金でできており、葉は純白の銀、花芯はダイヤモンド、うてなはキンシュカの花の宝からなっているのです〉

（現代語訳『法華経　下』〈佛典講座7〉一〇四六頁参照）

このように、妙音菩薩は、釈尊が法華経を説かれている場所の近くに、宝玉で出来た素晴らしい八万四千もの蓮華を神通力によって現出されたのです。

このありさまを目《ま》の当たりにした文殊師利《もんじゅしり》菩薩は、前代未聞のことでしたから、このようなめでたいしるし（瑞兆《ずいちょう》）の意味を、釈尊にたずねることになります。

釈尊は、文殊師利菩薩に対して、八万四千もの宝玉の蓮華が出現した予兆は、妙音菩薩が東方の浄華宿王智仏の国から八万四千の菩薩に囲まれ、娑婆世界の私に供養をささげ、また法華経を供養し、その教えを聴聞《ちょうもん》することにある、と告げられるのです。

妙音菩薩の修行の徳

そのことを聞いた文殊師利菩薩は、この妙音菩薩が、これまでどのような仏道修行を積み、その結果として、このような蓮華を神通力で現わすという偉大な力を得られたのか、またどのような三昧を修せられたのかお示し下さい、と釈尊に問うのです。それは、自分たちもまた、そのような修行を経て、自由自在なる力を得たいからである、そのためにも、妙音菩薩にお会いしたい旨《むね》を、釈尊にもうしあげました。これに対して、釈尊は、文殊師利菩薩に、すでに過去世に入滅《にゅうめつ》されながらも、東方の宝浄国《ほうじょうこく》から娑婆世界にやって来られた多宝《たほう》如来が、この会座にありますから、その多宝仏が妙音菩薩に娑婆世界に出向くように命ぜられるでしょう、と語られます。

すると、多宝如来は東方の妙音菩薩に対して、「善男子《ぜんなんし》、来《きた》れ、文殊師利法王子《ほうおうじ》、汝《なんじ》が身を見たいと欲す」（『開結』五三七頁）と、文殊師利菩薩の願いを告げられるのです。

妙音菩薩は、浄光荘厳国から瞬時に姿を消され、八万四千人の菩薩たちとともに、娑婆世界に向かって来られました。そして、この妙音菩薩のお顔やその姿がいかに徳に満ちあふれているかが描写されています。

「この菩薩の目は、幅《はば》広く大きい青《しょう》蓮華の葉のようです。その顔かたちは端正《たんせい》で、うるわしいことは、たとえ百千万の月を合わせても、比べることができません。身体は金色に輝き、百千の無量倍もの功徳によって荘厳されています。そして、おごそかな徳にあふれ、光明に照りかがやき、種々の相がそなわり、『ナーラヤーナ』（大力《だいりき》を有し、力強い身体をした金剛力士《こんごうりきし》）のような強いお身体《からだ》でありました。

妙音菩薩は、七宝《しっぽう》でできた楼閣《ろうかく》の中に住して、空中に七ターラ樹の高さまで昇り、多くの菩薩方に敬われ、囲まれながら、娑婆世界の霊鷲山にやって来られたのです」

（現代語訳『開結』五三八頁、『法華経 下』〈佛典講座7〉一〇五〇頁参照）

このように、有徳《うとく》に満ちた端正な妙音菩薩が釈尊のもとへ到着すると、七宝の楼閣から降《お》り、百千もの値打ちのある首飾りをもって、釈尊のまえにぬかずいて仏のみ足をいただき、礼拝《らいはい》して、首飾りを奉って、丁重なご挨拶をもうしあげるのです。

まず、妙音菩薩は宝浄荘厳国の主で、師匠でもある浄華宿王智仏のことばを釈尊にお伝えします。それは、釈尊が無病息災《むびょうそくさい》で、安楽にお過ごしでしょうか。身体はおすこやかでしょうか。娑婆世界の人々を導かれるのに、種々の障害はないでしょうか。また多宝如来は、七宝塔の中にあって、法華経を聴聞されているのでしょうか、などであります。

さらに、浄華宿王智仏は、多宝如来に対しても、安穏《あんのん》で、しかも息災にして、娑婆世界にながくとどまられるのでしょうか、と安否のご挨拶をされます。これらのことを述べることによって、妙音菩薩は釈迦牟尼仏《しゃかむにぶつ》へのご挨拶とされるのです。そして、釈尊に対して、妙音菩薩は、つぎのことをお願いされるのです。

「偉大なる師よ、私は、ただいま多宝仏のお姿を拝したいと思います。どうぞ世尊よ、お願いいたしたいのですが、私にそのお姿を現わして、お見せくださいませ」（現代語訳『開結』五四〇頁）

そうしますと、釈迦牟尼仏は、多宝仏へ告げられました。「この妙音菩薩はあなたに拝謁《はいえつ》したいと願われています」と。すると多宝仏は、妙音菩薩に告げられました。

「善き哉《よ》《かな》、善き哉。汝能《よ》く釈迦牟尼仏を供養し、及び法華経を聴き、并《なら》びに文殊師利等を見んが為《ため》の故に、此《ここ》に来至せり」（『開結』五四〇頁）

〈よろしいことです、大変素晴らしいことです。あなたは、釈迦牟尼仏に供養をささげ、法華経を聴聞し、あわせて文殊師利菩薩をはじめとする仏弟子に会うために、ようこそこの娑婆世界に参られました〉

このように、多宝如来は妙音菩薩に、釈尊に対する供養と、法華経の聴聞と、仏弟子たちとの出会いを目的として娑婆世界に参上されたことを讃歎《さんだん》されているのです。

妙音菩薩の自在なる神力

これらの儀式が終了すると、華徳《けとく》菩薩（蓮華の吉祥《きっしょう》をお備えの菩薩という名前。過去世において妙荘《みょうしょう》厳王《ごんのう》であったことが明らかにされています。〈『開結』五八六頁〉）が代表して、釈尊におたずねいたします。それは、いまの妙音菩薩が具有されている自由自在なる神通力は、いかなる修行を積まれることによって得られたのか、というのです。そこで、釈尊は、妙音菩薩が過去世に積んだ修行の内容と、さらにその修行された三昧の力によって、三十四身の身体を示現して、この法華経を説き、娑婆世界の人々を救い守られることが詳細に説き示されるのです。では、経文に従ってその内容に耳を傾けてみましょう。

釈迦牟尼仏は華徳菩薩に告げられました。

「過去の世に、雲雷音王《うんらいおんのう》（雲の太鼓の音の王）というみ仏がありました。その国土は、現一切世《げんいっさいせ》間《けん》（すべての身体を現わすという）と称し、その活躍の時代を憙見《きけん》（見て大変こころよい）と名づけられていました。

妙音菩薩は、一万二千年もの間、十万種類もの伎楽《ぎがく》によって雲雷音王仏に供養をささげ、また八万四千の七宝で造られた鉢《はち》（食器）を奉納したのです。このような修行の結果、妙音菩薩は浄華宿王智仏の国土に誕生し、すぐれた神通力を備えられているのです」（大意『開結』五四〇～一頁）

このように、過去世の雲雷音王仏に仕《つか》えた妙音菩薩とは、いまの妙音菩薩であることを明かされるのです。

さらに、妙音菩薩は、これまでに、数えられないほど無量のみ仏たちに供養をささげ、お仕えし、長い間徳行を積み、またガンジス河の砂の数に等しい百千万億ナユタという多数のみ仏にお会いしたことを明かされるのです。

妙音菩薩の三十四身

以上、妙音菩薩が過去世に積まれた修行の徳目が明かされるのですが、さらに妙音菩薩は現在世において、種々の身体を示すことによって、いまもなお、あらゆる地域の、あらゆる人々のために法華経を説きつづけ、導かれていることが明らかにされます。それが妙音菩薩の三十四身であります。

この三十四身は、インドや中国における社会的役割りや階層の人々であったり、人間の世界を超えた神々の姿であったりしますので、いまの社会に生きる私たちには、容易に理解できない内容も見られます。が、鳩摩羅什三蔵《くまらじゅうさんぞう》の漢訳された『妙法蓮華経《みょうほうれんげきょう》』の文にしたがって、列示しておきたいと思います。

①梵王《ぼんのう》の身　②帝釈天《たいしゃくてん》の身　③自在天《じざい》の身　④大自在天《だいじざい》の身　⑤天の大将軍の身
⑥毘沙門《びしゃもん》天王の身　⑦転輪聖王《てんりんじょうおう》の身　⑧諸《もろもろ》の小王の身　⑨長者《ちょうじゃ》の身　⑩居士《こじ》の身
⑪宰官《さいかん》の身　⑫婆羅門《ばらもん》の身　⑬比丘《びく》の身　⑭比丘尼《に》の身　⑮優婆塞《うばそく》（信男《しんなん》）の身
⑯優婆夷《うばい》（信女《にょ》）の身　⑰長者の婦女の身　⑱居士の婦女の身　⑲宰官の婦女の身
⑳婆羅門の婦女の身　㉑童男《どうなん》の身　㉒童女《にょ》の身　㉓天上の神の身　㉔龍神《りゅうじん》の身
㉕夜叉《やしゃ》の身　㉖乾闥婆《けんだつば》の身　㉗阿修羅《あしゅら》の身　㉘迦楼羅《かるら》の身　㉙緊那羅《きんなら》の身
㉚摩睺羅伽《まごらが》・人《にん》・非人《びにん》（精霊）等の身　㉛あらゆる地獄道の身　㉜餓鬼《がき》道の身
㉝畜生道《ちくしょう》の身　㉞王の後宮における女性の身　（『開結』五四二〜三頁）

このように、妙音菩薩は種々に身を変えて、娑婆世界の人を救われ、また法華経を説きつづけられるのです。しかも、神通の力や変化《へんげ》する力、さらに人々を導かれる智慧力というものは少しも減少することはない、と説かれています。

さらに妙音菩薩のはたらきは、娑婆世界という一つの国土にとどまることなく、十方の、ガンジス河の砂の数ほど多くの世界にあっても、そのはたらきがなされるのです。

また、妙音菩薩ご自身が声聞《しょうもん》の姿で救済することができれば、その姿で教えを説かれ、辟支仏《ひゃくしぶつ》（縁《えん》覚《がく》）や菩薩や仏の姿によって救うことができる人には、その姿を示されて妙法の教えを説かれるのです。

そればかりか、もしも、入滅（死）という姿を示すことによって救うことのできる人があれば、入滅という姿を現わされるというのです。

以上のように、釈尊は妙音菩薩が大神通力と智慧力とを成就されたことは、これらのはたらきによることを明らかにされるのです。

現一切色身三昧のはたらき

釈尊の教えを聴聞した華徳菩薩は、妙音菩薩の長きにわたる深い修行の功徳が、このような偉大なはたらきを可能にしていることを領解《りょうげ》するのです。そして、そのさとりのはたらきの境地を、何と称するのですか、と問うのです。すると釈尊は、その境地を、「現一切色身三昧《げんいっさいしきしんざんまい》」（あらゆる身体を示現《じげん》するという三昧）（『開結』五四五頁）であると告げられます。この三昧は、前章においてたずねた薬王《やくおう》菩薩の体得された境地でもあります。

つまり、妙音菩薩の三昧は、あらゆる人々の姿に示現して、法華経の教えを説き示され、救いの世界へと導かれることであることが明らかです。

このように、釈尊が妙音菩薩品を説かれたとき、妙音菩薩とともにやってきた東方の八万四千の人々もこの三昧を獲得し、娑婆世界の菩薩方も、この三昧と悟りのダーラニー（陀羅尼《だらに》）を修得されるのです。

ついで、妙音菩薩は、東方世界へと還帰《げんき》されますが、その折、釈尊と多宝仏の宝塔へ供養をささげられました。そして、本国へと帰られた妙音菩薩は、八万四千の菩薩方とともに浄華宿王智仏のもとへ出かけ、娑婆世界にあって、多くの人々に功徳を与えたこと、また釈尊および多宝仏の塔、さらに弟子方にお会いしたことなどや、随行の弟子（八万四千人）も「現一切色身三昧」を得たことなどを報告されて、この章は終わりを迎えるのです。

第三十二章　観世音菩薩《かんぜおんぼさつ》の広大な慈悲《じひ》
――観世音菩薩普門品《ふもんぼん》第二十五①

観世音菩薩のこと

観世音菩薩普門品は、法華経において初めて登場される無尽意《むじんに》菩薩が、釈尊《しゃくそん》（釈迦牟尼仏《しゃかむにぶつ》）に対して質問するところからはじまります。

すなわち、尽きることのない堅固《けんご》な意思を有している、という意味をもつ菩薩（無尽意菩薩）が、法華経を聴聞《ちょうもん》している座から起《た》ちあがり、（尊敬の気持ちを表すための作法として）右の肩をあらわにして、合掌《がっしょう》し、み仏（釈尊）に対して、つぎのようにもうしあげるのです。

「偉大なる尊師（釈尊）よ、観世音菩薩は、どのようないわれがあって、観世音という名前がつけられているのでしょうか」（現代語訳『開結』五四七頁）

み仏は無尽意菩薩に、つぎのように答えられました。

「善男子《ぜんなんし》よ、もしもはかり知ることのできないほどの百千万億の無量倍もの多くの衆生《しゅじょう》があったとして、数多くの苦悩を受けたとしても、この観世音菩薩の尊い存在を知り、ただ一心にその名前を称《とな》えたならば、観世音菩薩はただちに、その人々の音声《おんじょう》を受けとめて、すべての人々をその苦悩から逃れさせ、解放して下さるお方なのです」（現代語訳『開結』五四七頁）

このように、観世音菩薩（観音《かんのん》さま）は、世の中の人々の苦しみの声をしっかりと聞き、受けとめ、それを導いて、苦悩から脱却（解脱《げだつ》）させられるというのです。

天台大師《てんだいだいし》智顗《ちぎ》の解釈に従えば、「観世音菩薩普門品」の題号には、十双《じっそう》（二十箇《か》）の意味があることが示され、詳細な解釈がなされています（『法華文句《ほっけもんぐ》』巻第十下）。たとえば、「観世音」とは、人々を導かれる菩薩としての人格を意味し、「普門」というのは、不変の真理、妙法、さとりを意味しているというのです（『大正蔵経』第三十四巻 一四四頁c）。そのことから、観世音とは、人格体として、人々の苦しみを受けとめるというはたらきを有し、このはたらきを「慈悲」の二文字に配当され、「大悲《だいひ》」（大いなるあわれみの心）をもって、人々の苦悩を取り除かれる（抜苦《ばっく》）というのです。そして、「普門」とは、多くの苦悩から、すべて解脱へと導かれることから、「大慈《だいじ》」（大いなる慈《いつく》しみの心）であり、安らかな世界が与えられる（与楽《よらく》）、という解釈がなされています（『大正蔵経』第三十四巻 一四五頁a）。

以上のことから、観世音菩薩普門品というのは、この尊い菩薩が、生きとし生けるものの苦しみの声をしっかりと受けとめ、その苦しみを乗り越えさせ、そして、さとりへと導かれるという、大慈悲の世界が説き示されている、ということが理解できます。

たしかに、私たちがこの世に生命を受け、成長し、社会と関わりをもって生きる中にあって、自己自身に由来するさまざまな苦しみ、あるいは他者との関係性において、あるいはつぎつぎと興起《こうき》する自然災害等、どの一つをとっても、けっして安穏なことがらではありません。その苦悩の中にあって、自己自身が、仰《あお》ぐべき尊い存在を発見し、偉大なるはたらきを有されている菩薩の大慈悲を信じることができるのであれば、いかに人生が苦悩の連続であったとしても、それを克服できると思われるのです。

その意味において、この章は、凡夫《ぼんぶ》の私たちに、直接的にその苦悩からの脱却が示される、尊い教えであることが知られるのです。

インド・アジャンター石窟の「蓮華を持つ菩薩」の壁画。観世音菩薩であると言われる。

天台大師は、この章は、法華経の薬王品《やくおう》以下の化他行《けたぎょう》の流通分《るづうぶん》の中でも、すぐれた教え、すなわち「王経」(『大正蔵経』第三十四巻 一四四頁c)であると指摘され、この一章だけを独立した経典として解釈する仏教学者が多いことを紹介されています。

けれども、大師は、それらに影響を受けることなく、大師独自の法華経解釈の立場からこの章を解釈されると同時に、別に『観音玄義《げんぎ》』二巻を講述されていることが知られるのです(『大正蔵経』第三十四巻所収)。

観世音菩薩のはたらき――七難からの救い

このように、観世音菩薩のはたらきは、大慈悲心にもとづいて、人々の苦悩に対応されていることが明らかです。そこで、私たちの直面する具体的な苦悩が列示され、その災厄《さいやく》からの救いが示されることになります。それらは、七難《しちなん》として数えることができます。

順次その内容を見ていくことにいたしましょう。

① 火難《かなん》からの救い

「もしも、この観世音菩薩の名(名号《みょうごう》)を、しっかりと持《たも》つ(受持《じゅじ》すること。信仰対象として心の中にいだき、固定すること)人があれば、たとえ大火の中に入ったとしても、焼かれることはない

でしょう。それはこの菩薩の威大《いだい》なる神通力《じんづうりき》によるからなのです」（現代語訳『開結』五四八頁）

②　水難《すいなん》からの救い

「もしも、大河に漂流することがあったとしても、観世音菩薩の名を称えれば、ただちに浅瀬に着くことができるでしょう」（現代語訳『開結』五四八頁）

③　羅刹難《らせつなん》からの救い

「もしも、百千万億の人々が、金《こん》・銀《ごん》・瑠璃《るり》等の七宝《しっぽう》を求めるために大海に船出したとして、たとえ暴風がその船団を襲い、そのために目的地ではなく、羅刹鬼《き》（悪鬼）の住む国に漂着してしまいましょう。もしも彼らの中に、一人であっても観世音菩薩の名を称える人があれば、他のすべての人々も悪鬼の難からまぬがれることができるでしょう。このいわれからも、この菩薩を観世音と名づけられているのです」（現代語訳『開結』五四八頁）

④　刀杖難《とうじょうなん》からの救い

「もしも、迫害を受けて、その人が処刑されようとするとき、観世音菩薩の名を称えれば、処刑

人が手にしている刀や杖《つえ》は幾重《いくえ》にも折れてしまい、その難からまぬがれることができるでしょう」（現代語訳『開結』五四八頁）

⑤　鬼難《きなん》からの救い

「もしも、三千大千世界《さんぜんだいせんせかい》の中に充満するほどの多くの夜叉《やしゃ》や羅刹たちがやって来て、その人を苦しめようと思ったとしても、その人が観世音菩薩の名を称えていることを聞いたならば、これらの大勢の悪鬼たちは、悪意のある眼で見ることはできないでしょう。まして、危害を加えることなどできないでしょう」（現代語訳『開結』五四九頁）

⑥　枷鎖難《かさなん》（捕縛される難）からの救い

「また、ある人が、罪があっても、また罪がなくても、身を捕縛する手かせや足かせや鎖などにつながれたとしましょう。けれども、観世音菩薩の名を称えれば、それらはすべて壊れて、ぬけ出すことができるでしょう」（現代語訳『開結』五四九頁）

⑦　怨賊難《おんぞくなん》からの救い

「もしも、三千大千世界に充満するほどのにくむべき賊があったとしましょう。そこに一人の商隊長があって、多くの商人たちを引率して、大切な宝を持って険しい路を通過したとしましょう。その中の一人が、つぎのように言うのです。

『みなさん、恐れを抱いてはなりません。あなた方は一心に観世音菩薩の名号《みょうごう》を称えなさい。この菩薩は、私たち衆生に恐れのない心（無畏《むい》）をほどこして下さるのです。もし、あなた方が、その菩薩の名を称えたならば、これらの賊敵からかならず免れることができましょう』

そこで商人たちは、その言葉を聞いて、ともに声をそろえて『南無《なむ》観世音菩薩』と言ったとしましょう。そのことによって、怨賊からの難を逃れることができるのです」

（現代語訳『開結』五四九～五〇頁）

以上、観世音菩薩の名を称えることによって、私たちに興起する七つの災難から救われることが、具体的に説き明かされています。それは、いかに観世音菩薩の神通力が広大であるかを物語っています。ここに、観世音菩薩の名前を称えるという衆生の口業《くごう》による救いが示されているのです。

ついで、私たちの内面（心・意業《いごう》）に生じる、貪欲《とんよく》（むさぼり）や瞋恚《しんに》（いかり）や愚癡《ぐち》（道理に暗いおろかな心）の三種の毒から離れるために、観世音菩薩をつねに敬うことの大切さが示されます。

さらに、より具体的に女性が、男の子がほしいと思い、観世音菩薩を礼拝《らいはい》し、供養をささげたとしたならば、福徳と智慧をそなえた男の子が生まれること。また、女の子を授かりたいと思えば、姿形のととのった女の子で、前世に徳を積んだことによって、人々から愛される女の子が生まれるでしょう（身業《しんごう》の功徳）、と説かれています。

ここに口業と、意業と、身業の三つの面から、観世音菩薩がいかに広大なめぐみを与えて下さるかが説き示されています。

このように、釈尊は、無尽意菩薩に対して、観世音菩薩の広大な慈悲のはたらきを説き明かされ、その名号を受持することの大切さを力説されているかが領解《りょうげ》できます。

釈尊は、このような観世音菩薩のはたらきを説き明かされることによって、この章の冒頭における無尽意菩薩の質問に対する答えとされていることを知るのです。

そして、以上の無尽意菩薩と釈尊との問答に終止符が打たれますと、つぎの問答へと展開することになります。

観世音菩薩の三十三身

無尽意菩薩は、み仏に対して、さらにつぎのような問いを発するのです。

「偉大なる尊師よ、観世音菩薩は、どのようにこの娑婆世界の中を自由自在にめぐられ、どのようにして人々に教えを説き明かされ、人々に教化の手だてをほどこされるのでしょうか」

（現代語訳『開結』五五三頁）

この無尽意菩薩の問いに対して、釈尊が示される答えは、観世音菩薩は「普現色身三昧《ふげんしきしんざんまい》」の力によって、それぞれ三十三種の身体を示現《じげん》して人々を教化され、救いの道を示される、というのです。

前章では、妙音《みょうおん》菩薩の三十四身が示されましたが、この観世音菩薩普門品では、この菩薩の教化の手だてとして、三十三身が列示されることになります。

観世音菩薩が変化身《へんげしん》として示される身体は、前章の妙音菩薩と同じ、インドや中国における、それぞれの社会階層の人々であったり、宗教的変化身であったりいたしますので、今日の私たちにとっては、容易に理解できない側面もみられます。しかし、いまは鳩摩羅什《くまらじゅう》訳の経文に従って列示すると、つぎのようです。

①仏《ぶっ》身　②辟支《ひゃくし》仏身　③声聞《しょうもん》身　④梵王《ぼんのう》身　⑤帝釈《たいしゃく》身　⑥自在天《じざいてん》身　⑦大《だい》自在天身
⑧天大《だい》将軍身　⑨毘沙門《びしゃもん》身　⑩小王身　⑪長者《ちょうじゃ》身　⑫居士《こじ》身　⑬宰官《さいかん》身　⑭婆羅門《ばらもん》身
⑮比丘《びく》身　⑯比丘尼《に》身　⑰優婆塞《うばそく》身　⑱優婆夷《い》身　⑲長者婦女《ぶにょ》身　⑳居士婦女身
㉑宰官婦女身　㉒婆羅門婦女身　㉓童男《どうなん》身　㉔童女《にょ》身　㉕天身　㉖龍身　㉗夜叉身
㉘乾闥婆《けんだつば》身　㉙阿修羅《あしゅら》身　㉚迦楼羅《かるら》身　㉛緊那羅《きんなら》身
㉜摩睺羅伽《まごらが》・人《にん》・非人（精霊）等の身　㉝執金剛神《しゅうこんごうじん》身　（『開結』五五三～五頁）

観世音菩薩は「施無畏者」

このように、釈尊は無尽意菩薩に対して、観世音菩薩が多くの功徳を成就《じょうじゅ》されることによって、さまざまな姿を示現し、娑婆《しゃば》世界の人々を救済されることを明らかにされています。

それらのことから、釈尊は、無尽意菩薩をはじめとして、すべての人々が、一心に観世音菩薩に供養すべきことを勧められるのです。そして、この菩薩は、人々が恐怖や災難に遭遇したとき、畏《おそ》れのないことを与えられるお方ですから、人々は「施無畏者《せむいしゃ》」（おそれなきことを与えられる菩薩）と呼ぶ、とその徳を称賛されています。

これらのことを聴聞した無尽意菩薩は、釈尊に対して、私は観世音菩薩に供養をささげましょう、と告げることになります。そして、自身の首にかけている百・千両の金額にも値《あたい》する、多くの宝珠でできている首飾り（ネックレス）をはずして、観世音菩薩に対して、どうぞお受けとり下さいともうしあげます。

しかし、観世音菩薩は、これを受けとろうとはなさいません。そこでふたたび無尽意菩薩は、観世音菩薩に対して、あなたが私たちに対して、あわれみのお心をおもちであれば、どうぞお受けとりくださいともうしあげます。すると、釈尊は、観世音菩薩に対して、この無尽意菩薩や比丘・比丘尼・信男《しんなん》・信女《にょ》や天龍八部衆《はちぶしゅう》の人々へのあわれみをもって、この首飾りを受けとるようにと告げられるのです。

そこで観世音菩薩は、無尽意菩薩のささげたその首飾りを受けとられます。そして、その宝玉でできた首飾りを二つに分けて、一つは釈尊へ、一つは多宝《たほう》仏の宝塔《ほうとう》へと、ささげられたのであります。

このように、観世音菩薩普門品の長行《じょうごう》（散文）の部分は、観世音菩薩の自由自在なる神通力によって、娑婆世界の人々を教化される世界が明かされていることを知るのです。しかし、その後段において、観世音菩薩自身が供養を受けた首飾りを、釈尊と多宝仏に捧げられていることは、この菩薩の広大な慈悲のはたらきの根底には、偉大なる久遠《くおん》の釈尊と深遠なる法華経の力があることを、象徴的に示されているものと解釈できるのです。

以上のように、長行が説かれたのち、二十六偈《げ》からなる詩頌《しじゅ》と、長行が説かれていますが、そのことは次章にたずねることにいたしましょう。

第三十三章

慈悲《じひ》の眼をもって人々をご覧になる

――観世音菩薩普門品第二十五《かんぜおんぼさつふもんぼん》②

観世音菩薩の慈悲の源泉

観世音菩薩普門品は、観世音菩薩が「普現色身三昧《ふげんしきしんざんまい》」（自由自在に多くの身体を現わして人々を導くというさとり）の境地から、三十三身を現わし（『法華文句《ほっけもんぐ》』巻第十下・『大正蔵経』第三十四巻一四五頁c）、化他行《けたぎょう》をとおして、法華経の教えを伝える（化他流通《るつう》・同上）ことに主眼が置かれているということを、前章において学びました。

ところで、この章の長行《じょうごう》（散文）の終わりのところで、この観世音菩薩の偉大なはたらきに対して、無尽意菩薩が自己の首にかけている高価な宝玉《ほうぎょく》の飾りを、観世音菩薩に対し供養としてささげられました。けれども、観世音菩薩は容易に受けとろうとはされません。そこで釈尊が、観世音菩薩に対して受けとるようにとうながされることによって、これを受けとられた観世音菩薩は、宝玉の首飾りを二つに分け、一つは釈尊へ、もう一つは多宝如来《たほうにょらい》の宝塔《ほうとう》へとささげられるのです。そこで、この場面に少し注目してみましょう。

この観世音菩薩普門品を、本門《ほんもん》の中心部分である如来寿量《じゅりょう》品の立場から解釈いたしますと、久遠《くおん》の釈尊の偉大な教化の力を基盤として、その久遠のみ仏のはたらきの一面が、観世音菩薩の教化のすがたを通して説き明かされていると解釈できます。つまり、久遠の釈尊が人々を救済するために観世音菩薩の姿として示現され、この三十三身の姿を通して、人々を苦悩から解脱させることを目指されていると理解できるのです。

すなわち、観世音菩薩が、無尽意菩薩の供養として受け取られた宝玉の首飾りを釈尊へささげられ、もう一方を、多宝如来の全身が安置されている七宝《しっぽう》の塔（宝塔）にささげられているということは、深遠なる法華経の教えに対する帰依《きえ》を表明されているのではないか、と解釈できるのです。それは、法華経の教えと、証明仏《しょうみょうぶつ》としての多宝如来とは不離の関係にあるからです。

多宝如来の宝塔について

いま、そのことを考える一助として、法華経に登場される多宝如来とその宝塔について、確認しておきましょう。すでに、嘱累品《ぞくるいほん》において、釈尊は虚空会《こくうえ》にあるすべての人々に、この法華経の教えを手渡され（付嘱《ふぞく》）、十方《じっぽう》世界からこの娑婆《しゃば》世界に集まってこられた諸仏方《がた》や、地涌《じゆ》の菩薩方に対して、それぞれご自身の活動の世界（本土《ほんど》）へ還《かえ》られるように告げられました。そして、多宝仏のましてます宝塔は、もとのように扉を閉じるようにとうながされ、釈尊は虚空会からもとの霊鷲山《りょうじゅせん》へともどられたのです。このことを、天台大師智顗《てんだいだいしちぎ》は、つぎのように解釈されています。

「東方の宝浄国《ほうじょうこく》を本土とされる多宝如来は、法華経の教えが真実であることを証明するために霊鷲山へ参られ、その宝塔の扉が開かれることで釈尊と多宝如来が並坐されました。そして、見宝塔品から嘱累品までの迹門《しゃくもん》・本門にわたる虚空会がくり広げられました。けれども、嘱累品においで付嘱の儀式が終わりましたので、多宝塔の扉は閉じられたのです。

また、十方分身諸仏が霊鷲山へ来集されたのは、宝塔の扉が開かれるためですから、それが成就《じょうじゅ》されたことで、それぞれの本土（国土）へお還りになったのです。ですから、多宝塔の扉がふたたび開くことはありません。また十方分身（ふんじん）諸仏が法華経の会座に列座されることはありません。

しかし、多宝如来は、釈尊の説法を聴聞《ちょうもん》されるために涌現《ゆげん》されたのですから、宝塔の扉は閉じられながらも、法華経が説かれている霊鷲山にあって、その虚空にとどまっておられるのです。

では、お尋ねします。多宝如来の宝塔が法華経の教えを聴聞されるのであれば、その扉が閉ざされないのが妥当なのではありませんか。

お答えします。多宝如来は、法華経の教えが真実であることの証明を目的とされたのですから、いまは、その扉は閉じられているのです。ただし、未来世にこの法華経が広まるべきことを説く流通分の教えを聴聞されるために、多宝如来の宝塔は法華経説法の会座《えざ》にあるのです」

（現代語訳『法華文句』巻第十下・『大正蔵経』第三十四巻一四二頁c～三頁a）

このように、多宝如来は釈尊の法華経流通分《るつうぶん》の教えを聴聞されるために、国土へ還られることなく、いまの霊鷲山にとどまっておられるのです。

たしかに、前章の妙音《みょうおん》菩薩品において、妙音菩薩の師である浄華宿王智仏《じょうけしゅくおうち》が、釈尊に対する伝言として、「滅度《めつど》されて久しい時間をへている多宝如来は、七宝の塔の中にましまして、娑婆世界へ来られて教えを聴かれているでしょうか」（大意『開結』五三九頁）と語られ、また多宝如来の安否をたずねる言葉として、「安らかでわざわいがなく、よく耐えておられるでしょうか。また娑婆世界に長くとどまられるのでしょうか」（同上）と述べられていることからも、多宝如来の塔が、法華経の会座にあることが知られます。

そして、妙音菩薩が娑婆世界を去って、東方の浄光荘厳国《じょうこうしょうごんこく》へ帰られる場面では、

「爾《そ》の時に、妙音菩薩摩訶薩《まかさつ》、釈迦牟尼《しゃかむに》仏及び多宝仏塔を供養し已《おわ》って、本土に還帰《げんき》す」

（『開結』五四五頁）

とありますから、多宝如来の宝塔は、扉が閉じられながらも、法華経の教えを聴聞されていることがうかがえるのです。

以上のように、嘱累品において多宝塔の扉が閉じられながらも、多宝如来はつづけて釈尊の法華経の教えを聴聞されているのですから、観世音菩薩が、宝玉の首飾りを釈尊および多宝如来の塔に供養

されていることは、久遠の釈尊の偉大さと、法華経の教えの深遠さとを象徴しているように受けとめることができるのです。

二十六行の偈頌

さて、観世音菩薩普門品の長行が終りますと、「世尊妙相具《せそんみょうそうぐ》」（世尊は妙相具《そな》わりたまへり）という一句五字からなる詩頌《しじゅ》が二十六行にわたり説かれます。では、この二十六偈を具体的に拝読することにいたしましょう。

まず第一偈は、無尽意《むじんに》菩薩が釈尊にお尋ねするところからはじまります。

①「世尊は妙相具わりたまえり　我、今重ねて彼を問いたてまつる　仏子《ぶっし》は何の因縁あってか　名づけて観世音とする」（『開結』五五八頁）

〈世尊は、すぐれたお姿をそなえておられます。いま私は重ねてお尋ねいたします。仏の子である観世音菩薩は、どのようないわれで、観世音と名づけられたのでしょうか〉

②「妙相を具足したまえる尊　偈をもって無尽意に答えたまわく　汝《なんじ》、観音の行《ぎょう》を聴け　善《よ》く諸《もろもろ》の方所《ほうしょ》に応ずる」（右同）

〈すぐれたお姿をそなえられた尊きみ仏は、詩頌によって無尽意に答えられました。あなたよ、観世音の修行について聴きなさい。それはさまざまな方角や場所に出現されるのです〉

③「弘誓《ぐぜい》の深きこと海の如し　劫《こう》を歴《ふ》とも思議せじ　多千億の仏に侍《つか》えて　大清浄の願を発《おこ》せり」（右同）

〈観世音の立てた広大な誓願は、海のように深く、長遠の時間を経《へ》ても思いはかることはできない。多くの千億ものみ仏にお仕《つか》えし、大いなる清らかな誓願をおこされたのです〉

④「我、汝が為《ため》に略して説かん　名を聞き及び身を見　心に念じて空しく過ぎざれば　能《よ》く所有《しょう》の苦を滅す」（右同）

〈私は、あなたのためにそのことを簡潔に説きましょう。観世音の名を聞き、その身体を拝見して、心に念じて空虚に過ごさなければ、人生におけるさまざまな苦悩を消滅できるのです〉

以上、第一偈から第四偈までをたどってきました。そこでは釈尊が無尽意菩薩に対して、観世音菩薩の立てられた誓願が広大で、その誓願によって、すべての人々に興起する苦悩を除いて解脱《げだつ》への道を示されることが明らかにされています。

そして、第五偈以下は、長行（散文）において説き明かされました。①火難からの救い、②水難からの救い等の七難《しちなん》からの救いが、より具体的に「念彼観音力《ねんぴかんのんりき》」（彼《か》の観音の力を念ずれば）の詩頌をもって、十二の面から説かれることになります。いまは、経文のみを列示しておきましょう。

⑤「仮使《たとい》、害《がい》の意《こころ》を興《おこ》して　大いなる火坑《かきょう》（火の穴）に推《お》し落とさんに　彼の観音の力を念ぜば　火坑変じて池《いけ》と成《な》らん」（右同）

⑥「或《ある》いは巨海《こかい》（大海）に漂流《ひょうる》して　龍・魚・諸鬼《しょき》の難あらんに　彼の観音の力を念ぜば　波浪も没《もつ》すること能《あた》わじ」（『開結』五五八～九頁）

⑦「或いは須弥《しゅみ》の峰《みね》に在って　人に推し堕《お》されんに　彼の観音の力を念ぜば　日の如くにして虚空に住せん」（『開結』五五九頁）

⑧「或いは悪人に逐《お》われて　金剛山《こんごうせん》より堕落《だらく》せんに　彼の観音の力を念ぜば　一毛《いちもう》をも損すること能わじ」（右同）

⑨「或いは怨賊《おんぞく》の繞《かこ》んで　各《おのおの》刀《つるぎ》を執《と》って害を加うるに値《あ》わんに　彼の観音の力を念ぜば　咸《ことごと》く即ち慈心《じしん》を起こさん」（右同）

⑩「或いは王難の苦に遭《あ》いて　刑《つみ》せらるるに臨《のぞ》んで寿《いのち》終わらんと欲《ほっ》せんに　彼の観音の力を念ぜば　刀《つるぎ》尋《つ》いで段段《だんだん》に壊《お》れなん」（右同）

⑪「或いは枷鎖《かさ》に囚禁《しゅうきん》せられて　手足に杻械《ちゅうかい》を被《こうむ》らんに　彼の観音の力を念ぜば　釈然《しゃくねん》として解脱することを得ん」（『開結』五五九～五六〇頁）

⑫「呪詛《しゅそ》・諸の毒薬に　身を害せんと欲《ほっ》せられん者　彼の観音の力を念ぜば　還《かえ》って本人に著《つ》きなん」（『開結』五六〇頁）

⑬「或いは悪羅刹《あくらせつ》　毒龍・諸鬼等に遇《あ》わんに　彼の観音の力を念ぜば　時に悉《ことごと》く敢えて害せじ」（右同）

⑭「若《も》しは悪獣《あくじゅう》囲繞《いにょう》して　利《と》き牙爪《げそう》の怖るべきに　彼の観音の力を念ぜば　疾《と》く無辺の方に走りなん」（右同）

⑮「蚖《がん》・蛇《じゃ》及び蝮《ふく》・蠍《かつ》　気毒煙火《けどくえんか》の燃ゆるがごとくならんに　彼の観音の力を念ぜば　声に尋《つ》いで自ら廻《かえ》り去らん」（右同）

⑯「雲雷《うんらい》・鼓掣電《くせいでん》し　雹《あられ》を降らし大なる雨を澍《そそ》がんに　彼の観音の力を念ぜば　応時《おうじ》（ただち）に消散することを得ん」（右同）

以上、第五偈から第十六偈まで、私たちが遭遇する火難、水難、須弥山や金剛山からの堕落難、怨賊難、刀杖《とうじょう》難、枷鎖難、呪詛・毒薬難、羅刹難、悪獣圍繞難、蚖蛇蝮蠍（とかげや蛇、まむし、さそり）難、雲雷雹雨（雲からの雷・雹・大雨）難等の諸苦が列示され、これらをまとめる経文として、第十七偈では、

「人々が困苦を受けて、はかり知れないほどの苦がその身を逼《せ》めたとしても、観世音菩薩のすぐれたはたらきによって、世の人々の苦を救うことができる」（現代語訳『開結』五六〇～一頁）

と結ばれるのです。

さらに、詩頌がつづきますが、観世音菩薩はあまねくその身を示現して、身《しん》・口《く》・意《い》の三業《さんごう》の面から人々の苦しみを除去することが説き示されています。そして、第二十五偈と第二十六偈には、つぎのように観世音菩薩の慈悲の広大さが讃えられるのです。

㉕「念念に疑いを生ずること勿《なか》れ　観世音浄聖《じょうしょう》は　苦悩・死厄《しゃく》に於《おい》て　能く為に依怙《えこ》となれり」

（『開結』五六二頁）

〈一念一念の心において、けっして疑いをおこしてはなりません。観世音という浄《きよ》らかな菩薩は、人々の苦悩と死のわざわいにおいて、依《よ》りどころとなることのできるお方です〉

㉖「一切の功徳を具《ぐ》して　慈眼《じげん》をもって衆生《しゅじょう》を視《み》る　福聚《ふくじゅ》の海《うみ》無量なり　是《こ》の故に応《まさ》に頂礼《ちょうらい》すべし」（右同）

〈（観世音菩薩は）あらゆる功徳をそなえられ、いつくしみの眼をもって人々をご覧になるのです。福徳が集まった広大無辺の海は、はかり知れないのです。それ故に拝受して礼拝《らいはい》すべきなのです〉

以上の詩頌が説かれますと、持地《じじ》菩薩（大地を支える修行者）が自己の座から起《た》って、この観世音菩薩の自在なるはたらきと、あらゆる人々の身体を現わして教化されるという神通力《じんづうりき》とを聴聞する福徳は、けっして少なくはありません、ともうしのべるのです。そして、釈尊がこの章の教えを説かれたとき、教えを聴聞している八万四千の人々は、すべて無上の正しいさとりへ向かう心をおこしたというのです。

第三十四章　法華経の修行者に対する守護
――陀羅尼品《だらにほん》第二十六①

陀羅尼品のこと

鎌倉時代、「法華経の行者《ぎょうじゃ》」として生涯をまっとうされた日蓮聖人《にちれんしょうにん》（一二二二～八二）は、信徒の女性に対して、法華経の嘱累品《ぞくるいほん》以下の教えが説き明かされていることを基として、末法《まっぽう》の世における法華経受持《じゅじ》の信仰のあり方の尊さと、この功徳の広大さとをもって、称讃されています。

その一節には、陀羅尼品の教えということについて、つぎのように示されています。

「陀羅尼品と申すは、二聖《にしょう》・二天《にてん》・十羅刹女《じゅうらせつにょ》の法華経の行者を守護すべき様《よう》を説きけり。二聖と申すは薬王《やくおう》と勇施《ゆぜ》となり。二天と申すは毘沙門《びしゃもん》と持国《じこく》天となり。十羅刹女と申すは十人の大鬼神《だいきじん》女《にょ》、四天下《してんげ》の一切の鬼神の母なり。又十羅刹女の母あり、鬼子母神《きしもじん》是也《これなり》」

鬼子母神像（東京・雑司ケ谷法明寺鬼子母神堂境内）

（『日女御前《にちにょごぜん》御返事』・『昭和定本』一五一〇頁）

すなわち、観世音菩薩普門品《かんぜおんぼさつふもんぼん》ののちの、陀羅尼品においては、薬王菩薩と勇施菩薩のお二人、さらにこの世界を東西南北の四方において守護される護世四天王《ごせしてんのう》のうち、北方の毘沙門天王と、東方の持国天王、さらに十人の羅刹女たちと、その母である鬼子母神等が、法華経の行者を守護されることが、その教えの中心となっている、と日蓮聖人は解釈されているのです。

このように、陀羅尼品では、釈尊《しゃくそん》滅後において、みずから法華経を受持し、広く他者のためにこれを説こうとすれば、さまざまな迫害や障《さわ》りが興起することが想定されています。

そのために、

①薬王菩薩
②勇施菩薩
③毘沙門天王

④持国天王
⑤十羅刹女・鬼子母神等

が、法華経の行者を積極的に守護することが説き明かされていることを知るのです。

それでは、この陀羅尼品の主題が、法華経の修行者に対する守護にあるとすれば、二聖・二天等による「守護品」とか「擁護品《おうごほん》」と名づけられることが適切であると言えましょう。けれども鳩摩羅《くまら》什《じゅう》の訳された『妙法蓮華経《みょうほうれんげきょう》』では、「陀羅尼品」と命名され、鳩摩羅什より旧《ふる》い、竺法護《じくほうご》の漢訳『正《しょう》法華経』では、「總持品《そうじほん》」（『大正蔵経』第九巻一二九頁c）と名づけられています。

そのことを確認いたしますと、この章が「陀羅尼品」あるいは「總持品」と漢訳されているところに、①薬王菩薩～⑤十羅刹女・鬼子母神等の諸尊の、法華経の行者を守護される方法の特質が存しているると思われるのです。

そのことを念頭に置きながら、陀羅尼品の教えをたずねることにいたしましょう。

薬王菩薩の問いと守護

陀羅尼品は、法華経説法の会座《えざ》にある薬王菩薩が、起《た》ちあがって右の肩の肌ぬぎ（敬いの形）をし、合掌《がっしょう》し、釈尊に対して、つぎのように質問することからはじまります。

「世尊《せそん》よ、若《も》し善男子《ぜんなんし》・善女人《ぜんにょにん》の能《よ》く法華経を受持することあらん者、若しは読誦《どくじゅ》し、通利《つうり》し、若しは経巻を書写《しょしゃ》せんに、幾所《いくばく》の福をか得ん」（『開結』五六三頁）

〈偉大なる尊師よ、釈尊の滅後に、もしも信男・信女があったとして、法華経をしっかりと受け持《たも》つことがあり、またこの法華経を読み、誦《とな》え、十分に理解し、あるいはこの経巻を書写したりするようなことがあれば、どれほどの福徳を得ることができるのでしょうか〉

この薬王菩薩の質問に対して、釈尊はつぎのように答えられると同時に、薬王菩薩に問いを発せられます。

「もし、法華経信仰に生きる信男・信女があって、ガンジス河の砂に等しい数を、八十万億ナユタ倍するという数のみ仏たちに対し供養をささげたとしましょう。そのことを、あなたはどのように考えますか。その得るところの福徳は、多いでしょうか、少ないでしょうか」

（現代語訳『開結』五六三〜四頁）

すると、薬王菩薩は、ただちに答えます。

「とても多いです、世尊よ」（現代語訳『開結』五六四頁）

そこで、釈尊は、つぎのように諭《さと》されるのです。

「もしも、信男・信女があって、この法華経に対して、わずかな一句や四句の一偈《げ》であったとしても、受け持《たも》ち、読み、誦し、その意味を解釈し、法華経の教えのとおりに修行したとしましょう。そのことによって得るところの功徳は、とても多いのです」（現代語訳『開結』五六四頁）

以上のように、陀羅尼品の冒頭において、薬王菩薩が釈尊に対して、善男子および善女人の法華経受持による福徳の広大さを問いたずねていることから、その功徳はとても多い（功徳甚多《じんた》）と、釈尊が断言されていることが知られます。

そして、薬王菩薩は、まさにこの法華経を受持し、人々のために教えを説く説法者に対して「陀羅尼呪《しゅ》」を与え、この修行者を守護することを、釈尊に誓うのです。

すなわち、薬王菩薩は、釈尊滅後において、善男子・善女人が、法華経を受持し、読誦し、解説《げせつ》し、書写する等の五種行を実践することがあれば、積極的にこれらの修行者を守護することによって、法華経が未来へ流通《るつう》されるように、と誓いを立てられるのです。しかも、その守護の方法というのは、その法華経修行者に対して「陀羅尼呪」を与える、ということなのです。

このことから、この章が「陀羅尼品」と名づけられている由来が明らかとなります。

題号について

ところで、この章が「陀羅尼品」と名づけられていることから、少しく「陀羅尼」の意味についてたずねてみたいと思います。

「陀羅尼」とは、サンスクリット語の「ダーラニー」（dhāraṇī）の音訳です。この経典を漢訳された鳩摩羅什は、漢字の意味に翻訳されずに、そのまま「陀羅尼品」と漢語に音写《おんしゃ》されたことが知られます。

これに対して、竺法護の『正法華経』では、「總持品」と漢訳されていますから、「ダーラニー」とは「總（総）持」という意味をもっていることが理解できます。

そこで、先行研究をもとに意味をたずねてみますと、「陀羅尼」とは、仏の教えの大切な要句を意味し、神秘的な力をもつと信じられる呪文であると解釈されています（『佛教語大辞典』九〇一頁参照）。

また、塚本啓祥《けいしょう》著（『法華経の成立と背景——インド文化と大乗仏教』）によれば、「陀羅尼」とは、漢訳では「持、総持」と訳され、保持することを意味すると解釈されています。それは、インドの宗教における、ヨーガ（静慮《じょうりょ》）の修法《しゅほう》の一つである執持《しゅうじ》（精神統一した心が散乱しないこと）と関連して、精神を統一して、心を集中することである。これが、大乗経典で三昧《さんまい》（瞑想・専心）と並記されるのは、同様の意味をもっている、というのです。

さらに、『大智度論《だいちどろん》』の第八十五巻に「陀羅尼に二種有り」（『大正蔵経』第二十五巻 六五七頁a）として、経典をしっかりと修習《しゅじゅう》し、つねにこの教えを持《たも》つことを「聞持《もんじ》陀羅尼」といい、その意義をさとることを「実相《じっそう》陀羅尼」と解釈されていることから、陀羅尼とは、仏法を受持することを本来の意味としてもっていたことを指摘されています。

ついで、「呪《しゅ》」（サンスクリット語のヴィドヤー）とは、漢訳では「明呪《みょうしゅ》」と訳され、学問と呪法との二種の意味があり、大乗仏教では菩薩の学ぶべき対象を五明処《ごみょうしょ》ということから、学問の対象を指し、さらに、『八千頌般若経《はっせんじゅはんにゃきょう》』では、般若波羅蜜《はらみつ》を大明呪と名づけ、それを受持することによって、種々の災害を免れることが説かれているというのです（四四〇頁以下参照）。

これらの解釈を前提として、薬王菩薩が法華経の修行者に与えられる「陀羅尼呪」ということを考えてみますと、修行者を守護する力のある呪文の意味に捉《とら》えることができます（『法華経 下』〈佛典講座7〉一二〇九頁参照）。

ところで、「陀羅尼」とは「總（総）持」である、と漢訳されていますが、天台大師《てんだいだいし》智顗《ちぎ》の『法華《ほっけ》文句《もんぐ》』巻第十下の題号釈《だいごうしゃく》を見ておきたいと思います。

「此《ここ》に總持と翻《ほん》ず。總持すれば悪起こらず、善失《う》せず（其《そ》の一）。又能遮能持《のうしゃのうじ》と翻ず。能《よ》く善を持し、能く悪を遮す（其の二・其の三）。此れ能く辺の悪を遮し、能く中の善を持す（其の四）」

（『大正蔵経』第三十四巻　一四六頁c）

すなわち、「陀羅尼」が「總持」と訳される由縁《ゆえん》は、釈尊の教説を重要な教えとして信受《しんじゅ》し、全身全霊をかけて持《たも》つことがあれば、当然のこととして悪が起こることなく、同時に善根《ぜんごん》功徳が失われることはありません。そのことから「能遮能持」と訳されるのですから、それはよく悪を遮絶し、よく善根を持つことになります。また、誤った辺見《へんけん》の悪を遮し、中道《ちゅうどう》の真実の善を持つことになるというのです。

この「陀羅尼」の働きとして、病気の平癒《へいゆ》、護法《ごほう》、懺悔《さんげ》、滅罪《めつざい》等があることを指摘されています。そして、「呪」については、「諸仏の密語《みつご》」であり、一つのことばの中に、諸仏の力が兼備《けんび》されていることから、病気が癒《い》え、罪が消滅し、善が生じ、真実と合致する、という解釈を示されています（『大正蔵経』第三十四巻 一四六頁c）。

さらに、この「陀羅尼品」における「呪」が、法華経のサンスクリット語の原典に記されている経文のままに音写されて、あえて漢語に翻訳されなかった理由は、「諸仏の密語」であるからだ、と解釈されています。つまり、「陀羅尼品」の教説は、天台大師によれば、「悪世における弘経《ぐきょう》という修行には、苦悩や法難《ほうなん》が多い。そこで（二聖・二天・十羅刹女等は）呪をもって、法華経の修行者を護り、妙法蓮華経の教えを流通せしむるのである」（右同）と釈されているのです。

五番神呪

さて、この陀羅尼品では、薬王菩薩をはじめとする五種の「呪文」が説き示されています。そして、それらはすべて漢音に写されています。たとえば薬王菩薩の陀羅尼呪は、「安爾《あに》一　曼爾《まに》二　摩禰《まねい》三……」（『開結』五六四頁）等と、四十三の神呪《じんしゅ》が説き示されています。

これに対して、竺法護訳の『正法華経』では、「奇異・所思・意念・無意・永久」（『大正蔵経』第九巻一三〇頁a）等の漢語に翻訳されていることが知られます。

私は、少年期に仏門に入りましたので、この陀羅尼品の五番神呪や、のちの普賢菩薩勧発品《ふげんぼさつかんぼっぽん》の普賢呪を音読《おんどく》し、暗誦《あんしょう》してきました。しかし、これらの「呪文」の意味を正しくたどることはできません。

藤井教公先生によれば、「陀羅尼呪」について、「『妙法華』が拠《よ》っている梵本《ぼんぽん》（サンスクリット語の原本）が存在していないので、原語が確定せず、したがって原意も明らかにすることができない」（『法華経 下』〈佛典講座7〉一一〇九頁）と指摘されています。また塚本啓祥著『法華経の成立と背景』では、「梵文写本の中からもっとも近い発音を示すものを採用して、『妙法華』と対比させて原語より推定しうる意味を示しているので参照されたい」（四四五～五六頁）と紹介されています。そこで、ここでは塚本啓祥先生の研究成果を基に、「陀羅尼呪」の内容をたどっておきたいと思いますが、それらは、次章でたずねることにいたしましょう。

第三十五章　陀羅尼呪による守護
――陀羅尼品《だらにほん》第二十六②

陀羅尼品は、釈尊《しゃくそん》滅後において、法華経の修行者が、この教えを受《う》け持《たも》ち、あるいは人々のためにこの教えを弘めようとして、種々の困難な状況に遭遇することがあった場合には、薬王菩薩《やくおうぼさつ》、勇施《ゆぜ》菩薩の二人の菩薩方《がた》、さらに護世四天王《ごせしてんのう》の毘沙門《びしゃもん》天王、持国《じこく》天王、および十羅刹女《じゅうらせつにょ》と鬼子母神《きしもじん》等が、神秘的な呪文《じゅもん》を授けることによって、これらの修行者を守護することを、釈尊に対して誓いを立てていることから、「陀羅尼品」の品名が名づけられていることを前章において確認いたしました。

そこでこの章では、より具体的にその陀羅尼呪をたどることにいたしましょう。

薬王菩薩の陀羅尼呪

まず第一に、薬王菩薩《やくおうぼさつ》は釈尊につぎのように告げるのです。

「爾《そ》の時に薬王菩薩、仏に白《もう》して言《もう》さく、世尊《せそん》よ、我《われ》、今、当《まさ》に説法者《せっぽうじゃ》に陀羅尼呪を与えて、以《もっ》て之《これ》を守護すべし」（『開結』五六四頁）

〈そのときに、薬王菩薩は釈尊に対して、つぎのようにもうしあげました。偉大なる尊師よ、私は、いま、法華経を広く他のために説きつづける修行者に対して、陀羅尼の呪文を授け与えて、そのことによってこの説法者を必ずお守りいたしましょう〉

そこで薬王菩薩が与えられる陀羅尼呪は、四十三句の神呪であり、鳩摩羅什《くまらじゅう》訳では「安爾《あに》一　曼爾《まに》二　摩禰《まねい》三」（『開結』五六四頁）と漢字に音写《おんしゃ》されています。

ところで、サンスクリット語による法華経の写本類を詳細に校訂《こうてい》された塚本啓祥《けいしょう》先生は、この薬王菩薩の陀羅尼呪の特徴が、文法に従って「女性神格を単数・呼格《こかく》（呼びかけ）で表現している」ことにあると指摘されています（『法華経の成立と背景——インド文化と大乗仏教』四四四頁）。

この塚本先生の詳細な研究を基として、陀羅尼品に説示される陀羅尼呪の意味をたずねてみましょう。ただし、平易な表現に改めた箇所《かしょ》もあります。なお、すべてカタカナ表記とし、その読みは『開結』に従っておきたいと思います。

《薬王菩薩の陀羅尼呪》

「①アニ（女性・単数・呼格〈以下、全て同じ〉。別異なるものよ）②マニ（知るところのものよ）③マネイ（意念《いねん》あるものよ）④ママネイ（意念なきものよ）⑤シレイ（久遠《くおん》なるものよ）⑥シャリテイ（修習《しゅじゅう》するものよ）⑦シャミャ（平静なるものよ）⑧シャビタイ（静穏なるものよ）⑨センテイ（平静なるものよ）⑩モクテイ（解脱《げだつ》せるものよ）⑪モクタビ（最高の解脱をなせるものよ）⑫シャビ（平等なるものよ）⑬アイシャビ（邪悪なきものよ）⑭ソウビ ⑮シャビ（平正なるものよ）⑯シャエイ（滅尽《めつじん》せるものよ）⑰アシャエイ（不滅のものよ）⑱アギニ（滅尽せざるものよ）⑲センテイ（寂静《じゃくじょう》なるものよ）⑳シャビ（静穏なるものよ）㉑ダラニ（保持するものよ）㉒アロキャバサイ・ハシャビシャヤニ（光明のごとく輝き、観察せるものよ）㉓ネイビテイ（献身されるものよ）㉔アベンタ・ラネイビテイ（内に心を向けたものよ）㉕アタンダハレイシュダイ（完全に清浄《しょうじょう》なるものよ）㉖ウクレイ（高いものよ）㉗ムクレイ（高いところなきものよ）㉘アラレイ（まといつくものなきものよ）㉙ハラレイ（あまねくまといつくものよ）㉚シュキャシ（眼の清浄なるものよ）㉛アサンマサンビ（無比のものよ）㉜ボッダビキリシッテイ（覚《さと》って世間を離れたものよ）㉝ダルマハリシテイ（法を観察せるものよ）㉞ソギャネクシャネイ（衆《もろもろ》に音声《おんじょう》なからしむるものよ）㉟バシャバシャシュダイ（それぞれの言語が清浄なるものよ）㊱マンタラ（真言《しんごん》よ）

㊲マンタラシャヤタ（不滅の真言よ）㊳ウロタ（呪文の音声よ）
㊴ウロタキョウシャリャ（呪文の音声に熟練せるものよ）㊵アシャラ（不滅なるものよ）
㊶アシャヤタヤ（不滅の色身《しきしん》をもてる救済者よ）㊷アバロ（無力なるものよ）
㊸アマニャナタヤ（思量《しりょう》しがたい救済者よ）」

（塚本啓祥著『法華経の成立と背景』四四五～五〇頁参照）

以上のように、四十三句の神秘的な呪文を説いたのち、薬王菩薩は、釈尊に対して、つぎのように告げるのです。

「この陀羅尼神呪は、六十二億のガンジス河の砂の数に等《ひと》しい多数のみ仏たちが説かれた呪文です。もしも、この（呪文を誦《とな》える）法師《ほっし》に危害を加える者があれば、それはこれらの無数のみ仏たちに危害を加えてしまうことになるのです」（現代語訳『開結』五六五頁）

そのように告げますと、釈迦牟尼仏《しゃかむにぶつ》は、薬王菩薩が法華経を修行する法師をあわれみ、それらの人々を守護するために陀羅尼呪を説いたことを讃歎《さんだん》され、かならず修行者に大いなる福徳《ふくとく》が与えられることを保証されることになります。

勇施菩薩の陀羅尼呪

この薬王菩薩につづいて、「布施の勇者」を意味する勇施菩薩《ゆぜぼさつ》が、釈尊に対してつぎのようにもうしあげるのです。

「偉大なる尊師よ、私もまた、法華経を読誦《どくじゅ》し、受持《じゅじ》する修行者を守護するために、陀羅尼の呪文を説きましょう。もしもこの法師が、この陀羅尼呪を身に持《たも》つならば、夜叉《やしゃ》（悪鬼）や、羅刹《らせつ》（悪鬼）や、富単那《ふたんな》（プータナ鬼、悪鬼）や、吉遮《きっしゃ》（クリティヤ鬼）や、鳩槃荼《くはんだ》（クンバーンダ鬼）等の鬼たちや、あるいは餓鬼《がき》たちが、その修行者のすきをうかがい、危害を与えようとこころみたとしても、その機会はけっして得られないでしょう」（現代語訳『開結』五六六頁）

そこで、勇施菩薩が説かれる陀羅尼呪は、十三句からなります。

《勇施菩薩の陀羅尼呪》

「①ザレイ（熾燃《しねん》する〈耀《かがや》ける〉ものよ）②マカザレイ（激しく燃えたつものよ）
③ウッキ（たいまつの火よ）④モッキ（私のたいまつの火よ）⑤アレイ（めぐりくるものよ）
⑥アラハテイ（富を欲するものよ）⑦ネレイテイ（踊《おど》るものよ）

⑧ネレイタハテイ（舞踏《ぶとう》を欲するものよ）　⑨イチニ（願望をもてるものよ）
⑩イチニ（規則を制せるものよ）　⑪シチニ（永久《とわ》に存在するものよ）
⑫ネレイチニ（踊るものたちよ）　⑬ネリチハチ（舞踏を欲するものよ）」
（塚本啓祥著『法華経の成立と背景』四五〇〜一頁参照）

以上のように、勇施菩薩は修行者の身に起こる鬼神たちの障《さわ》りに対して、それらから守護するために、十三句による陀羅尼呪を説いているのです。

しかも、この神呪は、

「ガンジス河の砂の数に等しい多くのみ仏たちの説かれたものであります。また、みな歓喜されたものです。もしも、この法師に危害を加えようとする者があれば、それは多くのみ仏たちに危害を加えたことになるのです」（現代語訳『開結』五六七頁）

と、勇施菩薩は、釈尊に告げているのです。

このように、薬王菩薩と勇施菩薩の陀羅尼呪が説かれますと、つぎに娑婆《しゃば》世界を守護される毘沙門《びしゃもん》天王《てんのう》と持国天王《じこくてんのう》が、法華経の修行者を守護する神呪へと移ることになります。

毘沙門天王の陀羅尼呪

くり返しになりますが、毘沙門天王と持国天王は、私たちが居住している娑婆世界の国土を守護される神々たちであり、仏法を護持《ごじ》する神々でもあります。

仏教の世界観では、一つの世界（一四天下《いっしてんげ》）の中央には巨大な須弥山《しゅみせん》（スメール）がそびえ、その頂上には帝釈《たいしゃく》天王があって、喜見城《きけんじょう》という宮殿に居住されていると説かれています。そして、須弥山の中腹には四大《しだい》天王（四天王）の住居があり、それぞれ四方を守護されているというのです。すなわち、東方は持国天王、南方は増長《ぞうちょう》天王、西方は広目《こうもく》天王、北方は毘沙門天王（多聞《たもん》天王）の四天王です。

毘沙門天王

　この四天王への信仰は、日本においては早くも飛鳥《あすか》時代にみられ、法隆寺（奈良）の金堂《こんどう》に四天王像が安置され、日本最古の像として祀《まつ》られています。また、聖徳太子《しょうとくたいし》の四天王寺（大阪市）の創建は有名なものであります。

私の、最も印象にのこる四天王像との出会いは、学生時代に奈良の東大寺の戒壇院《かいだんいん》に参詣した折のことです。戒壇院の内部には基檀《きだん》があり、中央には宝塔《ほうとう》が安置され、その中に釈迦牟尼仏と多宝如来《たほうにょらい》の二仏が並坐《びょうざ》され、基壇の四方には天平《てんぴょう》時代の四大天王像（国宝）が祀られています。威厳のある、しかも高貴な四天王像を拝見した私は、深く感動したことをおぼえています。

さらに、鎌倉時代の日蓮聖人《にちれんしょうにん》は、佐渡流罪《さどるざい》以後、文字で記された十界《じっかい》の大曼荼羅《だいまんだら》本尊を図顕《ずけん》されていますが、その四方には、護世四天王が図示されています。また、今日の日蓮宗寺院の須弥壇《しゅみだん》（内陣《ないじん》）には、四天王像が四方に安置されていることが知られます。

では、陀羅尼品の本文を拝読いたしましょう。

北方の守護神である毘沙門天王は、つぎのように、釈尊にもうしあげるのです。

「世尊よ、我《われ》、亦《また》、衆生《しゅじょう》を愍念《みんねん》し、此《こ》の法師を擁護《おうご》せんが為《ため》の故に、是《こ》の陀羅尼を説かん」

（『開結』五六七頁）

すなわち、毘沙門天王は、娑婆世界に生きる人々に対してあわれみの心をおもちですから、法華経を修行する法師を守護するために陀羅尼を説くことを、釈尊にお誓いするのです。

その陀羅尼呪は、つぎの六句です。

《毘沙門天王の陀羅尼呪》

「①アリ（富あるものよ）②ナリ（踊るものよ）③トナリ（決して踊らないものよ）④アナロ（火の神よ）⑤ナビ（財なきものよ）⑥クナビ（どこにも富なきものよ）」

（塚本啓祥著『法華経の成立と背景』四五一〜二頁参照）

毘沙門天王は、この六句の呪を説いたのち、釈尊に対して、つぎのようにもうしあげるのです。

「偉大なる尊師よ、（私は）この不思議な呪文によって法師をお守りいたしましょう。そして、私もまた、すすんでこの法華経を持《たも》つ者を守護して、私が活動する半径百由旬《ゆじゅん》の内には、人々を衰《おとろ》えさせる災いを必ずなくしましょう」（現代語訳『開結』五六七頁）

以上のことを、毘沙門天王が釈尊に申しあげますと、ただちに持国天王の誓いがなされることになります。

持国天王の陀羅尼呪

東方の守護神である持国天王は、つぎのような所作《しょさ》のもと、釈尊にもうしあげます。

「爾《そ》の時に持国天王、此《こ》の会中《えちゅう》に在《あ》って、千万億那由他《なゆた》の乾闥婆衆《けんだつばしゅ》の恭敬《くぎょう》し、囲繞《いにょう》せると、前《すす》んで仏所《ぶっしょ》に詣《もう》でて、合掌《がっしょう》し、仏に白《もう》して言《もう》さく、世尊よ、我《われ》、亦《また》、陀羅尼神呪を以《もっ》て、法華経を持《たも》たん者を擁護《おうご》せん」（『開結』五六八頁）

〈そのときに、持国天王は、釈尊の法華経説法の会座《えざ》にあって、千万億ナユタという数多くの乾闥婆衆（ガンダルバ。帝釈天に仕《つか》える、天の音楽をつかさどる神。法華経の序品《じょほん》では楽《がく》乾闥婆王、楽音《がくおん》乾闥婆王、美《み》乾闥婆王、美音《みおん》乾闥婆王の四乾闥婆王が列座されている〔『開結』五八頁〕）に敬われ、囲まれていましたが、これらの衆とともに釈尊のみもとに進んで、合掌して、もうしあげました。偉大なる尊師よ、私もまた、陀羅尼神呪をもって、法華経を持つ修行者を守護いたしましょう〉

《持国天王の陀羅尼呪》

「①アキャネイ（群《むれ》をなさざるものよ）②キャネイ（神の群よ）③クリ（輝けるものよ）④ケンダリ（龍王である持香《じこう》よ）⑤センダリ（センダラ女《にょ》よ）⑥マトウギ（マトウギャ女よ）⑦ジョウグリ（ジャングリー女神よ）⑧ブロシャニ（群に従うものよ）⑨アッチ（邪悪あるものよ）」（塚本啓祥著『法華経の成立と背景』四五二～三頁参照）

この、九句からなる神呪を説き終えられた持国天王は、前の薬王菩薩、勇施菩薩、毘沙門天王と同様に、この呪文がいかに尊いものであるかを説き示し、もし法華経を受持《じゅじ》する者に危害を加えようとすれば、それはとりもなおさず、多くのみ仏たちに危害を加えたことになる、と告げるのです。

以上、陀羅尼品における神呪の内容を、塚本啓祥先生の研究を基に、少し詳しくたずねて参りました。それは、薬王菩薩と勇施菩薩、毘沙門天王と持国天王の四尊であります。

しかし、十羅刹女《じゅうらせつにょ》と鬼子母神《きしもじん》の陀羅尼呪が残されていますので、それは次章にたずねることにいたしましょう。

第三十六章　十羅刹女《じゅうらせつにょ》・鬼子母神《きしもじん》の守護

――陀羅尼品《だらにほん》第二十六③

陀羅尼品において、薬王菩薩《やくおうぼさつ》、勇施《ゆぜ》菩薩の二菩薩、および毘沙門天王《びしゃもんてんのう》、持国《じこく》天王の二天王が、法華経の修行者にいかなる障害があっても、法華経の教えのために、この修行者を守護することを、釈尊《しゃくそん》の面前で誓いを立てられていることを学びました。そして、その守護の方法は、ダラニの呪文を授け与えるというのであります。

さらにこの章では、五番目に、法華経修行者を守護すると誓われている十羅刹女と鬼子母神について、触れることにいたしましょう。

十羅刹女と鬼子母神の登場

経文《きょうもん》には、十人の羅刹女について、つぎのように説き示されています。

「爾《そ》の時に羅刹女等有り、一を藍婆《らんば》と名づけ、二を毘藍婆《びらんば》と名づけ、三を曲歯《こくし》と名づけ、四を華《け》歯《し》と名づけ、五を黒歯《こくし》と名づけ、六を多髪《たほつ》と名づけ、七を無厭足《むえんぞく》と名づけ、八を持瓔珞《じょうらく》と名づけ、九を皐《こう》（皐）諦《たい》と名づけ、十を奪一切衆生精気《だついっさいしゅじょうしょうけ》と名づく」（『開結』五六八～九頁）

すなわち、釈尊の法華経説法の場に、女性の羅刹（サンスクリット語でラークシャシー。女性の鬼神）がありました。そして、それらの十人の名が列記されています。

①藍婆《らんば》（サンスクリット語ランバーの音写《おんしゃ》）
②毘藍婆《びらんば》（ビランバーの音写）
③曲歯《こくし》（クータ・ダンティーの訳）
④華歯《けし》（プシュパ・ダンティーの訳）
⑤黒歯《こくし》（マクタ・ダンティーの訳）
⑥多髪《たほつ》（ケーシニーの訳）
⑦無厭足《むえんぞく》（ラークシャン・アチャラーの訳）
⑧持瓔珞《じょうらく》（マーラー・ダーリーの訳）
⑨皐諦《こうたい》（クンティーの音写、十羅刹女の上首《じょうしゅ》）
⑩奪一切衆生精気《だついっさいしゅじょうしょうけ》（サルヴァ・サットヴァ・オージョーハーリーの訳。人間の精気を奪う鬼神）

鬼子母神像（神奈川・妙伝寺蔵）

であります（『法華経 下』〈佛典講座7〉一二二一頁以下参照）。

これらの鬼神たちは、もとは私たち人間に害を加える存在として恐れられていましたが、釈尊の広大無辺《こうだいむへん》の大慈悲によって救われ、積極的に仏法および仏法の受持者《じゅじしゃ》を擁護《おうご》する存在として、経典に登場することになります。

その十人の羅刹女たちと、鬼子母神（経文では「鬼子母」。サンスクリット語ハーリーティーの訳）とその子どもたち、そして、そのお伴《とも》のものたちが、一緒に釈尊のもとへ出向き、一同に声をそろえてもうしあげたのです。

「偉大なる尊師よ、私たちもまた、法華経を読誦《どくじゅ》し、受持する修行者を守護して、その人を衰えさせるさまざまな災《わざわ》いを取り除きたいと思います。また、もしもこの法師《ほっし》のすきをうかがって、障《さわ》りをなす者があったとしても、そのようなことのないようにいたしましょう」

（現代語訳『開結』五六九頁）

このように、み仏の前において、十羅刹女・鬼子母神およびその子どもたち等が法華経修行者の守護を誓うのです。そして、十九句からなる呪文を説くことになります。

《十羅刹女・鬼子母神等の陀羅尼呪》

「①イデイビ（女性・単数・呼格〈以下同じ〉これなる不幸よ、これなる伝染病よ）
②イデイビン（同上）③イデイビ（同上）④アデイビ（これなる甚《はなは》だしきものよ）
⑤イデイビ（これなる不幸よ、これなる伝染病よ）
⑥デイビ（自己心を離れたものよ、世俗を超脱《ちょうだつ》したものよ）⑦デイビ（同上）⑧デイビ（同上）
⑨デイビ（同上）⑩デイビ（同上）⑪ロケイ（生長させるものよ、生ずるものよ）
⑫ロケイ（同上）⑬ロケイ（同上）⑭ロケイ（同上）⑮タケイ（讃辞を捧げるものよ）
⑯タケイ（同上）⑰タケイ（同上）⑱トケイ（同上）⑲トケイ（同上）」

（塚本啓祥著『法華経の成立と背景』四五三頁参照）

以上、十九句からなる呪文が、十羅刹女等によって説き示されますが、さらに釈尊滅後において、法華経を持《たも》ち、人々のためにその教えを説きつづける「法師」に対して、いかなる悪鬼であっても、けっしてわざわいをなし、苦悩を与えてはならない、と言明《げんめい》し、法師を讃歎し、悪鬼からの守護を誓っているのです。

「たとえ私（羅刹女）の頭の上に登るようなことがあっても、けっして法師を悩ませないのです。たとえ、夜叉《やしゃ》（捷疾鬼《しょうしつき》・病気を蔓延《まんえん》させる鬼神）であれ、羅刹（食人鬼）、餓鬼《がき》（死霊）であれ、富単那《ふたんな》（ブータナ鬼・熱病鬼）であれ、吉遮《きっしゃ》（クリティヤ鬼）であれ、毘陀羅《びだら》（ヴェーターダ鬼・赤色鬼）であれ、犍駄《けんだ》（スカンダ・黄色鬼）であれ、烏摩勒伽《うまろぎゃ》（オーマーラカ鬼・烏色鬼）であれ、阿《あ》跋魔羅《ばつまら》（アパスマーラ・青色鬼）であれ、夜叉吉遮（ヤクシャのクリティヤ鬼）であれ、あるいは人《にん》吉遮（人間のクリティヤ鬼）であれ、さらに一日熱・二日熱・三日熱・四日熱を引きおこす病魔であれ、はては七日もつづく熱や、つねに熱病を与える病魔であれ、さらに男の形にしても、女の形にしても、童男《どうなん》、童女《どうにょ》の形であれ、さらには夢の中であっても、法師に苦悩を与えることはないのです」（現代語訳『開結』五七〇頁、『法華文句』巻第十下、『法華経 下』〈岩波文庫〉二八三頁、『法華経 下』〈佛典講座7〉一一二二頁等参照）

このように、十羅刹女たちは、悪鬼たちが障害を与える行為をとどめ、法師の守護を誓っているのです。

つづいて、十羅刹女たちは、十句（二偈《げ》半）の詩頌を説いて、もし法師に危害を加える者があれば、その罪科《ざいか》として受けなければならない宗教的罪が、具体的に説かれることになります。

「もしも私たちの呪文にしたがうことなく、説法者を悩ますことがあれば、その人の頭は七つに裂けることになるでしょう。あたかも阿梨樹《ありじゅ》（アルジャカ樹）の花がバラバラになるように。また、父や母を殺害する罪（五逆罪《ごぎゃくざい》——父・母・賢者〈阿羅漢《あらかん》〉を殺害する罪、み仏の身から血を出す罪〈み仏をきずつける罪〉、和合僧《わごうそう》〈教団〉を破壊する罪）、また胡麻《ごま》をしぼって油を取る罪（胡麻と一緒に虫類を殺生《せっしょう》する罪を犯すことになる）や、さらに升《ます》やはかりをもって、その分量や重さに対して不正をなし、人をあざむく罪、そして提婆達多《だいばだった》（デーヴァダッタ）が嫉妬心《しっとしん》のもとに、釈尊を中心とする教団を分裂させる罪（破和合僧）を犯したように、法華経の説法者（法師）を害するものがあれば、阿梨樹の花がバラバラになるように、頭が裂けることになるでしょう」

〈現代語訳『開結』五七〇～一頁〉

このように、十羅刹女や鬼子母神等が二偈半の詩頌《しじゅ》を説き終えますと、さらに、釈尊に対して、法華経の修行者を、積極的に守護することを誓うのです。

「世尊《せそん》よ、我等《われら》、亦《また》、当《まさ》に身《み》自《みずか》ら是《こ》の経を受持し、読誦し、修行せん者を擁護《おうご》して、安穏《あんのん》なることを得《え》、諸《もろもろ》の衰患《すいげん》を離れ、衆《もろもろ》の毒薬を消《しょう》せしむべし」（『開結』五七一頁）

〈偉大なる尊師よ、私たちは、重ねてまさにこの身をもって、この法華経を受持し、読誦し、み教えのとおりに修行する者を守護し、安穏な境界《きょうがい》に到らしめましょう。そして、さまざまな衰《おとろ》えや災難を除去し、多くの毒薬を消去いたしましょう〉

釈尊の讃辞

以上の誓いを聞かれた釈尊は、羅刹女たちに、つぎのように語られるのです。

「素晴らしいことです。結構なことです。

　あなたたちが、ただわずかに法華経の名《みな》（題目《だいもく》）を受持する者を守護することでさえ、その福《ふく》徳《とく》は広大で量《はか》り知れないものなのです。ましていわんや、この経の全体を受けたもち、その教えである経巻に対して花やお香《こう》・装身具（瓔珞《ようらく》）・粉末の香・ねり香・焼香・きぬがさ、音楽をもって供養をささげ、さらに種々のともしび、すなわち、蘇燈《そとう》（バター油のともしび）、油のともしび、さまざまな香油のともしび、スマナスの花から採取した油のともしび、瞻蔔華《せんぼっけ》（チャンパカの木の花）から採取した油のともしび、婆師迦華《ばしかけ》（ジャスミンの一種、ヴァールシカの花）から採取した油のともしび、優鉢羅華《うはらけ》（青《しょう》蓮華の花）から採取した油のともしび、などをともすこと等、これらのさまざまな手だてをもって供養する人たちを守護するというのは、なおさらのことなのです。

　皐諦《こうたい》（クンティー、十羅刹女の上首《リーダー》）よ、あなたたち羅刹女は、そのお伴の者たちとともに、（仏の）滅後の法華経を修行する法師をかならずや、守護しなさい」（現代語訳『開結』五七一～二頁）

このように、釈尊は、十羅刹女たちの法華経修行者（法師）に対する守護の功徳が広大であることを明かされると同時に、一層の守護力を発揮するようにと、勧奨《かんしょう》されていることが知られるのです。

そして、陀羅尼品の終りを迎えることになりますが、その末尾には、このように釈尊が陀羅尼品を説かれたときに、六万八千人の聴衆が、無生法忍《むしょうぼうにん》、すなわち「すべての存在は不生不滅である」というさとりの境地を得た、と説かれることで、この章は閉じられるのです。

十羅刹女・鬼子母神等の絵画化と造像化

ところで、日本において、平安時代から鎌倉時代を迎えますと、法華経信仰に広がりをもつようになります。そのことから、法華経の教えに基づいて、十羅刹女や鬼子母神等の絵画化、造像化がなされることになります。

たとえば、奈良国立博物館には、「普賢《ふげん》十羅刹女像」（重要文化財）と名づけられている絹本着色《けんぽんちゃくしょく》の一幅《ぷく》の絵画が所蔵されています。そこに描かれているのは、のちの普賢菩薩勧発品《かんぼっぽん》に登場される六牙《ろくげ》の白象《びゃくぞう》に乗られた普賢菩薩が中央に大きく描かれ、加えて陀羅尼品に登場される十羅刹女、二菩薩、二天王が、大きな飛雲《ひうん》上に描かれています。その特徴として、羅刹女たちは、けっして鬼神の姿として描かれることはなく、宮廷《きゅうてい》の高貴な女房《にょうぼう》（女官）の姿をし、頬肉が豊かな下ぶくれの顔に描かれていることが知られるのです。

鎌倉時代の日蓮聖人《にちれんしょうにん》は、「法華経の行者」として多くの迫害を体験され、この陀羅尼品において法華経の修行者を守護することを誓われている、鬼子母神・十羅刹女への信仰が強いものがあります。ことに、鬼子母神は十羅刹女の母（『日女御前御返事《にちにょごぜんごへんじ》』・『昭和定本』一五一〇頁）と明記されていますから、両者が密接なつながりをもっていることが知られます。

また、日蓮聖人は五十二歳の文永《ぶんえい》十（一二七二）年四月の『観心本尊抄《かんじんほんぞんしょう》』執筆以降、十界《じっかい》（地獄界から仏界まで）を配された文字と梵字《ぼんじ》による大曼荼羅《だいまんだら》本尊を図顕《ずけん》されています。そこには、「鬼子母神」「十羅刹女」の序列をもって、その守護神の名前が記されていることがうかがえます。

この大曼荼羅本尊を注意深く拝見いたしますと、京都妙満寺《みょうまんじ》所蔵の文永十一（一二七三）年六月に図顕された本尊には、すべての十界に「南無《なむ》」の二文字が冠され、三段目の部分には、「南無鬼子母神」の名と、「十羅刹女」のそれぞれ十名の名が列記され、同様に「南無」の二文字が冠されているのです。また、本土寺《ほんどじ》（千葉県松戸市）に所蔵されている大曼荼羅にも、「南無鬼子母神」そして十羅刹女のそれぞれの名前に「南無」が冠されて、十人の名が列記されていることが知られます。

ことに、法華経信仰に生きた安土桃山《あづちももやま》時代の長谷川等伯《とうはく》（一五三九～六一〇）は「鬼子母神十羅刹女画像」（富山県の妙伝寺《みょうでんじ》と大法寺《だいほうじ》がそれぞれ所蔵）を描いていますが、それらの諸尊《しょそん》は、柔和な面相《めんそう》であることが知られます。

このように、画像化、文字化がなされ、守護神として大切に信仰されていることがうかがえます。

また、京都妙顕寺《みょうけんじ》には、室町時代の銘のある鬼子母神・十羅刹女・毘沙門天の立像《りゅうぞう》が護持され、京都本圀寺《ほんこくじ》にも室町時代の銘《めい》が記されている鬼子母神・十羅刹女の立像が安置されています。そのことから、この本山の末寺に当たる寺院においても、同様に、鬼子母神および十羅刹女像の造像化がなされていることを知るのです。

さらに、江戸時代においては、鬼子母神信仰を代表する雑司ケ谷《ぞうしがや》法明寺《ほうみょうじ》（東京都豊島区）の鬼子母神堂には、左手に幼児を抱いて、右手にザクロをもつ木造鬼子母神倚《い》像、および木像の十羅刹女像が護持《ごじ》されています。

このように、陀羅尼品の教えを基として、画像化、文字化、造像化されていることは、法華経信仰に生きる人々の身近な守護神の存在として、鬼子母神と十羅刹女が大切な信仰の指針となっていたことを示すものと思われるのです。

第三十七章　浄蔵《じょうぞう》・浄眼《じょうげん》、二王子による導き
——妙荘厳王本事品《みょうしょうごんのうほんじほん》第二十七①

妙荘厳王本事品の概要

妙荘厳王本事品は、釈尊の説かれるところによれば、はるかな過去世に、仏教以外の宗教（バラモン教）に心を寄せる父の妙荘厳王を主人公として、その妃《きさき》である浄徳夫人《じょうとくぶにん》、そして、二人の王子である浄蔵・浄眼の四人が登場する物語として展開しています。

妙荘厳王とは、浄《きよ》らかに荘厳された王を意味しますが、その王の過去世のいわれ（本事）が説かれていることから、妙荘厳王本事品と命名されているのです。しかし、この題名が示すように妙荘厳王が主人公ではありますが、この品の主題となっているのは、この両親のもとに誕生した浄蔵・浄眼の二人の王子が、はるかな過去世から法華経の教えを基として、菩薩《ぼさつ》として長きにわたる修行を積み、その功徳をもととして、異教を信奉する父の妙荘厳王を法華経の教えに導き、父はその信仰のもとに

出家し、仏道に専心し、ついに未来成仏の予言（授記《じゅき》）が与えられるという展開です。

そのことから、この章は、二人の子、すなわち浄蔵・浄眼の化他行《けたぎょう》による法華経信仰への導き、ということに中心が据《す》えられていると理解できます。天台大師智顗《てんだいだいしちぎ》の解釈によりますと、この王が出家をして仏道修行に精励《せいれい》されることから、「妙荘厳とは、妙法の功徳をもって諸根《しょこん》を荘厳するなり」（『大正蔵経』第三十四巻　一四七頁b）とあり、また「一切浄功徳荘厳三昧《いっさいじょうくどくしょうごんざんまい》」（すべての功徳という飾りによって荘厳された三昧《さんまい》〈さとり〉）に到達されていることから、「妙荘厳王」と名づけられていると解釈されています（同上）。

前章の陀羅尼品《だらにほん》では、二聖《にしょう》・二天《にてん》・十羅刹女《じゅうらせつにょ》等の五番の陀羅尼呪《しゅ》による法華経修行者の守護が説かれているのに対して、この妙荘厳王本事品では、二人の王子（菩薩）による守護が説かれていると解釈できます。

では、経文《きょうもん》を拝読することにいたしましょう。

昔の雲雷音宿王華智如来の時代

陀羅尼品が終わると、釈尊《しゃくそん》（釈迦牟尼仏《しゃかむにぶつ》）は、法華経の説法の会座《えざ》にある人々に、つぎのように語られます。

「乃往古世《ないおうこせ》に、無量無辺不可思議阿僧祇劫《むりょうむへんふかしぎあそうぎこう》を過ぎて、仏有《いま》しき。雲雷音宿王華智《うんらいおんしゅくおうけち》・多陀阿伽《ただあか》度《ど》・阿羅訶《あらか》・三藐三仏陀《さんみゃくさんぶっだ》と名づけたてまつる。国を光明《こうみょう》荘厳と名づけ、劫を喜見《きけん》と名づく。彼《か》の仏の法の中に王有り。妙荘厳と名づく。其《そ》の王の夫人、名を浄徳と曰《い》う。二子有り。一を浄蔵と名づけ、二を浄眼と名づく」（『開結』五七三頁）

〈はるかな、はるかな昔、無量にして思いはかることもできないほどの無数の劫のその昔、仏がおられました。その仏は、雲から雷鳴のように響く、よき音声《おんじょう》をもち、星宿《せいしゅく》の王によって花開かれた神通《じんづう》をもった仏と名づけられ、さらに聖者・無上の正しいさとりに到達した人、という名でありました。その仏の国土は光明荘厳国といい、その時代を喜見といいました。その仏の教えがゆきわたる中に、王様がありました。妙荘厳王といったのです。その王の夫人は、浄徳といいました。（二人の間には）二人の子がありました。一人は浄蔵といい、二人目を浄眼といったのです〉

このように、釈尊は、はるかな過去世に雲雷音宿王華智仏があって、その教えが信奉される時代に、父である妙荘厳王、母である浄徳夫人、そして浄蔵・浄眼の二人の男子があったことを告げられるのです。そして、この二人の子は、さらなる過去世から積んできた仏道修行の功徳による大いなる神通力《りき》や福徳《ふくとく》・智慧《ちえ》を所有し、さらに長き時代にわたって菩薩としてのさとりへの道を修めてきたことが明らかにされるのです。

では、二人の王子はどのような修行を積み重ねてきたのでしょうか。そのことを仏教用語で表現されていますが、ここで、あらためてその内容をたずねておきたいと思います。

浄蔵・浄眼の実修された菩薩行

まず、二王子が過去世に積まれた菩薩としての修行に「六波羅蜜《ろくはらみつ》」があります。

①布施《ふせ》波羅蜜（施《ほどこ》しをすること）②持戒《じかい》波羅蜜（修行のきまりを守ること）
③忍辱《にんにく》波羅蜜（苦難に堪《た》えること）④精進《しょうじん》波羅蜜（たゆまず仏道を実践すること）
⑤禅定《ぜんじょう》波羅蜜（瞑想をもとに精神を統一させること）
⑥智慧《ちえ》波羅蜜（真理をみきわめる智慧を得ること）

つぎに、実践された修行として、四つのはかりしれない「利他《りた》の心」としての「四無量心《しむりょうしん》」があります。

①慈《じ》（生きとし生けるものに楽《らく》を与える心）②悲《ひ》（人々の苦を除く心）③喜《き》（他者の楽を喜ぶ心）
④捨《しゃ》（人に対して愛憎のない平等な心）

つぎに二人の王子が実践した修行として、「三十七品助道法《さんじゅうしちほんじょどうほう》」（『開結』五七四頁）があります。この修行は、さとりに至るための三十七種の実践をいい、「助道法」というのは、さとりを助ける方法を指し、「三十七菩提分法《ぼだいぶんぽう》」とも「三十七道品《どうほん》」とも称されているのです（『法華経　下』〈佛典講座７〉一一三二頁参照）。この三十七品とは、つぎのとおりです。

(1) 四念処《しねんじょ》
(2) 四正勤《ししょうごん》
(3) 四神足《しじんそく》
(4) 五根《ごこん》
(5) 五力《ごりき》
(6) 七覚支《しちかくし》
(7) 八正道《はっしょうどう》

以上、七種の修行方法が示されていますが、これらの修行を合わせて、三十七品と称します。この三十七種の仏道修行は、仏教経典に説かれる最も代表的な実践方法であると解釈されています（『岩波仏教辞典』三一八頁参照）。

では、浄蔵・浄眼が実践された(1)から(7)までの三十七品の修行とは、いったいどのような内容であるのかを、たずねておきたいと思います。

(1) 四念処《しねんじょ》（四種の観察の方法。四念住《じゅう》ともいう）

① 身《しん》念処（身体の不浄《ふじょう》性を観察する）　② 受《じゅ》念処（感覚の苦《く》性を観察する）

③ 心《しん》念処（心の無常《むじょう》性を観察する） ④ 法《ほう》念処（法の無我《むが》性を観察する）

(2) 四正勤《ししょうごん》（正しい努力。さとりを妨《さまた》げる悪を断ち、善を起こすように勤《つと》めること）

① すでに生じた悪を除こうと勤めること ② 悪を生じないように勤めること

③ 善を生じるように勤めること ④ すでに生じている善を増すように勤めること

(3) 四神足《しじんそく》（神通力を得るための四種の修行法。四如意足《にょいそく》ともいう）

① 欲《よく》神足（すぐれた瞑想を得ようと願うこと） ② 勤《ごん》神足（すぐれた瞑想を得ようと努力すること）

③ 心《しん》神足（心をおさめてすぐれた瞑想を得ようとすること）

④ 観《かん》神足（智慧をもって思惟《しゆい》観察し、すぐれた瞑想を得ること）

(4) 五根《ごこん》（さとりに至るための五つの力。五根力《りき》・五勝《しょう》根ともいう）

① 信《しん》根（信心） ② 精進《しょうじん》根（努力） ③ 念《ねん》根（思念） ④ 定《じょう》根（禅定） ⑤ 慧《え》根（智慧）

(5) 五力《ごりき》（五つのすぐれたはたらき）

①信力《しん》（信仰）②精進《しょうじん》力（努力）③念《ねん》力（憶念力）④定《じょう》力（禅定）⑤慧《え》力（智慧）

(6) 七覚支《しちかくし》（さとりを得るための修行）

①択法覚支《ちゃくほう》（教えの中から真実を選びとり、偽りのものを捨てること）

②精進覚支《しょうじん》（一心に努力すること）③喜《き》覚支（真実の教えを実行する喜びに住すること）

④軽安覚支《きょうあん》（身心をかろやかに快適にすること）⑤捨《しゃ》覚支（対象へのとらわれを捨てること）

⑥定《じょう》覚支（心を集中して乱されないこと）⑦念《ねん》覚支（おもいを平らかにすること）

(7) 八正道《はっしょうどう》（八つの正しい実践徳目）

①正見《しょうけん》（正しい見解）②正思《しょうし》（正しい思惟）③正語《しょうご》（正しい言葉づかい）

④正業《しょうごう》（正しいおこない）⑤正命《しょうみょう》（正しい生活）⑥正精進《しょうしょうじん》（正しい努力）

⑦正念《しょうねん》（正しい心のおもい。邪念のないこと）⑧正定《しょうじょう》（正しい精神の統一）

これらが、三十七品の実践内容ですが、浄蔵、浄眼の二王子は、すべてを修了していたというのです。そのことによって菩薩方《がた》が究《きわ》められる七種の三昧に到達されているのです。

それは、つぎのとおりです。

①浄《じょう》三昧（けがれのない三昧）　②日星宿《にっしょうしゅく》三昧（星宿王と太陽という三昧）

③浄光《じょうこう》三昧（けがれのない輝きをもつ三昧）　④浄色《じょうしき》三昧（浄らかな肉体という三昧）

⑤浄照明《じょうしょうみょう》三昧（浄らかな光明を有する三昧）　⑥浄荘厳《じょうしょうごん》三昧（浄らかな荘厳のある三昧）

⑦大威徳蔵《だいいとくぞう》三昧（偉大なる力を有する胎、という三昧）

このように、浄蔵と浄眼は、妙荘厳王と浄徳夫人の両親のもとに誕生される以前、すでに菩薩としての善い修行を積まれていたことが明らかにされています。そしていま、この二王子は、王子の身でありながらも、内には菩薩として雲雷音宿王華智如来を尊崇《そんすう》し、仏道に精進されているのです。

浄蔵・浄眼の要請

ところで、そのみ仏（雲雷音宿王華智如来）は、妙荘厳王を仏道に導くことを目的とされ、また世の人々にあわれみの心をかけられていたことから、法華経を説かれるのです。そのとき、浄蔵と浄眼の二人の子は、母の浄徳夫人のもとへ出向き、十本の指を合わせて合掌し、つぎのようにもうしのべます。

「願わくは、母よ、雲雷音宿王華智仏の所《みもと》に往詣《おうけい》したまえ。我等《われら》、亦《また》、当に侍従《じじゅう》して親近《しんごん》し、供養し、礼拝《らいはい》すべし。所以《ゆえ》は何《いか》ん。此《こ》の仏は、一切の天《てん》・人衆《にんしゅ》の中に於《おい》て、法華経を説きたもう。宜《よろ》しく聴受《ちょうじゅ》すべし」（『開結』五七四～五頁）

〈どうか母上さま、雲雷音宿王華智仏のところへお出かけになってください。私たちもお伴《とも》をして、そのみ仏に親しくお仕えし供養をささげ、礼拝いたしましょう。なぜなら、このみ仏は、あらゆる天の神々、人間の集まりのなかで、法華経をお説きになられるからです。そこで、その教えをしっかりと聴聞いたしましょう〉

このように、二子が母に対してねがいの言葉を伝えて、父の妙荘厳王とともに、み仏のもとへ出向くことを要請するのです。すると母は、子どもたちにつぎのように語ります。

「あなたたちの父上は、仏教以外の教えを信受して、バラモンの教えに深く心をよせています。あなたがたが、父上のもとへ行って、二人でともにみ仏のもとへ行かせなさい」

（現代語訳『開結』五七五頁）

王子の浄蔵と浄眼は、十本の指を合わせて合掌《がっしょう》し、母に告げました。

「私たちは、法王《ほうおう》である雲雷音宿王華智仏の子どもです。しかしながら、あやまった教えを信奉する家に生まれました」（現代語訳『開結』五七五頁）

そこで母の浄徳夫人は、子どもたちへ、つぎのように指示されるのです。

「あなたたちよ、あなたがたの父上の信仰を憂慮するのであれば、父のために神通力による奇跡を示しなさい。もし父上がそれを目《ま》のあたりにされれば、その心はかならずや清らかになるでしょう。そうすれば、私たちがみ仏のもとへ出かけることを受け入れるでしょう」（右同）

そこで浄蔵・浄眼の二子は、父に対する思いから、二人が体得された神通力に基づくさまざまな現象を表わすことになるのです。すなわち、ターラ樹の七倍もある虚空《こくう》の高さにのぼり、

① 歩く ② とどまる ③ 坐る ④ 臥《ふ》す ⑤ 身体の上部から水を出す
⑥ 身体の下部から火を出す ⑦ 身体の下部から水を出す ⑧ 身体の上部から火を出す
⑨ 身体を虚空のように広大にする ⑩ 身体を小さくする ⑪ 身体を消滅させる
⑫ 身体を地上にあらわす ⑬ 地面に身体を水のようにしみ込ませる
⑭ 水の上を大地のように歩く

というような十四種の神変《じんぺん》（奇跡）を示したのです。この十四種の神変に加えて、身体上の四種の奇跡を現すのです。

⑮右脇より水を出す　⑯左脇より火を出す　⑰左脇より水を出す　⑱右脇より火を出す

このように、前の十四種とこれらの四種を合わせて十八神変というのです。

父の妙荘厳王は、二子の浄蔵・浄眼が現出するこれらの不思議な神通力に歓喜し、二子の師範についてたずねるのです。そこで、二子は、私たちの師は雲雷音宿王華智仏で、そのみ仏が法華経を説くことを告げられています。すると、父は、二子の師である雲雷音宿王華智仏のみもとへ出向くことを決断することになるのです。

第三十八章　妙《みょう》荘《しょう》厳《ごん》王《のう》への授記《じゅき》
——妙《みょう》荘《しょう》厳《ごん》王《のう》本《ほん》事《じ》品《ほん》第二十七②

妙荘厳王の感動

バラモンの教えを信奉する父（妙荘厳王）が、雲《うん》雷《らい》音《おん》宿《しゅく》王《おう》華《け》智《ち》仏《ぶつ》の説かれる法華経の教えを聴聞《ちょうもん》するよう切望する二人の子（菩薩《ぼさつ》）、浄蔵《じょうぞう》・浄眼《じょうげん》は、母の示唆《しさ》を受けて、これまでの修行によって得た三昧力《さんまいりき》によって、種々の神通力《じんづうりき》（奇跡）を現出《げんしゅつ》いたしました。

それらの奇跡は、たとえば二人が虚空《こくう》の中にあって、自由自在に歩いたり、坐ったり、身体の上部から水を出したり、身体の下部から火を出すなどの、不思議な奇跡でありました。経文《きょうもん》には、それらの種々の神通力が、「十八神変《じんぺん》」の中から十四種、列示されています。

この情景を目のあたりにした父の妙荘厳王は、大いに感動し、これまでにない不思議な思いをいたすことになります。そして、合掌《がっしょう》して二人の子どもたちにたずねました。

「汝等《なんだち》が師は、為《さだ》めて是《こ》れ誰《だれ》ぞ。誰の弟子ぞ」（『開結』五七七頁）

すなわち、父の妙荘厳王は、あなたたちの導きの師（先生）は、いったいだれですか。あなたたちは、いったいだれの弟子なのですか、と問うのです。すると二人は、つぎのように答えました。

「大王さま、あの雲雷音宿王華智仏は、いま七宝《しちほう》でできた菩提樹《ぼだいじゅ》のもとに説法の座を設けて、そこにお坐りになり、この世のすべての天の神々や人々の集まりの中において、広く法華経をお説きになられています。そのお方が私たちの師範であり、私たちはそのみ仏の弟子です」

（現代語訳『開結』五七七頁）

すると父の妙荘厳王は、子どもたちに、つぎのように語ったのです。

「私も、いま、あなたたちの師にお会いしたいと思う。一緒に行こうではないか」（右同）

二人の子どもたちの願いは、父が雲雷音宿王華智仏のみもとへ行き、法華経の教えを聴聞することでありました。その願望が、父のこのことばから達成されたことを知るのです。しかも、その導きの方法は、二人がさとり（三昧）の境地にあって、自由自在に種々の奇跡を現出するようにと、母の浄《じょう》徳夫人《とくぶにん》が教示したことによるのです。そこで、二人の子はただちに空中から降りて、母のもとへと出かけ、合掌してつぎのように告げました。

「父の大王は、私どもの神通力を目《ま》のあたりにされ、心から歓喜《かんぎ》し、無上《むじょう》の正しいさとりへと向かう心を起こされました。私たちは、父を仏道へと導くことが一大目的でしたから、その大切な役目を果たしおえました。

母上さま、私どもは、お願いがございます。私たちが、あの雲雷音宿王華智仏のもとで出家し、修行することをお許し下さい」（現代語訳『開結』五七八頁）

そこで、二人は、重ねて二偈《げ》の詩頌《しじゅ》をもって母に出家を願い出るのです。

「どうか母上さま、私たちが出家して沙門《しゃもん》（修行者）となることをお許し下さい。み仏たちにお会いすることは大変むずかしいことです。ただ今、私たちはその仏につき従って覚りへの道を歩みたいと思います。

三千年に一度、花を咲かせるという優曇鉢羅《うどんばら》（ウドンバラ・優曇華《うどんげ》）の花にめぐり会うよりも、仏にお会いすることはむずかしいのです。また、この世においてさまざまな災難をまぬがれることもむずかしいことです。どうか、私どもの出家をお許し下さい」（右同）

母の浄徳夫人はただちに告げました。

「汝《なんじ》が出家を聴《ゆる》す。所以《ゆえ》は何《いか》ん、仏に値《あ》いたてまつること難《かた》きが故に」（『開結』五七九頁）

〈あなたたちの出家を許しましょう。なぜならば、み仏にお会いすることは、大変にむずかしいからです〉

このように、母は、浄蔵と浄眼の二人の出家を許可いたしました。しかし、二人の子たちの両親に対する願望は、これにとどまりません。

父母に対する法華経聴聞のねがい

出家を許可された二人は、父母に対して、つぎのような願いをもうしのべるのです。

「尊いことです、父上、母上さま。どうぞ、あなた方は、これから雲雷音宿王華智仏のもとへとおでかけになり、親しくまみえ、み仏に対して供養をささげていただきたいのです。なぜなら、み仏にお会いする機会はまれなことだからです。あたかも、三千年に一度だけ花を咲かせる優曇鉢羅の花に出会えるようなものであります。また、一眼《いちげん》（片方の目しかもたない）の亀が、大海に棲息《せいそく》し、百年に一度だけ浮上し、その身体を休息させるにふさわしい穴のあいた木片（浮木《ふぼく》）

に出会うという、まさに奇跡のようなできごとにほかなりません。

私たちが、容易にみ仏の教えを聴聞できないという中にあって、私たちは過去世からの尊い宿《しゅく》縁《えん》によって、まさに雲雷音宿王華智仏のご活躍の世に生まれ、その教えのもとに導いていただけるのです。いま、父上、母上は、私たち二人の出家をお許し下さり、仏道修行の道をお与え下さいました。まさに、私たちが、み仏たちにお会いすることは困難であり、さらに、そのみ仏からまのあたりに導かれるということは、困難なことであります」（現代語訳『開結』五七九頁）

以上のように、浄蔵・浄眼の二子は、両親に対して、雲雷音宿王華智仏のもとへ出向いてもらいたいことを、要請していることが知られます。

雲雷音宿王華智仏のもとへ

このように、浄蔵・浄眼の不可思議な神通力の現出と、大王夫妻への法華経聴聞の要請とによって、大王の女官たちは、教法を受け入れる器となり、夫人もさとりへの境地へ到達することで準備はととのいました。

そこで父の妙荘厳王は、臣下や眷属たちとともに、さらに妃の浄徳夫人は後宮の女官や従者たちと一緒に、また二人の子どもたちは四万二千人の人たちとともに、つれだって雲雷音宿王華智仏のもとへおもむくことになります。そして、その仏のもとへ到着すると、ただちに自己の頭を大地につけてみ仏のみ足をいただくという最上の礼拝《らいはい》をし、仏のまわりを三回めぐったのちに、説法がなされる片隅《かたすみ》に着座したのです。

そのとき雲雷音宿王華智仏は、妙荘厳王のために深遠なる法を説かれ、その教えを聴聞した大王には、大いなる福徳が与えられました。そして、大王は喜びの心をおこすのです。つまり、妙荘厳王は大変な歓喜に満たされ、法悦《ほうえつ》を感じたのです。

そこで妙荘厳王と浄徳夫人は、自分たちの首にかけている、百千両もの値段に相当する高価な真珠の首飾りをはずし、み仏のうえに散らして供養として捧げます。すると、それらの真珠は空中において、四本の柱でできた宝玉づくりの楼閣《ろうかく》へと変化しました。しかも、その立派な建物の中には、みごとな宝玉づくりの寝台が置かれ、百千万もの天人のまとう衣が敷かれていました。その上に、み仏が結跏趺坐《けっかふざ》（両足の甲を左右のももの上に乗せるという、如来の坐相《ざそう》）して坐られ、大光明《だいこうみょう》を放っておられたのです。

その姿を拝した妙荘厳王は、つぎのように思いました。

「み仏のご身体は、まれなお姿であり、この上なく美しく整い、威厳を備えておられる。最もすぐれた尊いお身体を完成なされておられる」（現代語訳『開結』五八一頁）

妙荘厳王への授記

すると、妙荘厳王の思いを察知された雲雷音宿王華智仏は、法華経説法の会座《えざ》にある出家の男女、在家の男女の四衆《ししゅ》に対して、つぎのように告げられました。

「あなたたちは、いまここに妙荘厳王が私の前にあって合掌し、立っている姿を見ていますか、どうでしょうか。

この王は、これから、私の教えのもとで出家し、比丘《びく》となり、悟りを成就《じょうじゅ》するための修行を一心につとめ、かならずや仏になることができるでしょう。その仏名《ぶつみょう》は娑羅樹王《しゃらじゅおう》（シャーラ樹の主の王）といい、その国土は大光国《だいこうこく》であり、その時代は大高王《だいこうおう》（最高の王）というのです。その娑羅樹王仏には、量《はか》り知れないほどの菩薩方《がた》の集まりと、量り知れないほどの声聞《しょうもん》の修行者の集まりとがあって、その国土は起伏《きふく》のない平らな国土でしょう。

妙荘厳王の功徳は、以上のようなものです」（現代語訳『開結』五八二頁）

このように、妙荘厳王の妙法《みょうほう》に対する深い感動と、み仏に対する帰依《きえ》の心とによって、雲雷音宿王華智仏は、王がかならず未来に成仏されるであろうと、予言を与えられていることが知られるのです。

妙荘厳王の出家

成仏の予言を受けた妙荘厳王は、ただちに国王の位を弟に譲り、王と夫人と二子、そして多くの従者たちとともに、み仏の導きのもとで出家し、修行を積むことになります。

この王は、出家以来、八万四千年もの間、絶えず努力精進《しょうじん》し、法華経の教えを修行しつづけられました。そして、ついに「一切浄功徳荘厳三昧《いっさいじょうくどくしょうごんざんまい》」（一切の功徳という飾りによって荘厳されたさとり）を得られたのです。

ところで、妙荘厳王は、多羅樹の七倍もの高さの空中にのぼって、師のみ仏に対して、つぎのようにもうしあげたのです。

「偉大なる尊師よ、私の浄蔵・浄眼の二人の子は、み仏の世界へ人々を導くという大切な仕事をなし終えました。すなわち、神通力による奇跡を表わすことによって、私の誤った信仰心を転じて、仏法の中に安らかにとどまらせることを与え、尊いみ仏にお会いできるように導いてくれたのです。まさに、二人の子は、私にとってさとりに到る師範（導き手）です。二人が、過去世から積んできたよき仏法の功徳を発揮して、私に福徳を与えようとして、私たちの家に生れてきたのです」（現代語訳『開結』五八三頁）

このように、父である妙荘厳王は、さとりを成就したことによって、二人の子が、自己の真の導き手であることを称讃し、そのことをみ仏に告げているのです。

雲雷音宿王華智仏は、この言葉を聞いて、そのことばが真実であることを証明されると同時に、この世における最も尊い人、あるいは尊いできごとというのは、さとりへと導いてくださる「良き導き手」（善知識《ぜんちしき》）との出会いであり、その導きが最上の宝であることを示されるのです。

浄蔵と浄眼の二人は、すでに過去世においてガンジス河の砂の六十五百千万億ナユタ倍もの無数のみ仏たちに供養をささげ、親しく仕《つか》え、それらのみ仏たちのもとで法華経を受持《じゅじ》し、誤った見解をもった人々にあわれみの思いをかけ、正しいものの見方ができるようにと、導いてきた人たちであることが、明らかにされているのです。

すると、妙荘厳王は、ただちに空中から降りて、み仏の尊いお姿を讃歎《さんだん》することになります。そのお姿とは、み仏の功徳と智慧によって、三十二相の一つである頭の肉髻《にっけい》が光明に照り輝いていること。その眼は長く広くて、紺青《こんじょう》色をしていること。眉間《みけん》の白毫《びゃくごう》（白い巻き毛）の白いことは白い瑪瑙《めのう》や月のようであること。歯は白くて、しっかりと整えられ、つねに光明であること。唇の色は赤々として、紅色のビンバの果実のようであることなど、称讃しているのです。

そして、妙荘厳王は、最後につぎのことを語るのです。

「偉大なる尊師よ、如来はいまだかつてないまれなるお方です。如来の教えは思いはかることもできないほどの無量の深遠なる功徳をそなえています。その教えと戒律と実践とは、安穏《あんのん》で心地のよいものです。私は、今日から、自分のこころのおもむくままに行動することは、けっしていたしません。誤った考えや、おごりや、たかぶり、怒りなどのさまざまな悪いこころを、けっしておこすことはいたしません」（現代語訳『開結』五八五頁）

以上のことばを、師範の雲雷音宿王華智仏にもうしあげ、そして、仏を礼拝し、その座からしりぞいたのです。

浄蔵と浄眼は薬王菩薩・薬上菩薩であること

さて、この妙荘厳王本事品は、釈尊《しゃくそん》が、むかしのこととして語られることからはじまりました。すなわち、仏教以外の宗教に心酔している父の王を、二人の子が法華経の教えに導くことに主眼が置かれながら説示《せつじ》されてきました。そして、最後に、釈尊はこれらの過去世の物語を、いまの仏弟子たちのこととして開示されているのです。

釈尊は法華経の会座にある人たちに告げられました。妙荘厳王とは現在の華徳《けとく》菩薩であること。浄徳夫人とは、光照荘厳相《こうしょうしょうごんそう》菩薩であること。さらに、二人の子浄蔵は薬王《やくおう》菩薩、浄眼は薬上《やくじょう》菩薩であることが明かされるのです。

このように、釈尊が妙荘厳王本事品を説かれたとき、八万四千人の人々は煩悩《ぼんのう》のけがれから離れ、真実を見る眼《まなこ》を得られたことが説かれることによって、この章は終わりを迎えます。

第三十九章

普賢菩薩《ふげんぼさつ》の偉大なる徳

——普賢菩薩勧発品《かんぼっぽん》第二十八①

普賢菩薩について

私たちは、これまで『妙法蓮華経《みょうほうれんげきょう》』の全八巻二十八品《ぽん》（章）の教えを、概略的ではありますが、順次たどって参りました。そして、ついに最終章の普賢菩薩勧発品（以下「勧発品」と略称）にたどりつくことができました。

この章は、自由自在なる神通力《じんづうりき》と、すぐれた功徳《くどく》と名声とを具《そな》えられた普賢菩薩が、六牙《ろくげ》の白象《びゃくぞう》（六本の牙のある白い象）に乗って、東方の宝威徳上王仏国《ほういとくじょうおうぶっこく》から、量《はか》ることのできない無数の偉大なる菩薩方《がた》とともに、釈迦牟尼仏《しゃかむにぶつ》（釈尊《しゃくそん》）がまします、法華経の説かれているマガダ国の霊鷲山《りょうじゅせん》に到着されることからはじまります。すなわち、この法華経において初めて登場される普賢菩薩が、法華経を説かれている釈尊を訪問し、両者の対話によって、この章は説きすすめられていることが知られます。

ここで、経文《きょうもん》に入るまえに、普賢菩薩とはどのような修行を積まれ、どのような徳を具えられた菩薩であるのか、少しくたずねることにいたしましょう。

普賢菩薩が六牙の白象にお乗りになられていることは、すでに述べましたが、そのことはこの法華経の「勧発品」の文に説き示されていることなのです。

今日、日蓮宗寺院の須弥壇《しゅみだん》を拝しますと、獅子《しし》（ライオン）に乗られている文殊師利《もんじゅしり》菩薩とともに、白象に乗られている普賢菩薩が安置されています。文殊師利菩薩は釈尊の左方に、普賢菩薩は右方に侍《はべ》っておられるのです。しかし、これらの菩薩は、あくまでも迹化の菩薩としての位置づけです。また、日本の平安時代以降の仏画には、国宝や重要文化財に指定されている多くの普賢菩薩像が伝えられています。文殊師利菩薩が「智慧《ちえ》」を象徴しているのに対して、普賢菩薩は仏道修行の多くの積み重ねと、その誓願を象徴する「行願《ぎょうがん》」に特質があると思われます。すなわち、智慧の文殊師利菩薩と行の普賢菩薩が釈尊の脇侍として、「釈迦三尊《さんぞん》」の形をなしているのです。

ところで、普賢菩薩の行願について、そのことを詳細に説かれている経典をたずねてみますと、『華厳経《けごんぎょう》』（『大方広仏《だいほうこうぶつ》華厳経』四十巻本）の「入不思議解脱境界普賢行願品《にゅうふしぎげだつきょうがいふげんぎょうがんぼん》」（第四十）の存在が知られます。しかもそこには、普賢菩薩が修行されてきた「十大願《じゅうだいがん》」（『大正蔵経』第十巻　八四四頁b）が列示されているのです。その十願を挙げてみますと、以下のとおりです。

①礼敬諸仏《らいきょうしょぶつ》（深く十方三世《じっぽうさんぜ》の諸仏を礼拝《らいはい》し、絶えず仏身《ぶっしん》と仏土《ぶつど》をうやまいつづけること）

②称讃如来《しょうさんにょらい》（一切の三世十方の諸仏の功徳を、ことばをもって讃歎《さんだん》する〈ほめたたえる〉こと）
③広修供養《こうしゅくよう》（深い信の心をもって十方三世諸仏に対して、供養をささげること）
④懺悔業障《さんげごうしょう》（過去から犯してきた身《しん》・口《く》・意《い》の三業《さんごう》による悪業を、諸仏菩薩の前で悔《く》い、罪を消除《しょうじょ》すること）
⑤随喜功徳《ずいきくどく》（十方三世諸仏をはじめとするあらゆる人々の功徳に対して、歓喜すること）
⑥請転法輪《しょうてんぼうりん》（一切の十方三世の諸仏に対して、妙法〈深遠なる〉の尊い教えを説き示されるように念ずること）
⑦請仏住世《しょうぶつじゅうせ》（一切の三世十方の諸仏のみならず、すべての善知識《ぜんちしき》〈仏道の導き手〉に対して、涅槃《ねはん》〈死の境地〉に入られないように念ずること）
⑧常随仏学《じょうずいぶつがく》（一切の三世十方のみ仏たちが、人々のねがいのもとに教法を示されることによって、すべての人々がその教えに従い、さとりへの道を歩むようにと、ねがいつづけること）
⑨恒順衆生《こうじゅんしゅじょう》（この世界に存在するあらゆる人々に対して差別なく供養をささげ、大悲《だいひ》のもとに仏道を成就《じょうじゅ》するようにねがうこと）
⑩普皆廻向《ふかいえこう》（①から⑨までに成就したあらゆる功徳をすべての人々に廻向〈めぐらすこと〉し、人々を安楽ならしめるとともに、無上のさとりを成就されるようにねがうこと）

以上が、普賢菩薩の立てられた「十大願」にほかなりません。ここには、普賢菩薩の修行の偉大な功徳が、すべて他者へ向けられていることが知られます。

善財童子と普賢菩薩

このように、『華厳経』には、普賢菩薩の「十大願」が説かれていますが、ことに普賢菩薩を広く一般に知らしめている教えが、『華厳経』の「入法界品《にゅうほっかいぼん》」（『大正蔵経』第九巻 六七六頁a以下）であることに気づくのです。

「入法界品第三十四之三」以下（同上書 六八九頁b以下）では、さとりを求める童子であり、また菩薩でもある「善財童子《ぜんざいどうじ》」が主人公となっています。善財童子という名は、長者《ちょうじゃ》の家に誕生し、そのとき種々の珍宝が降りそそぎ、蔵《くら》に満ちたところから、この名が与えられたといいます。

この童子は、最初に文殊師利菩薩に出会い、さとりの道を求める「菩提心《ぼだいしん》」を発《おこ》し、南方へ仏道の導き手である「善知識」を求めて遍歴いたします。その求法《ぐほう》の旅では、観世音《かんぜおん》菩薩や弥勒《みろく》菩薩という菩薩方だけではなく、出家・在家、男女の区別なくすべてが仏道を求める上での「善知識」として描かれ、善財童子は五十三人の善知識を歴訪しているのです。そして、最後に普賢菩薩に出会い、普賢菩薩の大願の教えを聴聞《ちょうもん》することによって、普賢菩薩のさとりと同じ階位《かいい》を具《そな》え、さとりの力や教えを説く力を得て、ついに真理の世界（法界《ほっかい》）へ証入《しょうにゅう》されることとなるのです。つまり、善財童子がさとりを成就されるうえでの、尊い善知識が普賢菩薩であることが知られます。

なお、俗説によると、江戸時代の東海道《とうかいどう》五十三次《つぎ》は、善財童子の五十三人の善知識遍歴に由来すると伝えられています。

『枕草子』にみる普賢菩薩

ところで、今からおよそ一千年前、平安時代中期の清少納言《せいしょうなごん》(九六六頃〜一〇二五頃)によって著《あらわ》された、日本を代表する古典文学『枕草子《まくらのそうし》』の一九〇段以下は、「島」「浜」「森」と、物づくしが記されています。ついで、一九五段には、お経(経典)についての記載がみられます。そこには、つぎのように記されています。

「経は法花経《ほけきょう》さらなり。普賢十願。千手経《せんじゅ》。随求経《ずいぐ》。金剛般若《こんごうはんにゃ》。薬師経《やくし》。仁王経《にんのう》の下巻」

(『枕草子』〈新日本古典文学大系25〉二四五頁)

お経の中で、法華経はとくにすぐれた経典で、そのことはあらためて言うまでもないことです、というのが清少納言の捉《とら》え方です。そして、法華経ののちに、普賢菩薩の十大願が説示されている『華厳経』の「入不思議解脱境界普賢行願品」が尊く、つづいて『千手経』、『随求陀羅尼《だらに》経』、『金剛般若経』、『薬師瑠璃光《るりこう》如来本願功徳経』の経典名が列示され、最後に『仁王護国般若波羅蜜多《はらみた》経』下巻が、「仁王講会《こうえ》」との関係で記されていることが知られます。

つまり、平安時代の貴族社会においては、法華経が最上位のお経として受け入れられ、ついで、普賢菩薩の十大願が開示されている『華厳経』の「普賢行願品」が重視されていたことが、この一節からうかがえるのです。

『方丈記』にみる普賢菩薩の絵像

また、およそ八百年前の鎌倉時代初期に、鴨長明《かものちょうめい》（法名：蓮胤《れんいん》）によって著された『方丈記《ほうじょうき》』には、自己の住居である一丈四方の草庵《そうあん》の一隅《いちぐう》に、つぎのような仏教的な空間が存していたことが記されています。

「北によせて、障子《しょうじ》をへだてて阿弥陀《あみだ》の絵像を安置し、そばに普賢をかき、前に法花経を置けり」（『方丈記』〈岩波文庫〉二七頁）

すなわち、出家した鴨長明の一丈四方の住居の北の隅には、阿弥陀仏と普賢菩薩の絵像が掛けられ、その前に法華経の経典を具えているというのです。

一般に、平安時代の比叡山《ひえいざん》（天台宗）の修行には、その信仰を表現することばとして、「朝題目《あさだいもく》夕念仏《ゆうねんぶつ》」という要句があります。これは、「朝課《ちょうか》（朝の勤行《ごんぎょう》）に〈法華懺法《ほっけせんぼう》〉を修し、晩課《ばんか》（夕方の勤行）に〈例時作法《れいじ》〉を修する」ことであります。つまり、朝には法華懺法という法華経護持の誓願にならった行儀《ぎょうぎ》をおこない、夕には例時作法として阿弥陀経を読誦《どくじゅ》し念仏して往生するための行儀をおこなうということにほかなりません。ここに、朝法華・夕念仏が一対になっているのです（『岩波仏教辞典』七頁参照）。その勤行の本尊として、普賢菩薩と阿弥陀仏の絵像が掛けられていたと思われます。

白象王に乗って示現する普賢菩薩

たしかに、普賢菩薩の十大願の一つに、④の「懺悔業障」がみられますし、法華経の「結経《けっきょう》」に当たる『仏説観《ぶっせつかん》普賢《ふげん》菩薩《ぼさつ》行《ぎょう》法経《ほうきょう》』には、私たちの煩悩《ぼんのう》や五つの器官《きかん》（眼《げん》・耳《に》・鼻《び》・舌《ぜつ》・身《しん》）を清浄《しょうじょう》にし、犯してきたもろもろの宗教的罪を滅除《めつじょ》する修行として、普賢菩薩を本尊とする修行の方法が詳しく明かされています。つまり、宗教的罪業を消除するという「懺悔滅罪」の本尊として、普賢菩薩が崇《あが》められていることを知るのです。

このことから、『方丈記』の一節は、当時の天台宗の修行の一面を如実に示しているものと思われます。すなわち、普賢菩薩像が造像されたり、また絵像として描かれることによって、信仰的な実践の対象として尊崇されてきたことを知るのです。

以上、普賢菩薩の立てられた行願が、仏教的信仰の立場から、いかに多くの人々によって尊崇されてきたか、また、普賢菩薩が釈迦三尊の菩薩として、懺悔滅罪の本尊として、仰《あお》がれてきたさまを知るのです。では、法華経「勧発品」の文を拝読《はいどく》することにいたしましょう。

天台大師智顗の解釈

まず、法華経を解釈されている天台大師智顗の『法華文句《ほっけもんぐ》』に注目いたしますと、「普賢菩薩」という名は、「普《あま》ねく賢《まさ》れる菩薩」という意味ですが、「遍吉《へんきち》菩薩」（遍《あま》ねく吉祥《きっしょう》なる菩薩）という異訳もあるということです。すなわち、そのすぐれた徳を人々に与える菩薩を意味します（『大正蔵経』第三十四巻 一四七頁c〜八頁a）し、法華経本門《ほんもん》の立場から解釈いたしますと、久遠《くおん》の釈尊の限りない救いの世界が、この菩薩に象徴されているものと思われます。

サンスクリット語では、「ヴィシュバッダ」（邲輸跋陀）とも、「サマンタ・バドラ」（三曼多跋陀羅）とも称されています。

このように、普賢菩薩の名称とその功徳は、多くの菩薩の中でもすぐれていることを表現されていることが知られるのです。

普賢菩薩の修行された階位が高いことは、次の解釈からも知られます。すなわち、菩薩方の修行の段階が「初信《しょしん》」から「妙覚《みょうがく》」という最上位までの五十二位として解釈されるなかで、天台大師によれば、普賢菩薩は、その「妙覚」のすぐ下にある「等覚《とうがく》」の位にある、というのです。言いかえますと、普賢菩薩は「妙覚」のすぐとなりに隣接していると解釈されているのです。それは、たとえてみれば十五夜の月は満月として円満具足《えんまんぐそく》の姿を表わしていますが、普賢菩薩の行願は、その一日前の十四日の月であるというのです（『大正蔵経』第三十四巻 一四八頁a）。

では、このようにすぐれた功徳を具有されている普賢菩薩は、「勧発品」のはじめに、どのように登場されているのでしょうか。

普賢菩薩の釈尊訪問

「爾《そ》の時に普賢菩薩、自在神通力《じんづうりき》・威徳《いとく》・名聞《みょうもん》を以《もっ》て、大《だい》菩薩の無量無辺不可称数《むりょうむへんふかしょうしゅ》なると、東方より来《きた》る。所経《へたるところ》の諸国普《あまね》く皆《みな》震動し、宝《ほう》蓮華を雨《ふ》らし、無量百千万億の種々の伎楽《ぎがく》を作《な》す。又、無数《むしゅ》の諸天・龍・夜叉《やしゃ》・乾闥婆《けんだつば》・阿修羅《あしゅら》・迦楼羅《かるら》・緊那羅《きんなら》・摩睺羅伽《まごらが》・人非人《にんぴにん》等の大衆《だいしゅ》に圍遶《いにょう》せると、各《おのおの》威徳・神通の力を現じて、娑婆《しゃば》世界の耆闍崛山《ぎしゃくっせん》の中に到って、頭面《ずめん》に釈迦牟尼仏を礼《らい》し、右に遶《めぐ》ること七帀《しちそう》して、仏に白《もう》して言《もう》さく」（『開結』五八七頁）

〈そのときに、普賢菩薩は自在なる神通力とすぐれた徳と名声とを具えられ、無数の大勢の偉大なる菩薩たちとともに、東方世界からやって来られました。その間、通りすぎた国々はすべて振動し、宝玉で作られた蓮華がふりそそぎ、はかり知れない音楽がかなでられました。また、無数の天の神々や龍神等の仏法を守る八部衆等の大勢の人々に囲まれ、威徳と神通力とを発揮されながら、娑婆世界の霊鷲山（耆闍崛山）にやって来られ、釈尊の御足を頭に頂《いただ》いて最上の礼拝をなし、右まわりに七回めぐって、釈尊にもうしあげました〉

このように、普賢菩薩はただお一人だけではなく、多くの大菩薩方をはじめ、仏法を守護される人々とともに音楽をかなでながら、（東方からみると）西方にある娑婆世界の霊鷲山の釈尊のもとを訪ねられているのです。

そして、普賢菩薩は、ふたたび法華経の教えを説いてください、と釈尊にお願いすることになりますが、そのことは、次章にたずねてみましょう。

第四十章

普《ふ》賢《げん》菩《ぼ》薩《さつ》のねがい

——普賢菩薩勧《かん》発《ぼっ》品《ぽん》第二十八②

普賢菩薩のねがい

前章において、偉大な修行の徳を具えられた普賢菩薩が、東方の宝威徳上王仏国《ほういとくじょうおうぶっこく》から、無数のすぐれた菩薩方《がた》とともに、法華経が説かれている西方《さいほう》に当たる娑婆《しゃば》世界のマガダ国霊鷲山《りょうじゅせん》の、釈迦牟《しゃかむ》尼仏《にぶつ》（釈尊《しゃくそん》）のもとを訪問されたことを紹介いたしました。そして、普賢菩薩はどのような修行を積まれたのか、日本仏教史上における普賢菩薩の信仰の一端を確認しました。

では、普賢菩薩が釈尊のもとをたずねられた一大目的とは、いったい何であったのでしょうか。そのような問いを設《もう》けることによって、等覚《とうがく》というすぐれたさとりの境地に到達されている普賢菩薩のねがいと、その誓願《せいがん》とが明らかになるように思われるのです。そして、法華経の最後の章が、「普賢菩薩勧発品《かんぼっぽん》」と名づけられている意味が理解できると思うのです。そこで、この経文のはじめの部分を、注意深く拝読《はいどく》してみましょう。

娑婆世界の霊鷲山に到着された普賢菩薩は、釈尊の御足《みあし》を自己の頭に頂《いただ》くという最上の礼拝《らいはい》をなし、ついで、釈尊のまわりを七回右まわりにまわって、つぎのようにもうしあげました。

「偉大なる尊師よ、私は東方の宝威徳上王仏の国土（宝玉の光が輝きわたる王と名づけられたみ仏の国）にあって、修行を積んで参りました。そして、はるかな、この娑婆世界においてすでに法華経の教えが説かれているということを聞いて、私どもはそれを聴聞いたしたく、無量無辺《むりょうむへん》百千万億という多くの菩薩たちとともに、やって参りました。

偉大なる尊師よ、どうかお願いでございますが、その法華経を私どものためにお説きくださいませ。さらに、法華経を信奉《しんぽう》する善男子《ぜんなんし》、善女人《ぜんにょにん》たちは、み仏がご入滅《にゅうめつ》になられたのちの時代、どのようにしてこの法華経に出会うことができるでしょうか」（現代語訳『開結』五八八頁）

このように、普賢菩薩は釈尊に対して、一には、ふたたび法華経の教えを説いていただきたいと要請《ようせい》していること。二には、釈尊滅後の未来世において、どのような方法によって尊い法華経の教えを聴受《ちょうじゅ》できるのでしょうか、と問うていることが知られるのです。

ただちに、釈尊は普賢菩薩の要請に答えられ、つぎのように説き示されています。

「み仏は、普賢菩薩に告げられました。

もしも、善男子、善女人たちが、つぎの四法《しほう》（四種の特性）を成就《じょうじゅ》したならば、み仏の入滅の後にあっても、かならずこの法華経の教えを得ることができるでしょう。それは、一には『諸仏護念《しょぶつごねん》』（み仏たちが心にかけて護《まも》ってくださるということ）、二には『植諸徳本《じきしょとくほん》』（多くの仏道の徳の根本を植えること）、三には『入正定聚《にゅうしょうじょうじゅ》』（かならずさとりに到るということが決定している人たちの中に入るということ）、四には『発救一切衆生之心《ほっくいっさいしゅじょうししん》』（すべての人々を救うという心をおこすということ）です。善男子、善女人が、以上のような四法を成就したならば、如来の滅後であったとしても、必ずこの法華経を得ることができるでしょう」（現代語訳『開結』五八八～九頁）

この普賢菩薩と釈尊の対話からうかがえることは、普賢菩薩がふたたび法華経を説いていただきたい（再演法華《さいえんほっけ》・再宣法華《さいせん》）と釈尊におねがいをし、さらに滅後のさとりを求める善男子、善女人がどのように法華経の教えに出会い、その教えを得ることができるか、とたずねていることです。すなわち、この章が勧発品と名づけられている由来は、普賢菩薩が釈尊に法華経の教えを説き示してくださいと要請（発起《ほっき》）し、説法をすすめていることから、「勧発《かんぽつ》」と漢訳されていることを知るのです。

つまり、法華経説法の要請の主体者は普賢菩薩であり、その要請を「勧発」と称することがうかがえます。

もちろん、普賢菩薩は、東方の世界からはるばると娑婆世界の霊鷲山におもむかれたのですから、その内面においては、法華経に対するかぎりない「恋慕《れんぼ》の心」を有しておられると推察されます。

天台大師《てんだいだいし》の『法華文句《ほっけもんぐ》』巻第十下には、「勧発という語句には、法を恋《した》うという意味がある」（取意

『大正蔵経』第三十四巻 一四八頁a）と解釈されています。

竺法護の『正法華経』では、この章を「楽普賢品《ぎょうふげんぼん》」（『大正蔵経』第九巻 一三二頁c）と訳されています。すなわち、「普賢菩薩が釈尊に対して楽《ねが》う品《ほん》」と解釈できることから、この章は、普賢菩薩が釈尊に対して能動的に法華経の説法をすすめ、要請している章と受けとめることができるのです。

再演法華

ところで、普賢菩薩の要請に対して釈尊の答えは、四法を列示されることによって、法華経全体を統括する教えとして簡潔に説き明かされているのです。天台大師は、釈尊が示された四法を指して、「法華の重演」「この経の再宣」「再び演《の》べて」と解釈されているのです。

では、あらためて、その四法を列示してみましょう。

① 諸仏護念《しょぶつごねん》（諸仏が心にかけて護ってくださる）
② 植諸徳本《じきしょとくほん》（多くの仏道の功徳の根本を植える）
③ 入正定聚《にゅうしょうじょうじゅ》（さとりに到るということが決定した人たちの中に入る）
④ 発救一切衆生之心《ほっくいっさいしゅじょうししん》（すべての人々を救うという心をおこす）

そこで天台大師の四法の解釈に注目してみましょう。大師は、法華経のさとりの内容（法体《ほったい》）を

「諸法実相《しょほうじっそう》」にあると解釈されています。それゆえに、これらの四法を、方便品《ほうべんぼん》の正宗分《しょうしゅうぶん》に説かれる諸仏の「一大事因縁《いんねん》」に当たる「開仏知見《かいぶっちけん》」「示《じ》仏知見」「悟《ご》仏知見」「入《にゅう》仏知見」の四仏知見の立場をもととして解釈されています。すなわち、①の「諸仏護念」を開仏知見に、②「植諸徳本」を示仏知見に、③「入正定聚」を入仏知見に、④「発救一切衆生之心」を悟仏知見に配当《はいとう》されているのです。

　これが天台大師の四法の解釈ですが、さらに釈尊滅後における自己の法華経実践のあり方として、安楽行品《あんらくぎょうほん》に説かれる「身《しん》」「口《く》」「意《い》」「誓願《せいがん》」の四安楽行の立場から、この四法が解釈されているのです。①諸仏護念を「身安楽行」に、②植諸徳本は「口安楽行」に、③入正定聚は「意安楽行」に、④発救一切衆生之心は「誓願安楽行」として解釈されていることが知られます。

　さらに、法華経を釈尊滅後に、一切の人々に弘めるあり方として、法師品《ほっしほん》においては「弘経《ぐきょう》の三《さん》軌《き》」が示されていました。すなわち、「如来の室《しつ》に入《い》り」、「如来の衣《ころも》を著《き》」、「如来の座《ざ》に坐す」というものです。そこで、この室衣座《しつえざ》の三軌を、四法に当てて解釈がなされているのです。すなわち、如来の室に入るとは、④「発救一切衆生之心」であり、如来の衣を著る（着る）とは、①「諸仏護念」と③「入正定聚」の二つが含まれ、如来の座に坐すというのは、②「植諸徳本」に当たるといい、法華経を弘める要は、この四法が三軌に即していることにあるという解釈なのです。

　以上、私たちは、普賢菩薩が釈尊に対して、ふたたび法華経を説いていただきたいとおねがいし、また釈尊滅後に、善男子、善女人が法華経の教えを体得する方法をご教導くださいとの要請に対して、釈尊の説き示されたのが四法（四種の特性）であることから、天台大師の解釈をとおして、この四法が法華経の真理（諸法実相）を簡潔に示されたものであることを確認いたしました。

これらの四法を、本門《ほんもん》の如来寿量品《にょらいじゅりょうほん》の久遠本仏《くおんほんぶつ》の大慈大悲《だいじだいひ》に基づいて解釈すると、つぎのようになります。

①諸仏護念とは、久遠本仏をはじめとするすべての諸尊《しょそん》が私たちを護りつづけてくださるということ。

②植諸徳本とは、久遠本仏への帰依《きえ》（信心）こそが仏道に入る根本であり、善根功徳《ぜんごんくどく》の中心をなすということ。

③入正定聚とは、すべての衆生が本化《ほんげ》の菩薩であり、久遠の仏の子でありますから、この娑婆世界にあって修行するということ。

④発救一切衆生之心とは、久遠本仏の本誓願は、すべての人々の成仏《じょうぶつ》にあることから、私たちがこの誓願のもとに生きるということ。

普賢菩薩の誓い

以上のように、東方世界にあった普賢菩薩が、大勢の菩薩方とともに、娑婆世界の霊鷲山の釈尊のもとをたずね、ふたたび自分たちのために法華経を説いていただきたいとねがい、また未来世の善男子、善女人たちがこの法華経にどのようにしたら出会えるのかを問うている姿を拝察するとき、普賢菩薩の釈尊に対する敬いと、妙法に対する尊敬という真摯《しんし》な態度に、深い感動をおぼえます。そこには、普賢菩薩をはじめとして、ともに釈尊のもとを訪問されたすべての方々の法華経に対するかぎりない〝恋慕の念〟の深さを感じるからにほかなりません。

そして、釈尊が「四法」に托して法華経の肝要を示されることによって、それを聴聞《ちょうもん》した普賢菩薩は、釈尊の大恩に報いるために、未来世において法華経の教えをしっかりと伝え、また法華経を修行する人々を種々の障害から守ることを、釈尊の面前で誓うのです。もちろん普賢菩薩は、仏道修行の結果として、自由自在なるはたらきと、威厳、さらに名声とを具備《ぐび》されています。その普賢菩薩が釈尊に対して、つぎのように誓願するのです。

「偉大なる尊師よ、み仏が入滅されたのちの五百年の、汚濁《おじょく》に満ちた悪しき世において、この法華経を受け持《たも》ち、しっかりと修行する人があったならば、私はきっとその法華経修行者を守護して、彼の修行への情熱を消滅させるような障害物をとり除き、安穏《あんのん》な境地を保証いたしましょう。また、修行者のすきをうかがい、わざわいをなすようなことがあったとしても、それを阻止《そし》いたしましょう。

たとえ悪魔であれ、悪魔の子であれ、悪魔の娘であれ、魔民であれ、悪魔につかれた者であれ、あるいは夜叉《やしゃ》や羅刹《らせつ》（悪鬼）、鳩槃荼《くはんだ》（クンバーンダ鬼）、毘舎闍《びしゃじゃ》（ピシャーチャ鬼）、吉遮《きっしゃ》（クリティヤ鬼）、富単那《ふたんな》（ブータナ鬼）、韋陀羅《いだら》（ヴェーターラ鬼）であれ、それらの修行者を悩ますさまざまな障害を及ぼす者たちは、その修行をさまたげることができないでしょう。

法華経の修行者が、歩きながら、あるいは立ちどまってこの経を読誦《どくじゅ》するようなことがあれば、そのとき私は六本の牙《きば》のある白象《びゃくぞう》の王に乗って、私の眷属《けんぞく》である偉大な菩薩方とともに、その修行者のもとへ行き、私自身の身体を現し、供養《くよう》をささげ、守護して、その修行者の心を安らかにいたしましょう。それはまた、法華経に対する私の供養のためであります」

（現代語訳『開結』五八九～九〇頁）

このように、普賢菩薩は釈尊に対して、釈尊滅後の悪世において、法華経修行者を苦悩させるようなわざわいをなす者があったならば、積極的にその障害物を取り除き、安らかな境地を提供できるように守護することを誓願していることがうかがえるのです。

もちろん、普賢菩薩の法華経修行者の守護は、法華経に対する信順《しんじゅん》であり、奉仕にもとづくものであることを表明されています。

普賢菩薩の誓願力

ところで、法華経の二十八品について、前半十四品を迹門《しゃくもん》、後半十四品を本門として二門に分け、それぞれ序分《じょぶん》・正宗分・流通分《るづうぶん》の三段の科文《かもん》によって、その構成内容を明らかにされたのが天台大師です。

そのような視点から、本門の流通分（分別功徳品《ふんべつくどくほん》第十七後半から勧発品第二十八）の特徴を天台大師は、つぎのように解釈されています。

「本門の流通分には三つの特徴がみられる。分別功徳品の後半の十九行の詩頌《しじゅ》から常不軽菩薩《じょうふきょうぼさつ》品《ぼん》までの三品半は、『経力《きょうりき》』の偉大さによって、未来への流通が示されている。薬王品《やくおうほん》から妙荘《みょうしょう》厳王本事品《ごんのうほんじほん》までは、菩薩の『化道《けどう》の力』がすぐれていることから流通が進められ、最後の勧発品は『普賢菩薩の誓願力』が偉大なることによって、未来の法華経修行が勧奨《かんしょう》されている」

（取意『法華文句』巻第十下・『大正蔵経』第三十四巻 一四八頁ａ）

このように、この勧発品から、普賢菩薩の法華経および、その修行者に対する守護の誓願力がすぐれていることを知るのです。

さて、経文には、普賢菩薩の誓願が説き明かされ、普賢菩薩が陀羅尼呪によって、法華経の修行者を守護することが説かれますが、それらについては次章にたずねることにいたしましょう。

第四十一章　普《ふ》賢《げん》菩《ぼ》薩《さつ》の守護

――普賢菩薩勧《かん》発《ぼっ》品《ぽん》第二十八③

普賢菩薩の守護

東方の宝威徳上王仏《ほういとくじょうおうぶつ》の国土から、法華経聴聞を目的として、娑婆《しゃば》世界の釈尊のもとをおとずれた偉大なる普賢菩薩は、釈尊から四法《しほう》（四種の特性）を説き示されることによって、再び法華経を聴受できたことに、深い法悦を得たのであります。

そこで、普賢菩薩は、未来の汚濁に満ちた悪世において、法華経を受け持《たも》ち、読誦《どくじゅ》し、修行する人たちを積極的に守護すると、釈尊の前において誓いを立てるのです。

これらのことは、前章に少し触れたところでありますが、つぎに経文《きょうもん》に添って、普賢菩薩が、法華経の修行者を守護することを、釈尊に対してどのように誓われているかをたずねておきましょう。

「法華経を受持する人が、もしも座《すわ》ったままでこの経について深く思索することがあれば、私（普賢菩薩）はまた、白い象王に乗ってその人の前に姿を現しましょう。またその人が、法華経を読誦することがあって、経文のわずかな一句や一偈頌《げじゅ》であっても忘失するようなことがあれば、私はその経文を教え、一緒に読誦し、ふたたび読誦においてさわりがないようにいたしましょう。

また、法華経を受持し、読誦する人が、私の姿を目のあたりにできたならば、大変喜んで、さらにまた修行を重ねるでしょう。そして、私の姿を見ることによって、静慮《じょうりょ》（三昧《さんまい》）や陀羅尼《だらに》（総持《そうじ》）を得ることができるでしょう。それらの習得できる境地は、旋《せん》陀羅尼（すぐれた記憶能力の境地）、百千万億旋陀羅尼（経典を限りなく記憶・護持する境地）、法音方便陀羅尼（経典を記憶する能力に基づいて、自由自在なる言語能力によって教えを護持する境地）と名づけることのできる、すぐれた陀羅尼であるでしょう」（現代語訳『開結』五九〇～一頁）

このように、法華経の修行者が教えを深く思惟《しゆい》することがあれば、普賢菩薩は白象王に乗って、その姿を示現されること。あるいは法華経を読誦することがあって、一句一偈であっても忘失することがあれば、普賢菩薩が一緒に読誦して、とどこおりなく経文を流暢に読めるようにし、意味が通じるように守護されること。さらに、法華経を受持、読誦する修行者が普賢菩薩の姿を拝することによって、一層の修行が進み、この経典の真髄を習得し、しっかりと憶持するという陀羅尼の能力のもとに、他者のために自由自在に説法できる境地に到達することを保証されているのです。

普賢菩薩の慈悲に満ちた、法華経修行者に対するこれらの守護は、霊鷲山《りょうじゅせん》での説法者である釈尊に対しての誓願として立てられているのですが、さらに、三七日《さんしち》の期間（二十一日間）、おこたることなく法華経を修行する修行者に、大いなるめぐみを与えられることが説かれるのです。

三七日間の修行の功徳

普賢菩薩は、偉大なる尊師（釈尊）に対して、つぎのような誓いをもうしのべています。

「もしも、釈尊がなくなられたのちの世の、五百年（釈尊入滅後の二千五百年を五百年ずつに五分したうちの最後の五百年）の汚濁に満ちた悪しき時代において、出家の男女（比丘・比丘尼）、在家の男女（信男・信女）の人々の中で、法華経を求める人、受持してしっかりと記憶する人、読誦する人、書写する人たちが、この法華経を修行しようと思うならば、三七日（二十一日）のあいだ、ただ一心に修行に専念すべきです。そして、三七日間の修行が成満したならば、私（普賢菩薩）は、かならず六牙の白象に乗り、私の周囲を無数の菩薩方《がた》が囲み、あらゆる人々がその姿を拝見したいと願う修行者があれば、私は身体をそれらの人の前に現して、修行者に対して教えを説き、めぐみを与え、喜びを起こさせましょう。

さらに、その修行者に対して陀羅尼の呪文を与えるでしょう。修行者は、その陀羅尼を得たことによって、人間以外の鬼人たちが危害を加えようとしても、その障害を阻止することになるでしょう。また、女性たちに惑乱されて修行がさまたげられることはないでしょう。さらに、私自

身、つねにこの修行者を守護いたしましょう」（現代語訳『開結』五九一〜二頁）

このように、普賢菩薩は、法華経の教えに深く帰依《きえ》し、積極的にその修行者を守護することを誓っていることが知られるのです。

さらに、普賢菩薩は、陀羅尼品において薬王菩薩や勇施《ゆぜ》菩薩等が、陀羅尼の呪文を示すことによって法華経の修行者を迫害者から守護することを釈尊に誓ったように、みずから陀羅尼呪を説き示されるのです。

普賢菩薩の陀羅尼呪

普賢菩薩が説いた呪文は、『開結』によれば、二十句からなっています。その二十句の意味については、陀羅尼品の五番神呪を解釈するときに依拠といたしました塚本啓祥著『法華経の成立と背景』を参照したいと思います。なお、表記が難解な箇所においては、平易に表記いたしております。

さて、普賢菩薩は、

「どうかお願いでございますが、偉大なる尊師よ、私がここで陀羅尼を説くことをお許しください」（現代語訳『開結』五九二頁）

ともうしのべて、二十句の呪文を説くことになります。

「①アタンダイ（女性・単数・呼格〈以下同〉）（刑罰を免除せられるものよ、刑杖を打ち破るものよ）
②タンダハダイ（刑杖主よ）③タンダハテイ（刑杖を転ずるものよ）
④タンダクシャレイ（刑杖においてたくみなるものよ）
⑤タンダシュダレイ（刑杖をよく持《じ》するものよ）⑥シュダレイ（よく持するものよ）
⑦シュダラハチ（よく持するものの主よ）⑧ボッダハセンネイ（仏陀をあおぎ見るものよ）
⑨サルバダラニ・アバタニ（一切の陀羅尼を転ずるものよ）
⑩サルババシャ・アバタニ（一切の教説を転ずるものよ）⑪シュアバタニ（よく転ずるものよ）
⑫ソギャハビシャニ（僧伽〈僧団・和合僧〉を観察するものよ）
⑬ソギャネッキャダニ（僧伽を追い出すものよ）⑭アソギ（執着なきものよ）
⑮ソギャハギャダイ（執着を捨て去るものよ）
⑯テイレイアダ・ソギャトリャ・アラテイ・ハラテイ（三世の執着を去って平等を得るものよ）
⑰サルバソギャ・サンマヂ・キャランダイ（一切の執着を超出せるものよ）
⑱サルバダルマ・シュハリセッテイ（一切の法をよく観察するものよ）
⑲サルバサッタロダ・キョシャリャ・アトギャダイ（一切衆生のたくみなる呪文の音声に通達せるものよ）
⑳シンナビキリダイテイ（獅子において遊戯《ゆうけ》せるものよ）」

（『法華経の成立と背景』四五四～六頁参照）

普賢菩薩の神通力

以上のように、普賢菩薩は、法華経修行者のために二十句の呪文を説くことによって、その守護を誓願しているのです。普賢菩薩がこの陀羅尼呪を説き終えられると、あらためて普賢菩薩の威大な神通力によって、修行者たちを包摂し、守護することの誓いが示されることになります。

「偉大なる尊師よ、もしも菩薩があって、この陀羅尼呪を聞くことができるとすれば、それは普賢菩薩の神通力によるということを知るべきなのであります。もしも、この南閻《なんえん》浮提《ぶだい》という私たちの世界に流布している法華経を受け持つ人があれば、これらはすべて普賢菩薩の威大なる神通力によるものである、と思うべきなのです」（現代語訳『開結』五九二～三頁）

このように、普賢菩薩の神通力の威大さが説き明かされると、つづいて、法華経修行の尊さが具体的に列示されることになります。そのことを経文に添ってたずねておきたいと思います。

法華経修行の功徳

①もしも、法華経を受持し、読誦し、正しく心にとどめ、その経文の意味をよく理解し、教えのとおりに修行することがあれば、この人は普賢菩薩の修行を実践する人であることを知るべきなのです。

②この修行者は、はかり知ることのできない多くのみ仏たちのみもとにおいて、深く仏道を成就する善根を植えることになるのです。

③また、この修行者は、多くのみ仏たちのみ手によって、その頭をなでてほめられることになるのです。

④もしも、ただ法華経を書写するだけの修行であったとしても、この修行者の寿命が終わったときには、かならずや忉利天《とうりてん》（三十三天・須弥山の頂上）の天上界に生まれるでしょう。そのときには、八万四千の多くの天女たちが、種々の音楽をかなでながらやってきて、修行者を迎えるでしょう。そして、この人は、七宝の宝玉でできた冠をつけ、女官たちの中で楽しく過ごすことになるでしょう。

　ましてや、この法華経を受持し、読誦し、正しく心にとどめ、その意味を理解し、教えのとおりに修行した場合には、言うまでもありません。

⑤もしも、法華経の修行者があって、法華経を受持し、読誦し、経典の意味をさとることのできた人が、この世の寿命が尽きたときには、千人ものみ仏たちが、そのみ手を差し伸べられて、恐れがなく、地獄等の悪しき世界に堕《お》ちないようにしてくださり、ただちに兜率天上《とそつてんじょう》の弥勒《みろく》菩薩のみもとにおもむくでしょう。この弥勒菩薩は、三十二相というすぐれたお姿をおもちで、

大いなる菩薩方が周囲にはべられています。さらに、百千万億という数多くの天女の侍者があって、この修行者はこの中に生まれるでしょう。（大意『開結』五九三〜四頁）

このように、法華経修行の功徳が列示されているのです。そして、これらの功徳が列示されることをとおして、智慧ある修行者は、法華経を一心にみずから書写し、あるいは周囲の人にもそれをすすめ、受持し、読誦し、正しく心にとどめ、教えのとおりに修行すべきです、と普賢菩薩が釈尊滅後における法華経修行を勧奨されているのです。

つまり、普賢菩薩が法華経修行の功徳を列挙されていることは、この菩薩がいかに法華経の教えを恋慕され、渇仰され、尊崇されているかをうかがうことができます。

以上、普賢菩薩が釈尊に対する誓願を立てられたのち、これらを総括する護法の誓いが、つぎのように告げられています。

「世尊よ、我《われ》、今、神通力を以《もっ》ての故に、是の経を守護して、如来の滅後に於いて、閻浮提の内に広く流布せしめて、断絶せざらしめん」（『開結』五九四〜五頁）

〈偉大なる尊師よ、私はいま、神通力によってこの法華経を守護して、如来のご入滅の後に、この私たちの世界（南閻浮提）の中に広くゆきわたらせ、この教えがけして絶えることのないようにいたします〉

この普賢菩薩の誓願を拝読するとき、法華経に対する尊崇の念の深さを知るのです。さらに、この勧発品が法華経の最末尾に位置しているのは、まさに法華経に対するかぎりない恋慕心の表明であり、未来世の人々に対する最上のおくりものとして説き明かされていることが領解できます。

あらためて、普賢菩薩が法華経およびその修行者を守護することを釈尊に誓われていることの尊さを知るのです。この普賢菩薩の誓願に対して、釈尊は称讃されるのですが、そのことは次章にたずねることにいたしましょう。

第四十二章　釈迦牟尼仏《しゃかむにぶつ》の称讃と守護
——普賢菩薩勧発品《ふげんぼさつかんぼっぽん》第二十八④

釈迦牟尼仏の称讃

法華経の教えに対する恋慕《れんぼ》の心を基《もと》として、娑婆《しゃば》世界の東方にあたる宝威徳上王仏国《ほういとくじょうおうぶっこく》から、はるばるとインドの霊鷲山《りょうじゅせん》の釈迦牟尼仏（釈尊）のもとをおとずれた普賢菩薩は、釈尊から四種の特性（四法）を説き示されることによって、深い感動をおぼえられたのです。その感動をとおして、普賢菩薩は法華経の教えを未来世の私たち人間が居住する世界（南閻浮提《なんえんぶだい》）に広く流布せしめたいという誓願を立て、さらにその法華経の教えを修行する人々（行者）を積極的に守護し、安らかな境地へ導くと、釈尊の面前において誓いを立てられるのです。

そこで、これらの普賢菩薩の誓願を聞かれた釈尊は、普賢菩薩に対して、大いなる称讃のことばを発せられることになります。

「爾《そ》の時に、釈迦牟尼仏、讃《ほ》めて言《のたま》わく、『善《よ》き哉《かな》、善き哉、普賢よ。汝《なんじょ》能く是《こ》の経を護助《ごじょ》して、多所《そこばく》の衆生《しゅじょう》をして安楽し利益《りやく》せしめん。汝已《すで》に不可思議の功徳、深大《じんだい》の慈悲《じひ》を成就《じょうじゅ》せり。久遠《くおん》より来《このかた》、阿耨多羅三藐三菩提《あのくたらさんみゃくさんぼだい》の意《こころ》を発《おこ》して、能く是の神通《じんずう》の願《がん》を作《な》して、是の経を守護す。我《われ》、当《まさ》に神通力《りき》を以《もっ》て、能く普賢菩薩の名を受持せん者を守護すべし』」（『開結』五九五頁）

〈素晴らしいことです。尊いことです。普賢菩薩よ。あなたが、この法華経を護《まも》り助けて、多くの人々を安らかにし、めぐみを与えられるということは。あなたは、すでに思いはかることもできないほどの無量の功徳と、深くて広大なる慈悲を完成されているのです。それは、はるかな久遠の昔から、無上の正しいさとりに向かう心を起こし、この神通力による誓願を立て、法華経を守護して来られているのです。そこで私（釈尊）は、自由自在なる神通力によって、普賢菩薩の名を受持し、記憶する修行者を守護いたしましょう〉

このように、釈尊は普賢菩薩が法華経を護り、修行者を安楽な世界へと導き、大いなる功徳を与えることを称讃されています。しかも、釈尊は、普賢菩薩の発願《ほっがん》というものは、有限的な時間にとどまるのではなく、すでにはるかな久遠の昔に発せられ、今日すでにその誓願を成就していることを保証されていることを知るのです。

ですから、普賢菩薩の教えに随順し、その信仰を実践する人々は、同時に久遠の釈尊の守護にあずかることになる、と宣言されるのです。この釈尊の称讃のことばから、普賢菩薩の誓願は、本門寿《じゅ》量品《りょうほん》に開示される久遠の釈尊の教化《きょうけ》の一側面を積極的に説き明かされているものと解釈することができます。つまり、普賢菩薩が法華経の教えを護り、その修行者を守護されるという慈悲の行為の意味は、久遠本仏のかぎりない衆生救済の化他行《けたぎょう》を背景とし、その慈悲行が具象化されることにあると言えましょう。

このような解釈が可能であるのは、釈尊が普賢菩薩の発願を称讃されたのちに、法華経修行者に対する守護を明らかにされていることによるからなのです。

法華経修行者の功徳

釈尊は、普賢菩薩を称讃されたのち、つぎのように法華経修行者の功徳を示されています。

①もしも、この法華経を受け持《たも》ち、読誦《どくじゅ》し、正しく心にとどめ、修行を重ね、書写する人があれば、この人は釈迦牟尼仏の姿を見ることになり、み仏の口から直接にこの経典を聞くことになるのです。

②この法華経修行者の種々の行為は、釈迦牟尼仏に対して供養をささげることになるのです。

③この法華経修行者は、み仏から直接に、とても素晴らしいことですと讃められることになるのです。

④この法華経修行者は、釈迦牟尼仏みずから右の手をもって、その頭《こうべ》をなで、称讃されること

になるのです。

⑤この法華経修行者は、釈迦牟尼仏が身につけられている衣によって包まれることになるのです。

このように、法華経修行者に対して、釈尊ご自身がその身体を顕示し、み仏の口より教えを示され、あるいは仏の御手をもって頭をなでられ、み仏の法衣によって包まれる、などの守護をなされるという、その功徳が説き明かされています。

これらの尊い功徳が示されるとともに、釈尊は、法華経の修行者に興起する、修行のさまたげとなるさまざまな誘惑を阻止されることが示されているのです。

仏道修行者の障害を除く

ところで、この経文《きょうもん》に説かれる仏道修行のさまたげとなる内容については、仏教が誕生したインドや、漢訳された中国の社会習慣を基盤として説き示されています。法華経修行者への具体的な障害の内容については、すでに安楽行品《あんらくぎょうほん》に列示されていますが、ここでは障害がどのように排除されるのかを簡潔に紹介しておきたいと思います。

①世間の楽しみなどの執着から離れることができるということ。

②仏教以外の典籍や文書を好まないでいるということ。

③仏教以外の信奉者たちや、動物を養い、それを商う人や、人身を売買するなどの、仏道修行のうえで好ましくない人たちに近づくことはないということ。

これらの仏道修行の障害物が排除されることによって、法華経の修行者は、心が正直で、正しい心のはたらきを有し、さらなる福徳の力をもつことになるでしょう。さらに、この人は、貪《むさぼ》りや怒りや愚かさなどの三毒に悩まされることはないでしょう。また、他者をねたむ心、思いあがりの心、よこしまな高ぶりの心などに悩まされることはないでしょう。そして、この人は「少欲知足《しょうよくちそく》」(欲が少なく足ることを知る)の境地にあって、普賢菩薩の修行を実践することができるでしょう、と清浄《しょうじょう》な修行を実践できることが示されるのです。

このように、釈尊は法華経修行者が修行の過程において遭遇するであろう障害物を排除され、法華経修行者が安楽な境地のもとで修行を積むことができるように念願され、また守護されようとしていることを知るのです。

さらに、釈尊は普賢菩薩に対して、釈尊ご入滅の未来世において、法華経修行者の功徳、あるいはその修行者を謗《そし》る罪科等を具体的に示されることになります。そのことから、未来世の人たちは、法華経修行者に対して尊敬の念をもって対処し、その人を迎えるときには、立ちあがって遠くからその姿を拝して迎えるべきで、あたかも仏を敬うようにすべきであると断言されて、この勧発品の教えは終わるのです。

法華経説法の終わり

以上、釈尊は法華経最後の章である勧発品を説き終えられることになります。そして、経文の結びには、一つには普賢菩薩勧発品を聴聞したことによる広大な功徳と、もう一つは、序品から法華経説法の会座《えざ》に列座された人々が感動をもってこの座から去ってゆく情景が描かれて、この経文は閉じられることになります。

では、その二つの場面を拝読しておきたいと思います。

①「是の普賢勧発品を説きたもう時、恒河沙等《ごうがしゃとう》の無量無辺の菩薩、百千万億旋陀羅尼《せんだらに》を得《え》、三千大千世界微塵等《みじんとう》の諸《もろもろ》の菩薩、普賢の道《どう》を具《ぐ》しぬ」（『開結』五九九頁）

②「仏《ほとけ》、是の経を説きたもう時、普賢等の諸の菩薩、舎利弗《しゃりほつ》等の諸の声聞《しょうもん》、及び諸の天・龍・人《にん》・非人《ひにん》等の一切の大会《だいえ》、皆大《おお》いに歓喜《かんぎ》し、仏語を受持して礼《らい》を作《な》して去りにき」（右同）

すなわち、①の文は、以上のように釈尊が普賢菩薩勧発品をお説きになられたとき、その教えを聴聞しているガンジス河の砂の数に等しい、はかり知ることのできない多くの菩薩方《がた》が、釈尊の教え（経典）をしっかりと記憶するという無数のダラニを獲得し、また三千大千世界（宇宙全体）を微塵にした、その塵《ちり》の数に等しい無数の多くの菩薩方が、普賢菩薩の修行の功徳を体得された、というのです。つまり、勧発品聴聞の功徳により、無数の経典をしっかりと記憶し、無量の教えを持つことのできる能力と、普賢菩薩の慈悲の実践の功徳とを体得できた、というのです。ここに、法華経の経典受持と、菩薩としての慈悲行の実践とが成就したことが明示されているのです。以上のように、勧発品の一章を総括するうえでの功徳が説かれていることを知るのです。

ついで②の文は、法華経全体をしめくくる経文であります。すなわち、釈尊がこの法華経をお説きになられたときに、普賢菩薩をはじめとする多くの菩薩方、あるいは釈尊の直接の弟子（声聞）たち、さらには天上界の神々たちや、龍神や人と人以外の仏法を擁護する人々など、法華経説法の場に集まったすべての人々は、大いなる喜びに満ちあふれ、み仏の教えをしっかりと受け持って、釈尊を礼拝して、それぞれの活動の地へと去っていったというのです。

法華経の会座から立ち去るということの意味は、法華経の会座という限られた空間で説かれた教えが、これからさらに十方世界へ流布《るふ》することを意味しますし、また時間的には釈尊滅後の未来世へと展開することを意味しています。言いかえますと、法華経説法の終わりは、聴聞者たちをその担い手とする、新たなる未来世への伝承としての展開を意味することになります。そのことは、随喜功徳品《ずいきくどくほん》において、法華経聴聞の喜びが、つぎつぎと多くの人々に伝えられるということの意味でもあります。

日蓮聖人の誓願

ところで、鎌倉時代に出生された日蓮聖人《にちれんしょうにん》（一二二二〜八二）は、まさに日本国が末法の時代に突入し、釈尊の正しい教えが隠れ（白法隠没《びゃくほうおんもつ》）、世の中が戦争や訴訟（闘諍言訟《とうじょうごんしょう》）に明けくれる時代であると認識されていました。しかし、真の仏弟子を目指された聖人は、混乱した時代の人々を救うべく、釈尊がとどめおかれた教えが法華経であるとの確信のもと、その生涯を法華経流布のために捧げられたのです。

聖人は、法華経という経典を、釈尊の全身と受けとめ、法華経を信仰する人にとっては、釈尊の滅後であったとしても、釈尊の在世であると断言されています（取意『守護国家論《しゅごこっかろん》』・『昭和定本』一二三頁）。その根拠となっている一節が、

「もしもこの経巻の受持・読誦等を修行する人があれば、まさにこの人は釈迦牟尼仏を見たてまつり、み仏の口から如実にその教えを聴聞することになり、また釈迦牟尼仏に供養をささげることになる」（大意『開結』五九五～六頁）

という経文です。すなわち、聖人が身命《しんみょう》を惜しむことなく法華経に帰依《きえ》されているのは、法華経という経典を、釈尊の全身として受けとめられているということによるからなのです。端的に表現いたしますと、聖人にとって、法華経とは釈尊の全体であるという受けとめ方です。それは、あたかも普賢菩薩が法華経に対する渇仰《かつごう》・恋慕の心によって、釈尊のみもとを訪問されたことと重なり、聖人にもまた法華経に対する強い恋慕心が存していることが知られるのです。

さらに、普賢菩薩は恋慕心の表明として、法華経を未来世に広く流布させ、けっして断絶するようなことはいたしません、と釈尊に誓願されています。この誓願は、聖人がいかなる受難をも乗り越え

て、法華経を弘められた一貫した弘教活動に連なるものと受けとめることができます。「広宣流布」の経文は、薬王《やくおう》菩薩《ぼさつ》本事品《ほんじほん》に示されています（『開結』五二九頁）。また同様の意味として、勧発品では「広く流布せしめて」（広令流布）の文（『開結』五九五頁）が見られます。

聖人が、みずから法華経流布のために邁進《まいしん》されているのは、釈尊の弟子としての誓願によるものと言えましょう。それは、これらの経文を『立正安国論《りっしょうあんこくろん》』（文応元年、三十九歳執筆）以前の『守護国家論』に並記され、さらに佐渡流罪中の『顕仏未来記《けんぶつみらいき》』（『昭和定本』七四一頁）等にも引用されていることからも、自己の行動の軌範とされていることがうかがえるのです。

このように、日蓮聖人の法華経弘通《ぐずう》の一端をうかがうとき、それは聖人の法華経への恋慕心の表明であり、釈尊に対する誓願の表明であったことを、あらためて知るのです。

最終章　法華経の訳経者、鳩摩羅什三蔵《くまらじゅうさんぞう》

法華経の漢訳

「法華経へのいざない」という題名のもと、法華経全二十八品の教えをたずねる連載がはじまったのは、平成二十九（二〇一七）年一月号からです。そして、前章の第四十二回は、普賢菩薩勧発品《ふげんぼさつかんぼっぽん》の後半部分に当たります。およそ三箇年半の年月をかけて、概略ながらも、法華経全体を拝読できたように思われます。

もちろん、この連載は法華経研究を目的とするものではありませんから、法華経が主眼としている「久遠の真理」と「久遠の仏」という二つの立場から、法華経の教えに耳を傾けるという方法を用いて執筆させていただきました。

ところで、原稿執筆に当たりテキストとして用いた経典は、平楽寺書店から刊行されている『真訓《しんくん》

両読《りょうどく》妙法蓮華経《みょうほうれんげきょう》並《ならびに》開結《かいけつ》』（『開結』）であります。それは、本経としての『妙法蓮華経』八巻に加えて、開経としての『無量義経《むりょうぎきょう》』一巻、結経としての『仏説観普賢菩薩行法経《ぶっせつかんふげんぼさつぎょうぼうきょう》』一巻の、いわゆる法華三部経全十巻の漢訳（漢文）と、和訳（書き下し文）が収録され、伝統的な読みがなされていることによるものです。

周知のように、サンスクリット語の「サッダルマ・プンダリーカ・スートラ」と称する経典は、中国へもたらされると、経典全体が漢訳されたものと部分訳とを合わせると、多数存在したようです。全体の訳出について、私が仏門に入ったとき、師範から、古来より法華経は「六訳三存三闕《ろくやくさんぞんさんけつ》」と称し、六回にわたり全体の訳出がなされ、現存するのは三本であると教えられました。その三本は、今日、『大正新脩大蔵経《たいしょうしんしゅうだいぞうきょう》』第九巻に収録されています。

①『正法華経《しょうほけきょう》』十巻二十七品。西晋、太康七（二八六）年訳出。竺法護《じくほうご》（二三九〜三一六）訳。

②『妙法蓮華経《みょうほうれんげきょう》』七巻二十七品（のち八巻二十八品）。後秦、弘始八（四〇六）年訳出。鳩摩羅什（一説、三四四〜四一三）訳。

③『添品妙法蓮華経《てんぼんみょうほうれんげきょう》』七巻二十七品。隋、仁寿元（六〇一）年訳出。闍那崛多《じゃなくった》（一説、五二八〜六〇三）・達摩笈多《だるまぎゅうた》（?〜六一九）共訳。

このように、三本の漢訳が現存しています。梁・陳・隋時代の天台大師智顗《てんだいだいしちぎ》（五三八〜九七）は、法華三部経を用いられていることはもちろんですが、『法華玄義《げんぎ》』『法華文句《もんぐ》』等の講述は、②の『妙法華経』を依拠とされています。そのことから、伝教《でんぎょう》大師最澄《さいちょう》（七六七～八二二）によってもたらされた天台法華宗の教義は、この経典を基にしていることが知られるのです。

また鎌倉時代の日蓮聖人《にちれんしょうにん》（一二二二～八二）は、天台法華宗の教義を根底に置いて、如来寿量品《にょらいじゅりょうほん》を中心とする南無妙法蓮華経の題目宗を樹立されています。聖人の著書や手紙には、①②③の経典の引用が見られますが、②の『妙法蓮華経』を本経とし、開経・結経を合わせて「法華三部経」を重視されていることが知られます（取意『観心本尊抄《かんじんほんぞんしょう》』・『昭和定本』七一三頁）。

以上のような経緯から、私たちは、法華経の教えをたずねる聖典として、②の『妙法蓮華経』を選んだ次第であります。

ところで、三本の巻頭に注目してみますと、つぎのような記述がみられます。

①『正法華経』巻第一
　西晋　月氏国《げっしこく》三蔵　竺法護訳（『大正蔵経』第九巻 六三頁a）

②『妙法蓮華経』巻第一
　後秦　亀茲《きじ》国三蔵法師　鳩摩羅什奉詔訳《ほうしょうやく》（『大正蔵経』第九巻 一頁c）

③『添品妙法蓮華経』巻第一
　隋　天竺《てんじく》三蔵闍那崛多共笈多訳（『大正蔵経』第九巻 一三四頁c）

これらのことから、それぞれ三本の漢訳者の出身地と漢訳者の僧名が記載されていることが知られます。まず、①の『正法華経』は、中国の魏・呉・蜀の三国時代の後、西晋《せいしん》時代に、西域の月氏国（敦煌《とんこう》）出身の有徳の竺法護に翻訳されていることが知られます。②は、中国の五胡十六国時代、姚《よう》氏によって建てられた後秦《こうしん》国において、西域の亀茲国（クチャ）出身のすぐれた僧である鳩摩羅什が第二代皇帝高祖（姚興《ようこう》王）の勅命《ちょくめい》を受けて翻訳したことが知られます。そして、③の『添品妙法蓮華経』は、隋の時代に、天竺国（インド）出身の有徳の僧である闍那崛多と達摩笈多の二人によって翻訳されたことが知られるのです。

鳩摩羅什三蔵について

いま、『妙法蓮華経』の漢訳者である鳩摩羅什三蔵について、その伝記を簡潔に記しておきたいと思います。

鳩摩羅什《くまらじゅう》は、サンスクリット語のクマーラジーヴァの音写で、略して羅什、あるいは什とも称され、漢語には「童寿《どうじゅ》」と訳されています。父クマラエンは、代々インドのクシャトリア（王族・貴族）の家系で、出家して亀茲国におもむき、若き亀茲国王は、彼を国師として迎え、クマラエンは国王の妹耆婆《ぎば》を妻とし、この父母のもと羅什が誕生したのです。

若き母は聡明で、仏教への帰依も深く、出家さえ望む人物でありました。羅什は七歳のときに母と一緒に出家し、九歳の時母にともなわれて、亀茲国より西北インドのカシュミール、さらにガンダーラへと有徳の学僧を歴訪し、小乗の経典や大乗の経典を学んだのです。その学習方法はすべて暗誦《あんしょう》でありました。周囲の人々は、羅什の才能に驚嘆するのです。

十二歳のとき、一旦帰国するのですが、まもなく母は彼とともに大月氏国をたずね、龍樹《りゅうじゅ》の空《くう》の思想等を学ぶことになります。二十歳で受戒し、さらなる仏教研鑽に励み、西域の諸国の人々は羅什の天才に感服し、その名声は東国の中国にまで及んだのです。

ときに、中国本土は五胡十六国の群雄割拠の時代を迎え、前秦《ぜんしん》の第三代君主苻堅《ふけん》（在位三五七〜八五）は、「太史《たいし》」（天文をつかどる官職）から「巨星が外国の領域に現われました、きっと大徳の智者が本国へ参ることになるでしょう」と告げられたのです。もちろん、それは亀茲国の羅什のことを指していたのです。

苻堅は呂光《りょこう》（三三七〜三九九）に命じて、亀茲国等を攻め、羅什を捕えて帰ろうとしました。しかし、その途中、長安に都する前秦国が滅んだことを知り、帰国することなく、姑藏《こぞう》（甘粛《かんしゅく》省涼州《りょうしゅう》・武威《ぶい》）へと引き返し、後涼《こうりょう》国を建てることになるのです（建元十八〈三八三〉年）。

このことから、拘束された羅什は二十年近い歳月をこの地で送ることを余儀なくされました。仏教に帰依する後秦（三八四〜四一七）第二代姚興王は、天才僧である羅什を招請《しょうせい》することを目的として、後涼国を討伐し、羅什を丁重に長安へ招いたのです。ときに弘始三（四〇一）年十二月二十日、羅什五十八歳の時でありました。

姚興王（在位三九四〜四一六）は、羅什を国師の礼をもって迎え、西明閣および逍遙園《しょうようえん》を贈り、のちには長安大寺を建立して羅什の経典翻訳の道場としました。

羅什は弘始十五（四一三）年四月に死去するまでの十二年間、その訳出した経典や論書や戒律書は、

『開元釈経録《かいげんしゃくきょうろく》』によれば七四部三八四巻におよびます。それらは『般若経《はんにゃきょう》』『法華経』『維摩経《ゆいまきょう》』『阿弥陀経《あみだきょう》』等の大乗経典や『中論《ちゅうろん》』『百論《ひゃくろん》』『十二門論《じゅうにもんろん》』『大智度論《だいちどろん》』『十住毘婆沙論《じゅうじゅうびばしゃろん》』『成実論《じょうじつろん》』などで、後世の仏教史に大きな影響を与える仏教書であります。

なお、この羅什の略伝は、野村耀昌稿「鳩摩羅什」（『日蓮聖人遺文辞典』歴史篇二八四頁）および慧皎《えこう》著、吉川忠夫・船山徹訳『高僧伝㈠』（岩波文庫 一四一頁以下）等を参照させていただきました。

仏教史上の鳩摩羅什三蔵

鳩摩羅什三蔵の翻訳した『妙法蓮華経』がすぐれた経典であることは、一六〇〇年以上の歳月を経ながら、今日多くの人たちによって読まれていることからも、そのことがうかがえます。

中国仏教史における訳経史、すなわち、スートラというサンスクリット語の経典が、どのように漢訳されてきたかを詳しく研究されている船山徹氏によれば、中国に仏教が伝来した後漢の時代から、北宋時代までが仏典訳出の主要期間であり、およそ九〇〇年つづいたと指摘されています（『仏典はどう漢訳されたのか』一九頁）。船山氏は漢訳の時代を二つに区分され、その分水嶺《ぶんすいれい》は唐時代の玄奘《げんじょう》三蔵（六〇二～六四）の訳経作業にあるとし、玄奘訳を「新訳《しんやく》」のはじまりとし、それ以前を「旧訳《くやく》」時代とされています。

そして旧訳時代と新訳時代にそれぞれ代表する訳経僧が存すると見なされています。すなわち、五世紀初頭に活躍した鳩摩羅什が「旧訳」時代の代表であり、七世紀中頃、唐の第二代太宗《たいそう》皇帝（五九八〜六四九）の時代、インド巡礼より帰還して厖大《ぼうだい》な質量の典籍を訳出した漢人僧玄奘が、「新訳」時代の代表であると指摘されているのです。つまり、

「鳩摩羅什と玄奘こそ、仏典漢訳史の二大巨頭であり、それぞれ旧訳と新訳の代表である」

（『仏典はどう漢訳されたのか』二一一頁）

と断言されているのです。

これらのことからも、羅什は、仏典漢訳史上、最もすぐれた訳経者として位置づけることができましょう。

羅什法師像（東京・堀之内妙法寺蔵）

ところで、唐の第二代太宗《たいそう》皇帝が玄奘三蔵を最大限に保護し、訳経作業を支援したことは、あまりにも有名です。その太宗皇帝が鳩摩羅什三蔵を称讃した文章が、碑文として遺されています。すなわち、羅什法師像の上部に賛文《さんぶん》が刻字されているのです。その文は、七字からなる八句の賛文です。いま紹介しておきましょう。

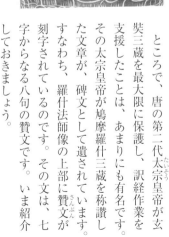

「羅什法師像」

①秦朝朗現聖人星（後秦の時代に輝ける素晴らしい有徳を象徴する聖人《せいじん》の星が現出しました）

②遠表吾師徳至霊（はるかなインドに生誕された私たちの師であるみ仏の徳を表わされ、その教えの真髄を究められています）

③十万流沙来振錫（はるか西域の十万里のタクラマカン砂漠を越えて、この長安へ来られ、その教えを垂れてくださいました）

④三千弟子共翻経（什師は、三千人のお弟子方《がた》とともに経典の翻訳に当たられたのです）

⑤文含金玉知無朽（その文は金口のみ仏の教えの真髄を包含し、けっして朽ちることがないのを知るのです）

⑥舌似蘭蓀尚有馨（什師の舌根は高貴な蘭《らん》の花に似て、さらに香気があります。それほどみごとな翻訳です）

⑦堪嘆逍遙園里事（什師の長安の逍遙園《しょうようえん》における訳経の作業は、まことに驚嘆にあたいします）

⑧空余明月草青青（什師はこの世を去られましたが、空には師の徳を象徴する明月が輝き、その慈光によって私たちは、み仏の教えの下、いま、いきいきといのちを全うしているのです）

唐太宗賛羅什法師（唐の太宗、羅什法師を賛ず）

この賛文には、鳩摩羅什三蔵という巨星が出現され、そのことによって、釈迦牟尼仏の究極の教えが、いまも私どものもとに届けられていることへの讃歎と感謝とが満ちあふれています。まさに「聖人の星」が死去されても、今日の私どもはその恩徳のめぐみによって、ささやかながらも凡夫としての人生を送ることができるのです。いま私がこの賛文を拝するとき、感涙を禁じ得ないのです。

おわりに

全四十三回にわたり、「法華経へのいざない」という題名のもとに、執筆させていただきました。読者の皆さま方へ深く感謝いたします。また、連載に当たっては、大法輪編集部の方々のご高配にあずかり、さらには怠惰な私を身近な立正大学大学院生が支えてくれました。お礼を申しのべます。

また私がおよそ五十年以前、立正大学仏教学部宗学科および大学院文学研究科仏教学専攻に在学中、大法輪育英会の奨学生としてその恩恵を受けたことを忘れることができません。今日まで、ささやかながらも仏道を歩むことができたことは、その恩徳によるものです。一言、感謝を述べて、筆を擱《お》きたいと思います。

おわりに

私が、はじめて法華経を体系的な立場から学んだのは、立正大学仏教学部宗学科二年時に受講した「宗学概論」（茂田井教亨先生担当）の講義でした。この講義は、日蓮聖人の教義、さらには日蓮宗の伝統的教義を学ぶことにあります。が、聖人教学の根幹は、天台大師の法華経解釈、さらには法華経修行の立場では「一念三千の原理」を依拠とされていることから、天台教学の教相門と観心門の学習が不可欠なのです。そこで先生は、法華経の教義を解釈される立場として、天台大師の法華経の三段分科の形式を前提としつつ、迹門は「開三顕一」（二乗作仏）、本門は仏陀論の立場から「開近顕遠（発迹顕本）」（久遠実成）である。さらに、天台大師は、法華経の勝れた教相として、『法華玄義』巻第一に「三種教相」を、妙楽大師は『法華文句記』巻第四下に「十双歎」を、伝教大師は『法華秀句』に「十勝」を立てられていることを講じられたのです。

このように、天台宗の学匠によって闡明《せんめい》化された法華経の超勝性の系譜を承けられて、末法の日蓮聖人は、「釈尊―天台大師―伝教大師―日蓮」という三国四師（『顕仏未来記』・『昭和定本』七四三頁）を表明されている、というのです。けれども、聖人は、天台宗の学匠たちの教義を継承しつつも、三種教相では「第三の法門」を立場とされ、一念三千の法門においては、本門の如来寿量品の「発迹顕本」を根拠とされている。つまり、本門法華経が聖人の立脚点であるということを力説されたのです。これを根拠として、宗義の「五義」「三秘」を講じられました。

以上のことからも、私が法華経を拝読する立場は、おのずから日蓮聖人の本門法華教学が中心となります。しかも、その立場は、末代の凡夫である自己が、法華経の教えによって、いかに宗教的安心《あんじん》を得、いかに法華経によって救済されるのか、という信仰的問題に帰結します。その意味において、本書は、いかに釈尊の教えに直参し、聞法すべきか、という課題の書でもあります。

本書の校正作業の過程において、あらためて日蓮聖人の法華経信仰は、末法において「白法隠没《びゃくほうおんもつ》」が必定《ひつじょう》の時代にあって、大恩教主《だいおんきょうしゅ》釈尊および法華経を、未来世の人々に伝えるために、身命を捧げて、護持されてきたことに気づかされました。すなわち、聖人は、釈尊と法華経に対する「恋慕心」をもとに、忍難慈勝のご生涯を展開されたと拝察できるのです。

はからずも本書は、日蓮聖人御降誕八百年記念の年に出版されることになりました。

そのような尊い縁を結んでくださった、大法輪閣社長石原大道氏、元編集部の佐々木隆友氏、現編集部の野村勇貴氏に深く感謝いたします。また、怠惰な私を、原稿執筆の段階から支援を惜しまれなかった、当時立正大学大学院仏教学専攻博士課程在籍の矢吹康英氏、現在在籍の堀内紳行氏、さらに出版にいたるまでの全般の作業を担ってくださった同博士課程の有村憲浩氏にお礼を述べたいと思います。さらに、校正に当たっては、御多忙の中、立正大学仏教学部准教授武田悟一氏、もと非常勤講師肉倉本勇氏のご助力を賜りました。ありがたく感謝いたします。

令和三年二月十六日

東京都世田谷区妙揚精舎にて　北川前肇　記す

(二門六段)

- (開経)無量義経(一巻)
  - 徳行品第一
  - 説法品第二
  - 十功徳品第三
- (迹門)迹門三段
  - 序分
    - 序品第一
  - 正宗分
    - 略して三を開して一を顕す
      - (法説周)正説 — 方便品第二
    - 広く三を開して一を顕す
      - 法説周
        - 正説 — 方便品第二
        - 領解・述成・授記 — 譬喩品第三
      - 譬説周
        - 正説 — 譬喩品第三
        - 領解 — 信解品第四
        - 述成 — 薬草喩品第五
        - 授記 — 授記品第六
      - 因縁周
        - 正説 — 化城喩品第七
        - 領解・述成・授記 — 五百弟子受記品第八／授学無学人記品第九
  - 流通分
    - 功深く福重し命じて流通を勧む — 法師品第十／見宝塔品第十一
    - 往兼益することを引て以て流通を証す — 提婆達多品第十二
    - 他方此土流通を勧進する — 勧持品第十三
    - 初心の方法危苦を慮らず — 安楽行品第十四

(開経・結経を除く場合は一部三段)

- 序分:徳行品第一・説法品第二・十功徳品第三・序品第一
- 正宗分:方便品第二〜安楽行品第十四

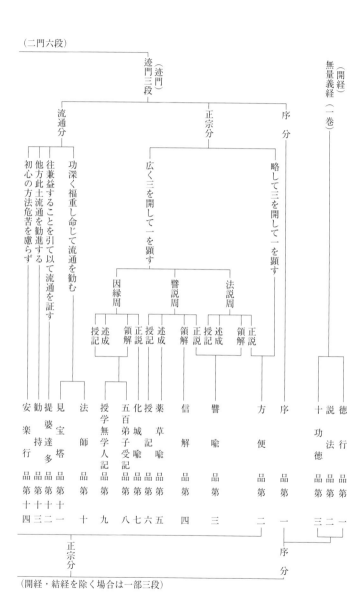

法華三部経　総科段

- 妙法蓮華経（八巻）
  - 本門三段（本門）
    - 序分
      - 従地涌出品第十五
    - 正宗分
      - 略して近を開して遠を顕す
        - 従地涌出品第十五
      - 広く近を開して遠を顕す
        - 正しく近を開し遠を顕す
          - 如来寿量品第十六
        - 総じて法身の記を授く
          - 分別功徳品第十七
        - 総じて領解を申ぶ
          - 分別功徳品第十七
    - 流通分
      - 功徳流通
        - 初品の因の功徳
          - 分別功徳品第十七
          - 随喜功徳品第十八
        - 初品の果の功徳
          - 法師功徳品第十九
        - 信毀の罪福
          - 常不軽菩薩品第二十
      - 付嘱流通
        - 嘱累流通
          - 如来神力品第二十一
          - 嘱累品第二十二
        - 化他流通
          - 苦行
            - 薬王菩薩本事品第二十三
          - 三昧
            - 妙音菩薩品第二十四
            - 観世音菩薩普門品第二十五
          - 総持
            - 陀羅尼品第二十六
          - 誓願
            - 妙荘厳王本事品第二十七
        - 自行流通
          - 神通
            - 普賢菩薩勧発品第二十八
- 仏説観普賢菩薩行法経（一巻）（結経）

- 十巻三段
  - 流通分（分別功徳品第十七～普賢菩薩勧発品第二十八、仏説観普賢菩薩行法経）

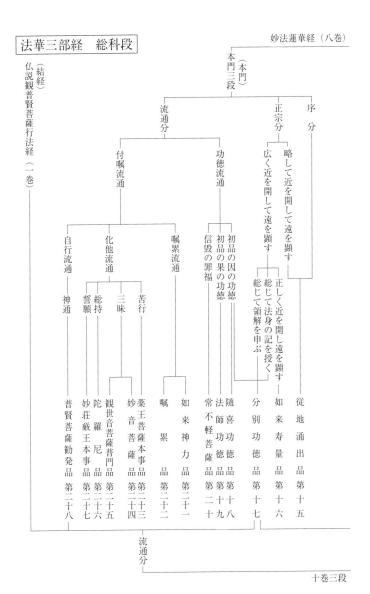

参考文献

根本聖典（法華経）

法華経普及会編『真訓両読妙法蓮華経並開結』平楽寺書店
梅本鳳泰・落井良英発行『日相本　妙法蓮華経並開結』西村印刷
兜木正亨編『唐招提寺蔵　春日版　定本法華経』霊友会
田村芳朗・藤井教公『法華経』上（仏典講座7）大蔵出版
藤井教公『法華経』下（仏典講座7）大蔵出版
島地大等編『漢和対照妙法蓮華経』明治書院
宮沢清六発行『國譯妙法蓮華経』山口活版所
坂本幸男・岩本裕訳注『法華経』上・中・下（岩波文庫）岩波書店
藤井教公訳『現代語訳　妙法蓮華経』アルヒーフ・すずさわ書店

仏教典籍資料

『大正新脩大蔵経』第二巻・四巻・九巻・十巻・二十五巻・三十三巻・三十四巻・四十六巻・

五十巻、大正新脩大蔵経刊行会（大蔵出版）
岩野眞雄編『国訳一切経』（印度撰述部）法華部全　大東出版社
岩野眞雄編『国訳一切経』（和漢撰述部）経疏部二　大東出版社
岩野眞雄編『国訳一切経』（和漢撰述部）諸宗部三　大東出版社
比叡山専修院付属叡山学院編纂『傳教大師全集』全五巻　日本仏書刊行会

釈尊伝

中村元編著『ブッダの世界』学習研究社
中村元訳『ブッダ最後の旅――大パリニッバーナ経』（岩波文庫）岩波書店
小林正典・三友量順『ブッダの生涯』新潮社
西村公朝『釈迦と十大弟子』新潮社
丸山勇『ブッダの旅』（岩波新書）岩波書店

仏教史研究

野村耀昌『『妙法蓮華経』の生いたち――鳩摩羅什三蔵について――』日蓮宗新聞社
塚本啓祥『法華経の成立の背景――インド文化と大乗仏教』佼成出版社

横超慧日・諏訪義純『人物　中国の仏教　羅什』大蔵出版
京戸慈光『天台大師の生涯』第三文明社
慧皎著、吉川忠夫・船山徹訳『高僧伝㈠』（岩波文庫）岩波書店
船山徹『仏典はどう漢訳されたのか』岩波書店

法華経美術関係資料

奈良国立博物館編『法華経――写経と荘厳――』東京美術
奈良国立博物館編『法華経の美術』奈良国立博物館
大山仁快・高崎直道・藤井教公解説『日本の写経』京都書院
奈良国立博物館編『日本仏教美術名宝展』奈良国立博物館

日蓮聖人遺文

立正大学日蓮教学研究所編『昭和定本　日蓮聖人遺文』全四巻　身延山久遠寺
山中喜八編著『定本注法華経』上・下巻　法蔵館

古典資料

渡辺実校注『枕草子』（新日本古典文学体系・第二十五巻）岩波書店
市古貞次校注『新訂　方丈記』（岩波文庫）岩波書店

文学資料

宮澤賢治『新校本　宮澤賢治全集』全十六巻・別巻（全十九冊）　筑摩書房

辞典

望月信亨編、塚本善隆編纂『望月佛教大辭典』全十巻　世界聖典刊行協会
小野玄妙編纂『佛書解説大辭典』全十三巻・別巻・著者別書名目録　大東出版社
中村元『佛教語大辞典』東京書籍
中村元他編『岩波仏教辞典』（初版）岩波書店
中村元・久野健監修『仏教美術事典』東京書籍
宮崎英修編『日蓮辞典』東京堂出版
立正大学日蓮教学研究所編『日蓮聖人遺文辞典　歴史編』・『教学篇』身延山久遠寺

鈴木学術財団編『漢和対照梵和大辞典』講談社
土井忠生他編訳『邦訳日葡辞書』岩波書店
日本史大事典編集委員会編『日本史大事典』全七巻　平凡社
小学館国語辞典編集部『日本国語大辞典』（第二版）全十三巻・別巻一　小学館
大野晋他編『岩波古語辞典』岩波書店
大野晋編『古典基礎語辞典』角川学芸出版
新村出『広辞苑』岩波書店
村松明編『大辞林』三省堂
諸橋轍次『大漢和大辭典』全十二巻・索引一　大修館書店
藤堂明保編『学研漢和大字典』学習研究社
小川環樹・西田太一郎・赤塚忠編『新字源』角川書店
白川静『字通』『字統』『字訓』平凡社

年表

山崎宏・笠原一男監修『仏教史年表』法蔵館
歴史学研究会編　新版『日本史年表』岩波書店

本書は、月刊『大法輪』誌に、２０１７年１月号から２０２０年７月号にかけて連載された文章に加筆・修正を施し、単行本化したものです。

北川 前肇（きたがわ ぜんちょう）

昭和22（1947）年、福岡県生まれ。昭和46年3月立正大学仏教学部宗学科卒業。昭和51年3月、同大学大学院文学研究科博士課程単位取得満期退学。博士（文学）。昭和48年に四條学術奨励賞、昭和56年に日本印度学仏教学会賞、昭和62年に望月賞などを受賞。現在、立正大学名誉教授、東京立正短期大学学長。東京都世田谷区日蓮宗妙揚寺住職。

〈著書〉

『日蓮教学研究』（平楽寺書店）、『原文対訳　立正安国論』『求道とちかい』『日蓮聖人にみちびかれて』『法華経に学ぶ（上・下）』（以上、大東出版社）、『日蓮聖人全集第六巻（共訳）』『法華経　永遠のいのちの教え』（以上、春秋社）、『『立正安国論』を読む』（日蓮宗新聞社）、『書簡にみる日蓮　心の交流』（ＮＨＫ出版）、『日蓮聖人『観心本尊抄』を読む』（大法輪閣）など。

法華経《ほけきょう》へのいざない

――誰《だれ》もが等しく救われる釈尊の教え――

2021年 5月7日 初版第1刷発行

著　者　北川前肇
発行人　石原大道
印　刷　亜細亜印刷株式会社
製　本　東京美術紙工
発行所　有限会社 大法輪閣
〒150-0022　東京都渋谷区恵比寿南
2-16-6 サンレミナス202
TEL 03-5724-3375（代表）
振替 00160-9-487196番
http://www.daihorin-kaku.com

ISBN978-4-8046-1433-5 C0015